应用型学前教育专业教材

U0646053

反思性实践

学前教育见习实习指南

FANSIXING SHIJIAN

XUEQIAN JIAOYU JIANXI SHIXI ZHINAN

卢伟　李敏　等◎著

北京师范大学出版集团
BEIJING NORMAL UNIVERSITY PUBLISHING GROUP
北京师范大学出版社

图书在版编目(CIP)数据

反思性实践：学前教育见习实习指南/卢伟等著. —北京：北京师范大学出版社，2015.6(2023.1重印)
ISBN 978-7-303-18790-4

Ⅰ. ①反… Ⅱ. ①卢… Ⅲ. ①学前教育－教育实习－高等学校－教学参考资料 Ⅳ. ①G612

中国版本图书馆 CIP 数据核字(2015)第 064999 号

图书意见反馈：gaozhifk@bnupg.com 010-58805079
营销中心电话：010-58802181 58805532
编辑部电话：010-58808898

出版发行：北京师范大学出版社 www.bnup.com
　　　　　北京市西城区新街口外大街 12-3 号
　　　　　邮政编码：100088
印　　刷：天津中印联印务有限公司
经　　销：全国新华书店
开　　本：787 mm×1092 mm 1/16
印　　张：18.5
字　　数：370 千字
版　　次：2015 年 6 月第 1 版
印　　次：2023 年 1 月第 4 次印刷
定　　价：38.00 元

策划编辑：罗佩珍　　　　　责任编辑：薛　萌
美术编辑：焦　丽　　　　　装帧设计：国美嘉誉
责任校对：陈　民　　　　　责任印制：马　洁

撰 稿 人 员

（按姓氏笔画排列）

万　中　王　琪　卢　伟　肖　艳

张丹丹　李　敏　李　艳　范　勇

罗赛华　郭　莉　唐正军　黄　曦

蔡卓倪　蔡　欣

前　言

——从"忠实执行者"走向"反思性实践者"

　　教育是国之大计、党之大计；教师是立教之本、兴教之源。培养有理想信念、有道德情操、有扎实学识、有仁爱之心的"四有"好老师，是广大教师教育机构追求的目标。教师教育课程承担着育人育才的重要功能。教师教育课程改革已经成为全球趋势。教育部近年来出台了《教育部关于大力推进教师教育课程改革的意见》《教师教育课程标准(试行)》《幼儿园教师专业标准(试行)》及《3～6岁儿童学习与发展指南》等系列文件，围绕培养造就高素质专业化幼儿教师的目标，如何优化课程体系，落实育人为本、实践取向、终身学习的理念，有效提升幼儿教师专业化水准，促进儿童的真实发展，成为幼教学界和实践界广泛研究和探索改革的主题。

　　以往人们把教师看成学科知识的传授者，在教育实践过程中充当"忠实执行者"的角色。教师教育的首要任务是使未来教师掌握尽可能多的学科知识，教育类课程的目的是确保未来教师能准确高效地传授知识。精深的学科知识以及传授的熟练程度代表了教师的专业程度。[①]"反思性实践者"是美国麻省理工学院教授唐纳德·舍恩(D. Schon)在《反思性实践家——专家如何思考实践过程》(1983)中提出的概念。他认为，专业工作者是通过"行动中反思"来解决真实情境、特定情境中的问题，而非简单地借助于"原理和技术"。专业实践不是理论或技术的直接应用，而是借助于实践者长期积累而形成的认识框架。

　　"反思性实践者"的概念为认识幼儿教师的专业形象提供了新的视角。如果回到幼儿教师的专业场境，从理解幼儿教师工作的"临床"和现场的特点来把握幼儿教师职业的内涵，就会发现，幼儿教师的实践具有不确定性、规范模糊、效果滞后等特点，是循序渐进的、琐碎的、个别化的，不存在普遍有效的程序、技术与原理。因此，幼儿教师不是由外在的技术与原理武装的"忠实执行者"，而是在实践中并通过实践不断建构和提升自身经验的"反思性实践者"。

---

　　① 钟启泉，王艳玲. 从"师范教育"走向教师教育. 全球教育展望[J]. 2012(6).

遵循这一理念，本书着力于构建一个能够促进学生理性思考与实践操作融合的实践体系，在学前教育专业全程化的实践中，提供给教师和参与实践的学生相对完整的宏观思路和具体化的操作提示。不过，实践永远是流动的、发展的，新的问题和困惑会不断涌现，在编著本书的两年多时间里，我们已经在不断地更新和修缮，但我们占有的资源、研究水平和拥有的经验仍然有限，所以，难免出现诸多问题甚至错误，敬请各位发现后及时指正！

本书由成都大学学前教育学院卢伟、李敏等著。参加编写的主要单位有：成都大学学前教育学院、西华大学人文学院、四川省直机关红星幼儿园、成都市新津县华润五津一幼等，各单元撰写的人员如下：第一单元卢伟，第二单元李敏，第三单元蔡卓倪、唐正军，第四单元张丹丹，第五单元郭莉，第六单元万中、罗赛华，第七单元李艳、黄曦，第八单元范勇，第九单元王琪、蔡欣、肖艳，第十单元卢伟、李敏，全书由卢伟统稿。

编者

目　录

上 篇

理论篇

单元一 瞭望：学前教育专业
实践课程体系的构建

单元要点

本单元旨在介绍实践课程在学前教育专业中的价值和地位，以及实践课程体系构建的基本模型和发展趋势。

本单元的学习内容可从三个方面着眼：

1. 价值：实践课程在高校学前教育专业课程体系中的地位；
2. 变革：对现行实践课程的反思，优化与改革实践课程体系的思路；
3. 反省：如何成为主动的、自觉的实践者。

学习目标

通过本单元的学习，学习者应该达到以下目标：

1. 认识和理解实践课程在高校课程体系中的地位，以及实践课程对于幼儿教师专业成长的意义；
2. 知道高校实践课程体系构建的基本思路和主要模式，能够结合自身专业发展目标制订实践学习计划；
3. 确立在实践中锻炼自己、提升能力的动机和愿望。

第一节　实践课程在高校学前教育专业中的价值和地位

实践课程是在一定理论的指导下,通过引导学习者的教育实践,从而理解并内化知识、形成技能、发展能力、提高综合素质的课程。实践教学与理论教学既有密切联系,又有相对独立性。它是培养学生创新精神和实践能力的重要手段,是提高学生综合素质的关键环节,是当前高校教学密切关注和变革的重要内容。

一、对高校实践课程的认识和审视

20 世纪 60 年代以来,随着后现代知识观的出现,人们对知识的价值、知识的内容、知识的获得和评价方式等进行了重新审视,在这种重视知识的发展价值、关注个体的经验、倡导主动建构和重视实践运用的知识观影响下,高校的教学取向发生着深刻的变化,实践课程也随之不断调整和变革。

表 1-1　传统知识观与后现代知识观的比较及对高校实践教学的启示①

	传统知识观	后现代知识观	对实践教学的启示
知识类型观	知识是用书面文字或地图、数学公式来表述的,是显性的	知识包括显性知识和缄默知识。其中缄默知识是个体在亲身参加实践的过程中获得的,又称为个体知识,缄默知识是发展自己认识能力的向导,是显性知识的基础	实践教学的内涵是缄默教育。高校应通过丰富多样的实践教学,促进学生以内在体验参与学习,领悟知识的内在意蕴,重新建构新的知识,掌握探究事物的方法,从表象转为操作,从所知转向能知
知识价值观	关注知识的工具价值,学习知识是为了应付考试	关注知识对学生的发展价值,包括内在价值、个体价值、创新价值和实践价值,认为学习知识的目的在于提升人的生命价值	教学目标应着眼于个体创新精神和实践能力发展的全人发展

---

① 杜惠平,王桂林. 知识观转型与高校实践教学变革[J]. 江苏高教,2014(4).

续表

	传统知识观	后现代知识观	对实践教学的启示
知识内容观	强调知识的普遍性，追求放之四海而皆准的规律和真理。认为知识是由那些客观的、确定的、抽象的真理所构成	强调任何知识都是由个体基于自己的经验背景而建构生成的。知识不仅是确定的、普遍的定理、规律和规则，也包括个性化、情景化的个体经验和实践智慧	要特别关注学生的非理性参与，重视个性化默会经验
知识获得观	主要依靠灌输和记忆。教师是"知识的权威"，学生成为接受知识的"容器"	知识是主体根据自身的已有经验，在同认知对象及其他主体的互动中建构的。任何知识的习得都离不开特定的空间、时间、价值体系、生活习惯和语言符号等因素	要以做中学为指导，突破单一的理性化认识方式，特别注重在活动中、在行动中、在动手中通过多样化的形式来学习
知识评价观	关注学生对知识的储存和积累	关注学生是否具备学会学习、学会运用知识、学会收集信息、学习解决实际问题的能力	确立体现个性化、发展性以及形式多样化的教育评价观。从关注结果到关注过程，重在从生成、批判、反思和发展的视觉来考察学生的变化。综合采用书面测试、实际操作及实践体验等多种方式

我们不难发现，高校教学需要越来越关注学生的切实发展，越来越关注学生的个体生活经验、创新精神和实践智慧。高校教学需要朝着一种实践取向的方向发展，构建实践课程体系成为高校改革的重要命题。

【自我反思】

"我听了，我忘了；我看了，我记住了；我做了，我明白了"，这一理念对你的学习有什么启示？

二、实践取向已成为我国教师教育课程核心理念的主要内容

伴随着世界范围内的教师教育理念由重视"理论"转向关注"实践"[1]，我国教师教育改革也逐步确立了实践取向的总体指导思想。2011年10月，国家教育部颁布的

---

[1] 洪明."反思实践"思想及其在教师教育中的争议：来自舍恩、舒尔曼和范斯特马切尔的争论[J].比较教育研究，2004(10).

5

《教师教育课程标准(试行)》(以下简称《标准》)以"育人为本、实践取向、终身学习"作为教师教育课程的核心理念,集中阐释了教师教育课程应关注学生现实需求,促进教师持续性专业发展,凸显实践取向课程在教师教育中的重要地位。

《标准》的第二个基本理念即是"实践取向"。实践取向是相对于"理论取向"而言的,反映了对实践育人的重视,对"理论育人"是一种补充。《标准》在幼儿园、小学、中学职前教师教育的课程目标之中都强调教师要"具有观摩教育实践的经历与体验""具有参与教育实践的经历与体验""具有研究教育实践的经历与体验"等。这些表述认可了"经历和体验"的教育价值,是对"实践取向"基本理念的具体化。这对单一的学科或知识课程是一种补充,也扩大了学生的发展资源的外延。①

【自我反思】

查阅一下学校的专业课程计划,以及你能够找到的其他学校同类专业课程计划,划出实践课程部分,想一想幼儿教师为什么需要"经历与体验"?

分析自己拥有的某种能力,是通过什么方式、怎么获得的?又怎么才能成为自己的优势能力?

【小贴士】

表1-2 《教师教育课程标准(试行)》中关于关注点、目标领域的要求

目标领域 \\ 关注点	教育信念与责任	教育知识与能力	教育实践与体验
关注儿童	具有正确的儿童观和相应的行为	具有理解儿童的知识和能力	具有观摩教育实践的经历与体验
关注教育教学	具有正确的教育观和相应的行为	具有教育儿童的知识和能力	具有参与教育实践的经历与体验
关注教师自身	具有正确的教师观和相应的行为	具有发展自我的知识与能力	具有研究教育实践的经历与体验

——《教师教育课程标准(试行)》

三、构建有效的实践课程体系,是提高学前教育人才培养质量的必然路径

就学前教师教育而言,我们认为,教师的专业性不仅体现在必须牢固掌握各种丰富的专门知识和技能,更体现在必须拥有面向各种现实教育情景的实践智慧。理论与实践相联系的个体经验,是这种实践智慧的源泉,正如学者舒尔曼所认为的,教学活动中最重要的因素——判断(即教学机智)需要在实际的课堂情景中,在集体的实践活

---

① 陈彩燕,肖建彬.《教师教育课程标准(试行)》的课程理念解读与贯彻[J]. 高教探索. 2013(4).

动中通过领悟和内省来获得①。

学前教育由于其对象的特殊性，对师资有更为特殊的要求。幼儿教师更多的不是知识的传授者，而是"幼儿学习活动的支持者、合作者、引导者"②。如何扮演好这些角色，既有科学规律可循，更有艺术创造的成分。因此，幼儿教师的专业成长，更离不开基于实践的反思和领悟。可以说，实践经验在教师发展中具有至关重要的作用，正因为这样，以教育实习为核心的实践课程，作为职前教师教育的重要组成部分，理应受到重视。事实上，在近年来不断增强的幼儿教师专业化呼声和提高幼儿园保教质量的强烈期待等因素的共同作用下，高等院校学前教育专业的实践课程确实受到了更多关注，相关研究和实践探索都有所增加。但由于实践中新情况不断出现，加之已有问题的堆积，如何构建有效的实践课程体系以提高学前教育人才培养质量等诸多问题，尚需要更加深入地思考和研究。

【小贴士】

教师是反思性实践者，在研究自身经验和改进教育教学行为的过程中实现专业发展。教师教育课程应强化实践意识，关注现实问题，体现教育改革与发展对教师的新要求。教师教育课程应引导未来教师参与和研究基础教育改革，主动建构教育知识，发展实践能力；引导未来教师发现和解决实际问题，创新教育教学模式，形成个人的教学风格和实践智慧。

——《教师教育课程标准（试行）》

【课堂研讨】

1. 请就《教师教育课程标准（试行）》中关于实践取向的内容，思考"实践取向"与"理论取向"在育人观方面的差异性。

2. 分析本校学前教育专业课程体系中实践课程的安排思路，了解实践课程的名称与设置方式，讨论：各个学期实践课程力图解决哪些问题？

第二节 高校学前教育专业实践课程面临的问题与变革思路

一、学前教育专业实践课程面临的问题

作为培养学前教育领域专业人才的机构，高等院校学前教育专业必须对当前学前教育领域人才需求保持高度敏感，并通过调整课程结构和教学模式甚至在招生和管理

---

① 傅松涛，刘小丽. PDS教育实习经验与启示[J]. 外国中小学教育，2004(6).

② 中华人民共和国教育部. 幼儿园教育指导纲要（试行）. 2001年7月2日教育部印发.

等方面进行改革以作出积极回应。由于实践型、应用型人才的造就，从个体发展来看，取决于实践智慧的获得，即在经验的帮助下个体认知图式的极大丰富，身临其境地体验和反思必不可少，因此高校学前教育专业的实践课程，在培养造就新型人才的过程中，应当发挥积极作用。事实上，实践课程作为课程教学体系中的重要组成部分，多年来一直是培养学生理论运用于实践，学以致用的重要途径。但是，由于高校的相对封闭性和改革滞后，目前的实践课程已经在新的人才需求的追问下显露出一些问题和缺点，主要体现在以下几个方面。

第一，在高校学前教育专业的现有课程和教学体系中，书本形态的理论知识、纪律严明的课堂、教师一丝不苟的讲授依然占据中心，在对学生的评价方面，统一考试所得到的成绩依然是主要依据。与之形成对比的是，学生实际操作和演练的比重相对较轻。具体表现为：一方面，课程设置中见习和实习的比例较少；另一方面，各个学科的教学中也没有给学生的实践操作留出足够的机会。相应地，在学生评价方面，实践和操作能力没有得到足够的重视。

第二，学前教育专业实践基地建设存在诸多不足。首先，很多高校的学前教育专业还没有建立起足够的实践基地，无以满足大量学生教育实践的要求；其次，已经建立起来的实践基地，与高等院校的联系往往比较松散，通常情况下是高校向实践基地单向的请求式或任务式联系，即高校请求或要求实践基地接受并指导学生实习或见习，付给低额的费用；最后，实践基地的类型以幼儿园为主，并且往往是高校附近比较好的幼儿园，其他类型和层次的幼儿园及幼儿园以外的其他学前教育机构还被排除在实践基地之外。

第三，实践课程的内容缺乏针对性，与幼儿园课程和需求脱节。突出表现为目前实践课程大多属于综合性质，即学生需要在一个时间段里面进行多个方面的实践任务，并且这些实践任务往往并不明确，只是笼统地指出大致方面（如保育实习、教育实习等）。最终的结果是，学生可能要花费很长时间才能抓住实践锻炼的重点，有的学生由于缺乏明确指导甚至始终不知道自己应该做些什么，致使实践课程效果不好，学生实践能力弱，还可能由于学生的无所适从而影响甚至扰乱幼儿园正常教学活动秩序。

第四，指导教师力量薄弱，结构不合理。一方面，指导教师数量明显不足，连年扩招带来的大批量学生需要一支数量庞大的指导教师队伍，而各个高校所能提供的专职（至少是一段时间里面的专职）指导教师数量又相当有限，致使通常情况下，一个教师要指导30～40名学生，很难真正落实指导要求；另一方面，指导教师的结构也存在问题，"过于强调专业学术水平而忽视指导经验，有些院校甚至倾向于指派刚参加工作的青年老师'实践锻炼'。"① 高校教师如何与实践单位指导人员（如幼儿园教师等）

① 卢伟，李敏. 培养学前教育高质量应用型人才初探[J]. 成都大学学报（教科版），2007 (11).

共同配合、分工负责完成指导任务，也存在混乱模糊。

此外，由于管理方面存在着沟通协调不到位或者缺乏宏观层次的统一规划和安排，致使实践课程缺乏系统性，各个学科和教师之间缺乏交流，重复实践与缺乏实践并存，而且在很多时候实践基地及其他接受学生实践的机构还会抱怨打乱了他们原有的工作计划和进程，增添负担，并对继续接受学生实践充满不情愿、抵触、甚至恐惧。再者，近年来部分男生进入学前教育专业，他们的实践环节如何安排，怎样才能通过实践课程提高他们的专业素质并提升职业认同感、培养专业精神，也成为一个需要思考的新问题。

二、学前教育专业实践课程改革的基本思路

（一）创新观念，改变对教育实践的认识，扩大实践课程的外延，建立开放性、综合性的实践课程体系

曾有学者批评过传统高师教育实习观念的褊狭，将其概括为"一种功能、一个教学环节、一所师范学校"[①]，此问题在学前教育专业的实践中仍然存在。以往我们大多把毕业实习和阶段性实习、见习当做唯一重要的实践途径，而现在我们有必要引入实践课程的概念以扩大学生教育实践的外延。除了集中而综合的阶段见习、实习及毕业实习以外，各门学科中结合自身特点和相关内容安排的专题性参观或模拟操作、跟随指导老师进行的课题研究、在教师指导下的研究性学习、各种专长实践、学前教育机构中的大型活动（如六一庆典、亲子游乐）实践、对幼儿的一对一呵护等也应该被纳入实践课程的范畴。这些活动都能够为学生提供宝贵的经历，并促进他们不断总结和反思，最终提升应对各类学前教育情景的实践能力。

（二）改革课程结构，调整实践课程的比例，强化学生应用能力的培养

世界各国在教育实习方面都有增加时间的趋势，"在英国，师范生一般至少花15周时间在中小学的实际教学环境中进行观摩和实习教学。美国多则半年，法国27周，德国则多达72周共18个月。"[②]参照国外经验，根据环境变化对人才的要求，高校学前教育专业需要适时调整课程设置，减少与就业和素质培养、专业能力培养没有关系的课程，增加社会需要的专业化课程，提高实践课程的比重，保证学生有足够的时间和机会能够在真实的工作情景中获得经验并引起反思。在调整课程设置时有必要听取多方意见，包括专家、用人单位、学生等多方主体都应该参与高校的课程设计。

【反思研讨】

请就自己目前的学习，提出在某一门课程中需要进行实践演练的内容清单，内容

---

① 王文静. 关于我国高师教育实习的理性思考[J]. 高等师范教育研究，2001，13(5).
② 郑东辉，施莉. 国外教育实习发展概况及启示[J]. 高等师范教育研究，2003，15(5).

尽可能比较具体，将清单在小组中交流，并可以提交给该课程教师。

（三）建立系统、完整的实践课程目标体系和任务框架，协调各类实践课程之间的关系，加强各学科间的交流，提高实践课程的针对性

高校学前教育专业需要在宏观层次统一考虑实践课程的目标设置和进程安排，使各种形式和各个学科中分散进行的实践活动能够互为补充并相互促进。具体而言，首先需要建立系统完整、详细具体的目标体系和任务框架，并形成任务清单，这方面必须注意，实践课程"不是对某些特定的有效教学技巧的熟悉，而是在实务中进行理论与实践间的统合对话"①，即实践课程的目标应该是多元的，至少可以根据教师应该具备的基本素养和现实中学前教育工作者的业务范围进行分解；其次，将具体的目标和任务分布到各个阶段和各个学科的实践环节中去，各科教师也可以根据自身学科内容、特点安排有针对性的实践环节和项目，并提前报给相关部门以便各学科间相互交流配合。

（四）建构层次和类型多元化的、广泛的实践基地

一方面，需要巩固已有的实践基地，主要是一些离高校比较近的示范性公办幼儿园、高规格私立幼儿园等，同时也需要将其他类型和层次的幼儿园纳入实践基地的范畴，包括城镇和农村地区的幼儿园，城市中水平较低的幼儿园等；另一方面，还应该在幼儿园以外积极寻求和拓展实践基地，包括其他学前教育机构（如生活馆、亲子园等），以及学前教育领域内的非教育机构（包括幼教产业部门如玩具或教育企业，以及出版行业、各种媒体中的学前栏目等）。如此，不仅方便解决大量学生的实践问题，还有助于学生实地了解幼教市场状况和实际需求，明确专业学习方向，调整学习状态，增强适应性，提高职业迁移能力和可持续发展能力。

（五）改变与实践基地之间的关系模式，变单向任务式为双向共赢互动式

实践基地和高校学前教育专业之间应该是一种战略伙伴的关系，实践基地能够帮助高校提高应用型人才的培养质量，并肩负着接收和指导实习学生的责任，但同时他们也应该有权利从高校获得其发展所需要的资源。例如，高校可以在教育科研、教师培训等方面为实习基地提供帮助和便利，实践基地也可以将自己的一些工作任务作为实践邀请向高校发出，如基地幼儿园可以将六一活动策划和实施交付给高校作为学生的实践项目，将个别幼儿的帮护任务交给高校学生。这样一来，实践基地不仅可被动地接受高校安排的接待任务，也可以主动发出实习邀请，在为高校提供实践场所的同时，也能促进自身的发展，实现战略伙伴的共赢局面。

（六）扩展指导教师的概念，充分利用各种人力资源，建立多元化的指导形式

高校和幼儿园的离退休专家、各幼教机构部门负责人及业务骨干、部分家长、项目策划者、甚至高年级综合素质优秀的学生均可参与实践指导。实践课程的指导形式也应

---

① 陈建华. 西方发达国家教育实习的时间安排及其启示[J]. 外国中小学教育，2002(3).

该多元化，不仅有集中的统一指导，还有小组形式的指导以及一对一的个别指导。

【自我反思】

在不同类型的幼教机构见习或实习中，你的收获有什么不同？请从"获得"和"希望获得"两个角度具体列举每一个方面的经验。

第三节　高校学前教育专业实践课程体系的构建与实施

一、学前教育专业实践课程体系的基本模型和发展趋势

随着《国家中长期教育改革和发展规划纲要（2010—2020 年）》的颁布，学前教育事业进入快速发展时期。而学前教师供求矛盾的日益突出，也使得学前教育成为当前全国许多高校发展的热点专业。相应地，其课程设置受到许多高校的重视，课程设置正处于不断调整和变化之中，其中，实践课程体系的构建成为关注的重点，许多学校根据学前教育专业的专业特性和社会发展需求，就学前专业教育实践课程门类、师资要求、教学要点、实践基地建设等，展开了大量研究，形成了各有特色的实践课程体系。归纳起来，涵盖以下几方面特征。

（一）从课程设置看，增加实践课程比重，凸显实践课程取向

与先进国家相比，我国许多高校教师教育中普遍存在实践课程比重不足问题。许多专家学者也都指出必须强化实践课程比重，使整个课程体系呈现出应用型人才培养特点，唯有这样，才能促进教师课程观念和行为的转变，使教师承担多重职能，变革和更新传统的知识本位、学科本位的教学方式，诸如：传递专业知识、专业理论要与实践范例结合；要指导、示范专业技能，鼓励并促进学生实践专业技能直至熟练；要在多种实践活动中不断提升学生专业素质和能力，真正实现以能力为本位，以学生素质发展为核心，以促进学生发展为目标。

许多高校在研究和学习先进国家做法的基础上，开始不断变革和调整课程设置，开设领域课程（实践课程）、加大实践课程比重成为共同的趋势。过去的"六法"依据"五大领域"现在都变成了七到八门具体的实践课程。有的学校还开设了关于游戏、玩具的实践课程[1]。

在课程比重上，实践课程成为改革的重点。如：有 70 余年学前教育办学历史的成都大学学前教育学院，在专业发展和课程的设置中坚持保持优势与创新发展结合、

---

[1]　吴琼，姚伟. 提升学前教育专业建设水平，夯实幼儿教师专业素质基础[J]. 学前教育研究. 2009(1).

有利于学生综合能力和特长发展相结合、前沿理论和实际运用相结合，整个课程体系以培养学生实际能力为基础，强调实践教学环节，强调理论与实践课程的融合，其本科人才培养方案中实践课程在整个课程结构占比 25％。同时，在学科课程、专业课程中，按照各科教学大纲的规定，经由教师结合课程内容安排，另有约占 1/3 到 1/2 的实验实训内容。此外，还有 8 个学分的以实践为主要活动方式的素质拓展课程，这样，整个的实践课程比例实际已超过 30％。

(二)从实践方式看，呈现出多样化的形态

目前各个学校均在不同学期，安排有多种形式的各类型实践活动，包括集中实习、分散实习、课内实验或实践等，如统一安排的实践基地实习，学生自主联系的与就业有关联的实习；以解决某类型问题为主的项目集中实习，以顶岗锻炼为目标的综合性实习，等等。

(三)从实践时段看，大都采用全程化实践模式

许多高校目前均倡导全程化实践模式，即从学生大一开始到毕业，每个学期都安排实践课程。但是在操作方式上又各有不同。

如浙江师范大学，从入学开始，学生在老师指导下每星期有一天进入幼儿园，从了解幼儿的一日生活、学习保育的基本环节到观察儿童、观摩教育活动、设计教育活动、实施教育活动等方面进行实践，并结合短期的见习和四年级的毕业实习，增强学生把握教学实践的能力。

如成都大学学前教育学院，从大一开始，每个学期都安排了集中的有指导的教育见习或实习。其中，第一学期是为期一周的教育见习，第二到第七学期是为期一个月的教育实习，分别包括健康教育实习、各领域教学活动实习、游戏实习、科研实习、半日活动实习等项内容，第八学期则是分散的综合性拓展性的毕业实习。

一些学者建议，高校应该从大一开始，每个学期都有不同的见习计划。第一个学年每周一个下午在幼儿园做观察；大二、大三学年期间，每学期集中停课一周见习，主要是在老师的指导下，观察了解幼儿园的一日常规和幼儿园的各种课程；大四时安排两个月的集中实习，学校和幼儿园都有指导老师，大四第二学期还可以实行分散实习，即鼓励学生去用人单位实习①。

(四)从实践目标看，基于能力本位培养学生专业素养成为重点，各年级侧重不同

有的高校在一年级主要是基本素质的培养，二年级是综合素养的培养，三年级重视教育实践能力，四年级着重提高初步的科研能力和教育实践能力。

以成都大学学前教育学院为例，该学院以对实践课程目标体系和任务框架，以及实践课程实施途径的系统分析为基础，根据学前领域教师应具备的基本素养和现实中

---

① 吴琼，姚伟. 提升学前教育专业建设水平，夯实幼儿教师专业素质基础[J]. 学前教育研究. 2009(1).

学前教育工作者的业务范围，对这一宏观目标进行了分解，建立了模块化、组合型、进阶式的目标体系和任务框架，并形成任务清单，同时结合课程进度和教师专业成长规律，将目标和任务分布到各个学期当中。

表 1-3 进阶式实践课程方案①

实践阶梯		目标	能力培养	途径	适宜年段
一级	专业陶冶模块	形成学前教育的整体认知，概略地了解学前教育领域的基本情况	观察感知一般能力	参观、见习以及各学科结合自身特点和相关内容安排的专题性参观或模拟操作等	低段
二级	专项训练模块	训练学生的各项专业技能，提高动手能力与创新意识	单项技能专业能力	各学科教学过程中安排的专项实践训练、各项教师基本技能中期质量检查等，亦包括研究性学习、创新项目、毕业论文（设计）	中段及以上
三级	综合训练模块	丰富学生的学前教育体验和见识，在真实的情景环境中培养和增强学生综合运用各种知识和技能发现问题、分析问题、解决问题的能力，全面提升专业素养	综合能力专业能力	幼儿园保育实习、游戏实习、阶段教育实习、一日活动实习、毕业实习等	随着年级的升高，这个模块的比重逐步增大
四级	专业拓展模块	适应社会变革需求和学生多元发展需要，多角度、深层次拓展学生综合素养和专业素养	社会能力创造能力	各种专长实践、各种学前教育机构中的大型活动（如六一庆典、亲子游乐、户外拓展等）实践、对幼儿一对一呵护及学前教育领域内非教育机构中的实践活动等	高段

进阶式的实践课程目标体系和任务框架，呈现出有梯度的螺旋上升的模型，从学生进校到毕业的整个大学学习期间，任务逐步地层层分解落实，通过从具有广泛性和普适性的对专业的认识和了解，到专业性与针对性较强的学前领域各专项技能训练，再到综合化层面的运用各学科知识解决实际问题，最后学生可以结合自身能力长项参与到各类特色性的更高层面的实践中，以及能够创造性地探索发现和解决问题，这个过程，既是对学生作为学前领域专业人员的职前培养过程，也应是学生直接与一线对接的体验式锻造成长过程。

---

① 卢伟. 以能力为本位的实践教学体系构建与实施[J]. 教育与教学研究. 2012(3).

【小贴士】

表 1-4　幼儿园教师课程目标之 3：教育实践与体验

教育实践与体验	3.1 具有观摩教育实践的经历与体验	3.1.1 结合相关课程学习，观摩幼儿的生活和教育活动的组织与指导，了解幼儿园教育的规范与过程，感受不同的教育风格
		3.1.2 深入幼儿园和班级，参与幼儿活动，获得与幼儿直接交往的体验
		3.1.3 了解幼儿园保教工作的特点和幼儿园各部门工作的职责和要求，感受幼儿教育实践的丰富性和复杂性
	3.2 具有参与教育实践的经历与体验	3.2.1 了解实习班级幼儿的实际情况，在指导下设计教育活动方案，组织一日活动，获得对教育过程的真实感受
		3.2.2 参与各种教研活动，获得与幼儿园教师直接对话或交流的机会
		3.2.3 与家庭和社区合作，提高沟通能力，获得共同促进幼儿发展的实践经历与体验
		3.2.4 参与不同类型的幼教机构活动和幼儿教育实践活动
	3.3 具有研究教育实践的经历与体验	3.3.1 在日常学习和实践过程中积累所学所思所想，形成问题意识和一定的解决问题的能力
		3.3.2 了解研究教育实践的一般方法，经历和体验制订计划、开展活动、完成报告、分享结果的过程
		3.3.3 参与各种类型的科研活动，获得科学地研究幼儿的经历与体验

——《教师教育课程标准（试行）》

(五)从指导教师看，更多地采用团队指导制度

构建"指导者共同体"，由高校专业教师和一线富有经验的教师分别承担不同指导任务，指导和支持学生实习的进程，已经成为许多高校的普遍做法。有的高校实行"双导师制"，从大三启动，实习基地和学校各一个导师；有的学校实行"工作室制"，鼓励教师或实习基地把他们的课题带入研究室，让学生选择。例如，教育政策法规研究室、游戏及玩具研究室、幼儿园课程研究室、幼儿双语教育研究室、综合艺术教育研究室、乡镇幼儿园教育管理研究室、农村幼儿教育研究室等。

(六)从质量保障看，逐步形成系统完善的实践监控体系

实践课程的教学质量是衡量高校教学质量的一个重要指标，对实践课程进行监控可以了解实践课程的过程和结果。教育部等部门《关于进一步加强高校实践育人工作的若干意见》中明确提出"要全面落实本科专业类教学质量国家标准对实践课程的基本要求，加强实践课程管理，提高实验、实习、实践和毕业设计（论文）质量"。建立实践教学质量监控体系是提高实践教学质量的重要保证，和最为直接的有效措施。[1]　构

---

[1]　罗梅娟，党传升，刘晓平，等. 对构建高校实践教学质量监控机制的思考[J]. 北京邮电大学学报：社会科学版，2008，10(4).

建地方高校实践教学质量监控体系是以重视实践课程质量观念及对其质量的责任感为基础，以实践课程全面质量管理为核心，采用科学手段对影响实践课程质量各个要素及各个环节进行周期性的计划、指挥、协调和控制，使其规范有序，不断推进实践课程质量的提高，高效优质地实现教学目标。[①] 图 1-1 为某高校实践课程质量监控体系。[②]

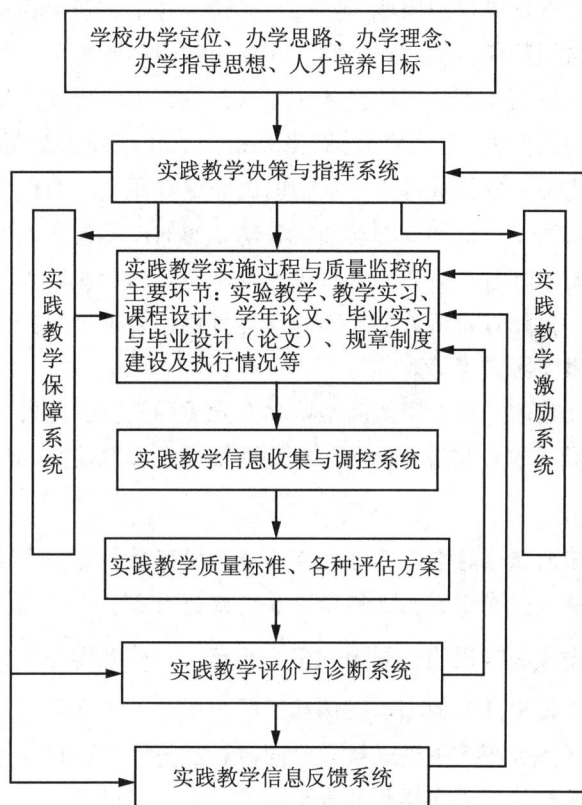

图 1-1　某高校实践教学质量监控体系

二、学前教育专业实践课程的实施途径与方式

在教学实践中，许多高校从多维度凸显实践能力培养，其实施途径与方式呈现出如下一些特点。

(一)高度重视实践基地建设

实践基地是联系学校和社会的桥梁，是培养学生综合运用所学知识去解决实际问

①　李焰，邰江霖. 地方院校实践教学质量监控体系的构建[J]. 高等工程教育研究，2009(4).

②　张烈平，冯兵，李德明. 地方本科高校实践教学质量监控体系的构建与实践[J]. 实验技术与管理，2013(7).

题的纽带，也是培养学生动手能力和创新意识的关键。① 在学生能力培养的过程中，真实或仿真的实践环境是能力培养的基础条件。高校通过积极与实践基地的合作建设，充分发挥实践基地的作用，这已成为校地合作的一个重要环节，有助于学生专业知识和实践技能的掌握。如成都大学学前教育学院的实践基地，包括学校周边的相关学前教育机构、市内数十家优质实习实训基地，以及遍及全省的各地具有示范性代表性的几十所学前教育领域内基地园所、学校和机构。各个实践课程基地都具有品牌性和社会高度认同的共同特征。同时，该学院亦根据各园办园特色、科研基础、师资队伍等不同情况，安排不同类别的实践任务，如依托成都市级机关三幼的园本教研工作坊、省直机关红星幼儿园的"与儿童对话"系列研究、市级机关四幼的精彩课程研究等，安排学生科研实习；依托成都市十三幼的民间游戏研究、四川大学一幼的户外游戏研究等，安排游戏实习；依托成都幼师实验幼儿园的皮影艺术研究、市六幼的同伴合作课程、市三幼的语言教育研究、省直机关东府幼儿园的探究大自然科学活动，安排各领域课程实践；依托省直机关婴儿园的保育特色、金苹果全托中心的三浴锻炼研究，安排保育与健康实习，等等。

层次和类型多元化的广泛的实践基地，具有异质性长项的师资队伍和丰富的人力资源，可提供多种形式的实践指导，从而有效助推学生实践能力的形成。

【反思研讨】

了解某所幼儿园的课程特色，尽可能详细地询问课程内容与实施方式，以及该园对课程教师的基本要求，列出自己需要学习和实践的内容。

(二)在各科教学实践中采用多样化的模式和方法，使教学与实践融汇

在班级教学中，许多高校倡导以案例和问题为中心、产学研训结合、校内外师资团队合作教育、社区服务等多种模式教学。同时，小组团队协作、角色扮演、模拟实习、项目式学习、机构培训等多样化的教学方式，直接促进了学生专业能力形成。

以成都大学学前教育学院"幼儿园教育活动设计与指导"系列课程为例：课内5分钟教学片段模拟游戏、说课；分组分角色轮流试做并互评；小组与园所班级点对点对应实践(如班级区角创建)；组建团队参加市内联组教育科研项目(如音乐教育活动、皮影艺术活动、早期阅读活动)，等等。这种课程理论与实践的结合，体现了教学的活动性、操作性、拓展性等特征，同时多样化的教学方式也促使学生们将课程内容更好地融会贯通，学以致用，真正转化成为他们的专业能力。

(三)在教学评价方面呈现多类型、多主体、多途径特征

为了全面实现提高幼儿教师素质的目标，在整个教学评价管理中，除了对理论知识的要求、书面答卷外，许多高校还采用了包括观察与调查报告、个案检测与分析评

---

① 李子彦. 基于能力本位的独立学院实践教学体系的构建[J]. 长春工业大学学报(高教研究版)，2010(3).

价、视频录像、实作图片、说课、现场抽签及模拟操作、手工制作、专场汇报、能力检测、等级考核、多主体评定、机构证明书等多种教学评价方式。

(四)在实践课程的组织方式上体现统一与自主、集中与分散、专项与综合相结合的特征

一些高校在学生学习的低段和中段，主要由学院实验教学中心、学前系、教务办或各课程教师进行统一集中安排，引导学生全面了解各个实践基地的教育教学要求，完成各项实践课程的课程任务。在高段，则更多地通过学生自由结成团队(如研究性学习小组、创新项目团队等)及个人独立地联系实践基地，完成实践课程的教学任务，促进学生综合素质和实践能力的发展。

总之，高校学前教育专业学生的专业成长要强调实践取向，加强实践课程在教学中的比重，密切与实践基地的联系，促进实践中的反思，提升实践课程的教学质量，不断培养学生成为高度个性化、专业化的学习者。

  * * * * * * * *

📖 要点回顾

加强实践课程的课程，提高学生的实际能力，已经成为国际教师教育发展的趋势。高校实践课程方案中的各类型实践课程名称、课程目标、课程设置方式、课程实施途径、课程评价，是构成高校实践课程体系的基本要素，了解与研读本专业的课程方案，对于提高准幼儿教师学习的自觉性是必要的学习路径。

近年来，许多高校不断改革，将教育实践活动从一年级到毕业贯穿于整个学习过程中。通过提高实践课程比重，开展多元、丰富、进阶式的实践，变传统的学生对指导教师的简单模仿和随从，到通过观察、调查、访谈、对话、个案追踪、项目研究等，在实践中嵌入理论研讨，促进学生思考和解决问题，注重职场经验的分散性、递进式获取，有效地检验当今的教育学课程并帮助未来教师不断积累实际经验，真正克服理论与实践脱节，实现未来教师的教育教学实践能力和操作水平提升。

📓 核心·概念

教育实践；教育体验；人才培养方案；实践课程体系；进阶式实践目标；实践内容；实践方式；教学评价；实践基地；导师制。

📖 成长档案

1. 通过查阅资料或实地调查，了解你所在的区域学前教育发展历史与现状，特别是近十年的发展状况，了解政府和教育主管部门关于学前教育发展的未来规划，了解幼儿、家长对幼儿教师有什么样的期待。

2. 分别与学校的专业课程教师、幼儿园园长或教师研讨你自己的专业发展规划，将他们的建议一一记下，经常提示和鞭策自己主动地、有方向地学习。

资源链接

1. 杜惠平，王桂林. 知识观转型与高校实践教学变革[J]. 江苏高教. 2014(4).

2. 洪明."反思实践"思想及其在教师教育中的争议：来自舍恩、舒尔曼和范斯特马切尔的争论[J]. 比较教育研究，2004(10).

3. 陈彩燕，肖建彬.《教师教育课程标准(试行)》的课程理念解读与贯彻[J]. 高教探索. 2013(4).

4. 傅松涛，刘小丽. PDS教育实习经验与启示[J]. 外国中小学教育，2004(6).

5. 中华人民共和国教育部. 幼儿园教育指导纲要(试行). 2001年7月教育部印发.

6. 王文静. 关于我国高师教育实习的理性思考[J]. 高等师范教育研究，2001，13(5).

7. 郑东辉，施莉. 国外教育实习发展概况及启示[J]. 高等师范教育研究，2003，15(5).

8. 陈建华. 西方发达国家教育实习的时间安排及其启示[J]. 外国中小学教育，2002(3).

9. 吴琼，姚伟. 提升学前教育专业建设水平，夯实幼儿教师专业素质基础[J]. 学前教育研究. 2009(1).

10. 卢伟. 以能力为本位的实践教学体系构建与实施[J]. 教育与教学研究. 2012(3).

11. 罗梅娟，党传升，刘晓平，等. 对构建高校实践教学质量监控机制的思考[J]. 北京邮电大学学报：社会科学版，2008，10(4).

12. 李焰，邰江霖. 地方院校实践教学质量监控体系的构建[J]. 高等工程教育研究，2009(4).

13. 张烈平，冯兵，李德明. 地方本科高校实践教学质量监控体系的构建与实践[J]. 实验技术与管理，2013(7).

14. 李子彦. 基于能力本位的独立学院实践教学体系的构建[J]. 长春工业大学学报(高教研究版)，2010(3).

15.《教师教育课程标准》专家组. 教师教育课程标准的国际比较研究[J]. 全球教育展望，2008(9).

16. 黄继英. 国外大学的实践教学及其启示[J]. 清华大学教育研究，2006(8).

17. 郑春龙，邵红艳. 以创新实践能力培养为目标的高校实践教学体系的构建与实施[J]. 中国高教研究. 2007(4).

18. 程建芳. 借鉴国外经验强化应用型本科教育实践教学[J]. 中国高教研究. 2007(8).

19. 朱正伟，刘东燕，何敏. 加强高校实践教学的探索与实践[J]. 中国大学教学. 2007(1).

20. 张英彦. 论实践教学的理论基础[J]. 教育科学. 2006(8).

21. 石中英. 知识转型与教育改革[M]. 北京：教育科学出版社，2001.

22. 赵振杰. 美国师范教育演进历程中的实践教学变革及其启示[J]. 当代教育与文化. 2013(7).

23. 顾秉林，王大中，汪劲松，陈皓明，姚期智. 创新性实践教育——基于高水平学科建设的创新人才培养之路[J]. 清华大学教育研究. 2010(1).

24. [美]D. A. 库伯. 体验学习——让体验成为学习和发展的源泉[M]. 王灿明，朱水萍，等，译. 上海：华东师范大学出版社，2008.

25. 于玲君. 美国能力本位教育的现状、特征与启示[J]. 社会科学论坛. 2006(8)(下).

26. 朱水萍. 反思实践：促进职前教师成长的重要路径——基于体验学习理论的视角[J]. 教育探索. 2009(5).

27. 吴志华，柳海民. 论教师专业能力的养成及高师教育课程的有效教学途径[J]. 教师教育研究，2004(5).

28. 杜静. 我国教师教育课程存在的问题与改革路向[J]. 教育研究，2007(9).

29. 王艳玲，苟顺明. 试析英国教师职前教育课程与教学的特征[J]. 教育科学，2007(1).

30. 陈桂生. 且说初任教师入职辅导中的"师徒制"[J]. 湖南师范大学教育科学学报. 2006(5).

31. 佐藤学. 学习的快乐——走向对话[M]. 上海：华东师范大学出版社，2004.

32. 郑肇桢. 教师教育[M]. 香港：香港中文大学出版社. 1987.

单元二　融合：反思性实践与幼儿教师专业成长

本单元旨在介绍反思性实践的相关理论，理解反思对于幼儿教师专业成长的意义，帮助学习者掌握实践反思的策略和技巧，并努力形成反思的习惯。

本单元的内容可概括为如下三个部分：

1. 是什么——反思性实践的理论概述；

2. 为什么——反思性实践对幼儿教师专业成长的意义；

3. 怎么做——如何做反思性实践专家。

通过本单元的学习，学习者应该达到以下目标：

1. 理解反思性实践的基本理论，以及反思性实践对于幼儿教师专业成长的意义；

2. 知道常见的实践反思的视角和操作方式，能够结合自身的实践经历进行专业反思；

3. 确立进行反思性实践的动机和愿望。

第一节　反思性实践的理论概述

如今，在设计、教育、医药卫生、法律、企业管理等各个专业领域，"反思性实践"（Reflective Practice）均是一个普遍流行的概念，"反思性实践家"（Reflective Practitioner）则逐步替代了"技术熟练者"（Technical Expert）成为这些领域中对从业者的新的形象定位。虽然有研究者认为"'反思'从根本上说是一种哲学态度，对反思的理解应源于哲学的思维方式，从哲学的历史上看，'反思'或多或少地体现在不同哲学家的思想中。"[①]但是，率先明确提出这些概念并对其进行系统论述的，是美国麻省理工学院教授唐纳德·舍恩（Donald Alan Schön）。继舍恩之后，"反思性实践"的理念在各个专业领域获得了广泛的认同。在教育领域，研究者们基于"反思性实践"的思想，对传统的教师教育体系提出了一系列改进意见。"反思性实践"有何哲学渊源？当前学术界和专业实践领域所谈论的"反思性实践"到底是何含义？"反思性实践家"与"技术熟练者"到底有何本质区别？本节主要对这些相关理论进行简要概述。

一、与反思性实践相关的理论基础

从字面上分析，"反思性实践"是由"反思"和"实践"两个词语构成的。因此，通俗地讲，"反思性实践"就是指带着反思的实践，或在反思的基础上进行的实践，是行与思的结合。这样的解读看似明了实则不足，问题的关键在于到底如何理解"反思"和"实践"。关于这两者的理论思考和分析在哲学和心理学当中都具有广泛的基础和悠久的历史。

（一）哲学中的"反思"和"实践"

虽然对于什么是哲学有着诸多争论，但是有不少学者赞同"哲学是对人的存在方式的一种反思"。[②] 在哲学发展的历程中，哲学家们正是运用"反思"这种思维方式不断重构人们对世界的理解，在本体论的层面取得了丰硕的成果。更有不少哲学家[③]从认识论的层面对"反思"这一思维方式本身进行了相关论述，为我们今天理解"反思性实践"提供了重要的基础。

反思是"近代西方哲学中普遍使用的一个含义广泛的哲学概念。在英国唯物主义哲学家洛克的哲学中，反思被看做是知识的两个来源之一，即形成内部经验的心灵内省认识活动。法国唯物主义哲学家霍尔巴赫把反思视为'运用反射自问的能力''一步

---

① 魏景. 教师教育中的反思性实践[J]. 首都师范大学学报（社会科学版），2007(1).
② 朱德生. 哲学是对人的存在方式的一种反思[J]. 南京政治学院学报，1999(6).
③ 如笛卡儿、康德、黑格尔、马克思、海德格尔、哈贝马斯等。

一步地考察我在面临某一对象时的内心经过'。在黑格尔哲学中，反思成为一个把握发展的辩证概念，他认为，反思是自反的思想，是思想对普遍概念的认识，是一种思想的自我运动。这种反思活动不是一次完成的，它是一个反复的思考过程。"①马克思主义则认为，反思是"指人们在实践活动基础上对获得的感性材料进行思想加工，使之上升到理性认识这一过程"。②

在日常生活中，人们容易把反思理解为反映、沉思、反复地思考、深思熟虑等。但当代哲学意义上的反思通常指"人对自己的思想、自己的心理感受等的思考"③，或者说："表示思考自己的思想、自己的心理感受，描述或理解自己体验过的东西，即自我意识。"④用孙正聿教授的话说，即"思想以自身为对象反过来而思之"⑤的过程。这种"反思思想"的突出特点在于把日常生活中甚至科学理论中通常不予追问的，习以为常的观念、行为、"世界图景"拿来加以拷问，尤其是拷问构成这些观念、行为、"世界图景"的前提和基础。

实践也是哲学当中的一个非常重要的概念。"实践概念从最初提出到科学地确定有一个历史演变的过程。"⑥当代中国通常将实践视作"人类有目的地改造世界的感性物质活动。"⑦这一活动从要素上来讲至少包括了目的和手段两个方面，而无论是目的的确定还是手段的选择都必然需要思维的卷入，因此实践活动和认识活动是不可分割的。事实上，实践及其发展的需要是认识、知识产生的根源和发展的动力。作为认识活动高级成果的理论知识也与实践活动密不可分。无论是陶行知先生"行为知之始，知为行之成"的表述，还是"实践是检验真理的唯一标准"的命题，均昭示着"从实践中产生理论，将理论运用于实践"的反复循环。

值得一提的是，从个体的角度讲，人们的实践活动过程虽然也必然有思维活动的参与，但是这些思维活动往往直接指向问题的解决。而问题本身又是思维活动的产物，是个体以自己全部的知识积累、能力基础、价值体系为参照针对所面临的情境而生成的矛盾状态。因此，个体的年龄越大、经验越丰富，其实践过程中的思维活动越容易习惯化、模式化、经验化。用孙正聿教授的概念来讲，人们的思想存在两个基本维度，即"构成思想"的思想维度和"反思思想"的思想维度⑧，而人们通常运用的是前者。这种状况对于快速解决实践问题或许是有益的，毕竟人在饥饿的时候去思考"拿什么填饱肚子"比琢磨"饥饿是一种主观感受还是一种客观生理状态"更贴近真实生活，

① 孙云，孙镁耀.《新编哲学大辞典》. 哈尔滨：哈尔滨出版社，1991：156.
② 《哲学大辞典（分类修订本)》(上). 上海：上海辞书出版社，2007：59.
③ 孙云，孙镁耀.《新编哲学大辞典》. 哈尔滨：哈尔滨出版社，1991：156.
④ 《哲学大辞典（分类修订本)》(上). 上海：上海辞书出版社，2007：59.
⑤ 孙正聿. 反思：哲学的思维方式[J]. 社会科学战线，2000：(1)
⑥ 《哲学大辞典（分类修订本)》(上). 上海：上海辞书出版社，2007：47.
⑦ 《哲学大辞典（分类修订本)》(上). 上海：上海辞书出版社，2007：47.
⑧ 孙正聿. 反思：哲学的思维方式[J]. 社会科学战线，2000(1).

但如果只有这种思维方式则容易将问题单一化、简单化，并且一旦在固有经验基础上问题解决受阻，就难以寻求到满意的结果。

综合上述对哲学中"反思"和"实践"的分析可以看出，当将这两者结合在一起的时候，就意味着将"构成思想"和"反思思想"合二为一。无论最终的旨趣在于理论的建构，还是实践的变革，反思性实践均不失为一种有效的途径。尤其是对于改进实践活动的质量而言，反思性实践比传统实践活动具有明显的优越性，因为它不仅如传统实践活动一样会卷入思维活动直指问题的解决，更引入了对思维活动本身的反思，使得实践活动的思想基础、逻辑前提、价值假设、情感基础等均成为重新思考的对象，并最终导致对实践活动（尤其是实践所面临的"问题"）的重新界定和变革。

【案例研讨】

野外徒步旅行的时候，见到从树上颠覆下来的鸟巢，里面有不会飞行的雏鸟蹒跚学步，你会怎么办？为什么？

从上述案例中分析思维与实践的关系，并区分"构成思想"和"反思思想"，进而说说这两种思想是如何影响行动的。

（二）心理学中的"反思"和"实践"

与哲学不同，心理学更多是从个体的角度去讨论问题的。心理学中的"反思"和"实践"也主要是基于个体的层面来加以分析讨论。

在英文当中，"反思"对应的词汇是"Reflection"，但"Reflection"同时又有"反映"的意思。心理现象就是一种高级的反映形式，"作为心理现象的反映过程包括两个方面：一是对外界刺激物的性质与意义进行分析；一是根据分析的结果调节有机体的行动。"[1]从这个意义上讲，实践和反思是联系在一起的，因为实践行动本身必定包含着思维活动的卷入，而思维活动又总是由特定刺激引发并最终通过思维对实践行动的调节而反馈于刺激。

同时，英文词根"Re"具有"再次、重复、反复"的意思，因此"反思"在英文中或多或少具有"反复思考、再三琢磨、重复推敲、仔细分析"的意味。而这么做的目的则是指向问题的解决，往往通过实践行动表现出来。

如果像上述引用的哲学定义中那样将反思约等于自我意识的话，则反思与实践也是交织在一起的，且反思有助于提高实践的效率。因为自我意识就是自己对自己的意识，其包括自我认识、自我体验、自我控制三个心理成分。而人在所有的实践活动中必然涉及对自己的控制。从这一方面讲，反思和实践是交织在一起的。从另一方面讲，自我认识包含了一种称作"元认知"的特殊成分，即个体对自身认知活动过程本身的认知。"元认知"的概念更接近上述"反思"的哲学定义中的"思维之思"的定义方式。元认知水平的提高有助于改进个体的认知活动的质量，进而有助于提高实践的效率。

---

① 朱智贤．心理学大词典．北京：北京师范大学出版社，1989：164.

此外，心理学当中关于"问题解决"的研究与反思性实践也具有某种联系。"思维总是体现在一定的活动过程中，主要是问题解决的活动过程中。问题解决是思维活动的普遍形式。问题解决过程是一个发现问题、分析问题，最后导向问题目标与结果的过程。因此，问题解决一般包括提出问题、明确问题、提出假设、检验假设四个基本步骤。"①一方面，由于实践活动尤其是工作实践往往是针对特定的问题展开的，同时问题的解决是否有效又要回到实践当中加以检验，因此实践活动本身就可以被视作一个个问题解决的过程。另一方面，要想有效地求得问题的解决，必须基于诸多背景因素明确地界定问题、提出假设方案、尝试运行方案、评估实施效果，这个过程的反复运行就是所谓反思。因此反思性实践与问题解决的过程是同一的，是高效率的问题解决方式。

综合上述分析可以看出，从心理学的意义上讲，个体在进行实践活动的时候总是伴随着思维活动，而思维活动与实践活动结合起来又往往指向问题的解决。反思性实践的心理学意义在于在问题解决的过程中加入了"元认知"的成分，同时在对背景因素、问题情境、策略方案、实施效果等的反复思维加工过程中使得问题得以高效解决，并进而引发自身心理结构(用皮亚杰的概念来说为图式)的优化和重构。

【案例研讨】

一张略有灰尘的桌子，桌上放着一盒湿纸巾，桌旁有几把略有灰尘的椅子。三个人走过去，第一个人直接就坐了下来，第二个人抽出一张湿纸巾把椅子擦得干干净净然后坐下来，第三个也抽出一张湿纸巾但是发现不够，于是又用了两张湿纸巾把椅子擦干净，然后坐下来。

请你分析一下这三个人在上述过程中的内心活动。说说不同的人对情境的界定是如何影响各自的行为的。这个过程与自我意识有何关系。如果你是其中的一个人，你会怎么做？为什么？

二、唐纳德·舍恩的反思性实践理论

如上所述，虽然在哲学和心理学中已经有一些与反思性实践相关的研究和论述，但是对这一问题进行系统思考并最终使得反思性实践成为一个广为流传的概念和普遍的实践变革的，乃是唐纳德·舍恩(Donald Alan Schön)。下面首先介绍其生平，然后分析其关于反思性实践的核心理念。

(一)"不务正业"的哲学家

唐纳德·舍恩(Donald Alan Schön)1930年出生于美国波士顿，1951年毕业于耶鲁大学，主修哲学。随后，他在哈佛大学相继获得了哲学硕士和博士学位，其博士论

---

① 王雁. 普通心理学. 北京：人民教育出版社，2002：175.

文聚焦于约翰·杜威（John Dewey）的探究理论，这为他后续的学术研究提供了实用主义的框架。舍恩曾先后在加州大学、美国陆军、堪萨斯城市大学、美国商业部、Arthur D. Little 顾问公司、社会与技术创新组织（一个在波士顿的由舍恩和其他人共同发起的非营利性社会研究和发展机构）、麻省理工学院等多家机构任职，从事教学、顾问、研究等工作。

舍恩的一生著述颇丰。1963 年他的第一本著作《概念移植》（*Displacement of Concepts*）出版，1967 年该书再版并改名为《思想的创造与演变》（*Invention and the Evolution of Ideas*）。1967 年他的第二本专著公开出版，名为《技术与改变：新赫拉克利特》（*Technology and Change，The New Heraclitus*）。1973 年他的划时代意义的著作《超越稳定状态》（*Beyond the Stable State*）出版，在该书中舍恩提出"变化是现代生活的一个基本特征，因此有必要发展起一套社会系统以不断地学习和适应新的变化。"1974 年他和麻省理工学院的同事克里斯·阿基里斯（Chris Argyris）合作出版了《实践中的理论：提升专业效力》（*Theory in Practice：Increasing Professional Effectiveness*），1978 年两人又共同出版了《组织学习：关于行动视角的理论》（*Organizational learning：A Theory of Action Perspective*）。这种合作和友谊持续多年，1996 年两人再度共同出版了《组织学习Ⅱ：理论、方法与实践》（*Organizational Learning Ⅱ：Theory，Method and Practice*）。在这三本著作中，舍恩对其在《超越稳定状态》一书中展现出的一些主题进行了回应，他开始关切专业学习（Professional Learning）、组织机构中的学习过程及批判性的自我反思性实践。1983 年、1987 年、1991 年，奠定舍恩一生学术地位并使他广为人知的三本著作相继问世，分别是《反思性实践者：专业人员在行动中如何思考》（*The Reflective Practitioner：How Professionals Think in Action*）、《培养反思性实践者》（*Educating the Reflective Practitioner*）及《反思性的循环：教育实践中的案例研究和对教育实践的案例研究》（*The Reflective Turn：Case Studies in and on Educational Practice*）。在这三本著作中，舍恩通过对技术理性（Technological rationality）及其引发的专业教育的弊端的批评，建构了一种基于实践的认识论，确立了其反思性实践的理论体系，提出了"反思性实践家"（Reflective Practitioner）、"行动中反思"（Reflection-in-action）、"对行动的反思"（Reflection-on-action）、"单循环学习"（Single-loop earning）、"双循环学习"（Double-loop learning）等一系列重要概念，并迅速在教师专业发展领域及其他一些专业团体当中引发强烈共鸣。1994 年，舍恩与麻省理工学院的另一位同事马丁·瑞恩（Martin Rein）共同出版了他的最后一本重要著作《框架反思：关于难以解决的政策论战的解决之道》（*Frame Reflection：Toward the Resolution of Intractable Policy Controversies*）。

在持续七个月的病痛之后，舍恩于 1997 年 9 月 13 日逝世。舍恩本应该是一位哲学家，但是他之所以为世界所铭记却是因为他对反思性实践及组织社区中的学习系统的卓越建树。值得一提的是，舍恩还曾经在巴黎大学学习钢琴和单簧管，是一位非常出色的钢琴家和单簧管演奏家，经常在爵士乐和室内乐团体中进行即兴表演。有人认为，"这种对即兴表演和结构的兴趣反映在了他的学术著作中，特别体现在他对专业人员'脚踏实地思考问题'（Think On Their Feet）的能力的探寻之中"。[1]

【自我反思】

查阅一下舍恩或者你所知道的其他杰出人物的生平资料，想一想这些人物所经历的"关键事件"，以及兴趣爱好与他们的专业成就之间有没有必然联系？

再想想你自己的人生经历，你的兴趣爱好是什么？曾经经历了哪些重大事件？这些东西与你今后的专业发展之前可能存在什么关联？

(二)变化、学习与反思

舍恩是关注和研究"学习系统"（Learning System）及学习在不断变化的社会中的重大意义的先驱人物之一。另一位先驱人物罗伯特·哈钦斯（Robert M. Hutchins）在论述"学习型社会"（Learning Society）时认为，学习型社会已成为必然，原因有两点：其一是不断增长的自由时间；其二是不断加快的变化，前者使学习型社会成为可能，后者则呼唤持续不断的教育。哈钦斯还用古代雅典作为学习型社会的模板，在那里"教育不是一种只在特定时间、特定地点，只发生在人生特定阶段的孤立的活动，教育是社会的目的。城邦教育着人民，人民被文化所教育"。[2] 舍恩的论述则是起于对不稳定状态的探讨。

在《超越稳定状态》一书中，舍恩对由技术革命所带来的不稳定状态及这种不稳定状态对组织和个人所带来的影响进行了充分论述。他认为，稳定状态的丧失意味着我们的社会及其所有制度和机构都处在不断变化的过程中，我们根本不能期待可以持续我们一生的新的稳定状态。我们必须学会理解、操纵、影响、控制这些转变，我们必须掌握将他们整合于我们自身和我们的机构之中的能力。换句话说，我们必须变得善于学习。我们必须变得不仅能够改变我们的机构以应对不断变化的形势和要求，还必须创造和发展出可以称为"学习型系统"的机构，那意味着，这个系统将能够引发其自身的不断变革。丧失稳定状态对于个体、机构及整个社会所带来的紧迫任务就是学会学习。

在研究学习问题的时候，舍恩和同事阿基里斯密切合作，将重点放在了学习如何增进专业人员的专业效力及组织学习方面。他们区分了一对重要的概念，用以分析和解释专业人员的专业实践，即"宣称的理论"（Espoused Theory）和"运用的理论"（Theory-in-use）。前者指人们用以与他人解释和交流自身实践行为的理论，通常处于意识水平之中；后者指那些真正指引和决定人们实践行为的内隐的心理地图，它们通常是不能为人们所意识到的。真正决定人们行为的，不是人们所宣称的理论，而是通常连自己也意识不到的运用的理论。因此，我们经常看到的情况是，人们嘴里说着一套，

---

① Smith，M. K. (2001，2011). *Donald Schön: Learning，Reflection and Change*，*the Encyclopedia of Informal Education*. ［2012-08-22］Http：//www.infed.org/thinkers/et-schon.htm.

② Hutchins，R. M. (1970). *The Learning Society*. Harmondsworth：Penguin，133.

实际却做着另外一套。以往我们会把这种情况解释成理论与实践的区别或脱节，但根据舍恩的理论我们看到，实践并不单纯只是行动，其背后也是有理论支撑的，只不过这些理论往往与人们所学习到的和所宣称的理论不一样而已。

对于专业人员而言，如果说学习的最终目的是改变自身的专业实践（即落实到真实的行动上）的话，那么就必须通过学习去触碰和改变"运用的理论"，其实现方式就是反思。根据反思内容的不同，舍恩和阿基里斯区分出又一对重要概念，即"单循环学习"和"双循环学习"，如图 2-1 所示。

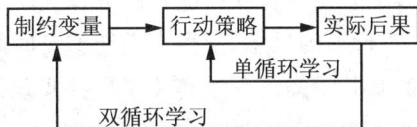

图 2-1　两种类型的学习示意图

专业人员的行动总是发生在特定情境之中，而这些情境则是由诸多制约变量所影响和控制的。制约变量限制人们所能够采取的行动策略，而特定的行动策略又引发特定的实际后果，这些后果可能指向行动者自身也可能指向其他人，可能是意料之中为人所期待的，也可能是意料之外的。在上述流程中，"运用的理论"所发挥的作用在于决定人们如何去分析和看待特定情境中的制约变量，进而决定人们会采用的具体行动策略。

真正的学习往往伴随着对错误的觉察和纠正。舍恩和阿基里斯认为，当最终结果不令人满意即出现错误状态时，人们往往会首先去反思所采取的行动策略是否适当，反思的焦点在于使行动策略和操作技巧更加有效，这就是所谓的"单循环学习"。这种情况下，制约变量并不会成为人们反思的对象，这意味着作为行动策略基础的特定的目标、价值、总体计划、规则等成为了理所应当。"双循环学习"则意味着去反思和质疑制约变量本身，将其作为批判反思的对象，这意味着作为行动基础的目的、价值、假设等都将被重新审视，这往往引发整个行动过程的彻底变革。

可以看出，"双循环学习"更能够触碰到隐藏在人们行为背后的"运用的理论"，因此更有利于行为的改变和专业效力的提升。

【课堂研讨】

请结合自己的实际经历举一个"宣称的理论"和"运用的理论"相互矛盾的例子，并分析产生这种矛盾的原因。

（三）"行动中反思"和"对行动的反思"

对实践的反思是专业工作者的重要的学习方式。在舍恩看来，这种学习方式是对传统"技术理性"的反叛。就专业人员的教育而言，无论是知识观、专业教育目的观，还是专业教育的实施方式等，舍恩提出的反思性实践与基于传统技术理性的模式之间均存在明显区别。反思性实践的学习方式直指专业工作者实践行为背后的"运用的理论"，最终以行为改变为导向，因而在专业工作者的教育培训中大受欢迎。

为了更好地理解实践中的反思，舍恩区分了一对概念，即"行动中反思"和"对行动的反思"。"行动中反思"有时也被称为"脚踏实地地思考"，这种思维活动要求在当前行动过程中去关注我们的过去经验，将行动与情感联系起来，并且极力去触碰和思考那些行动背后的"运用的理论"。"行动中反思"意味着通过不断建立新的理解以便去引导那些在不断展开的新情境中的行动。而"对行动的反思"往往是在行动之后进行的，常见的方式包括写工作日志或其他关于行动的思考笔记，与指导者或者其他专业人员讨论自己的行动等，其本质是在行动完成或结束以后对整个行动过程和相关因素进行的重新分析和思考。"对行动的反思"使得人们能够花时间和精力去探究和思考自己过去的行为，如此一来便有利于提出一整套关于自身实践行为的问题，进而通过对问题的解答或重新解答而建立起关于行为的理念。

三、教师教育领域的反思性实践理论

反思性实践的思想进入到教育领域后，其最大的影响是引发了对教师教育的反思和批判。这种反思和批判的过程和成果都集中在两个方面：其一是对教师形象的重新定位；其二是与教师形象定位相适应的培养体系的变革。

（一）从"技术熟练者"到"反思性实践家"①

"技术熟练者"(Technical Expert)的教师角色是以现代主义的"技术理性"作为基础，以对"科学技术的合理运用"作为教育实践的终极目的。其角色的特征包括以下内容。(1)教育理论知识缺乏，知识结构单一。"技术熟练者"型教师往往拥有丰富的学科知识即本体性知识，但是其条件性知识和教育情境类知识则相对不足。(2)教育智慧缺乏，实践能力差。"技术熟练者"型教师在课堂教学中注重传递"权威"的客观知识，注重教学过程的划一性和功效性，只要把教材中的知识传授给学生，就意味着教学的"大功告成"。至于发生在课堂教学中的教育情境问题却不太认真研究和加以解决，并且极其忽视学生作为生命性的存在，对于教育矛盾的转化显得消极和被动。(3)质疑和批判精神缺乏，思想守旧、落后。"技术熟练者"型教师通常注重对"科学理性的合理运用"，认为科学理性是客观的、权威的，也是不可置疑的，教学的任务就是把"权威"的知识传授给学生，教师是技术熟练的传递者，学生是装知识的"容器"。

"反思性实践家"(Reflective Practitioner)则是与"技术熟练者"相对应的另一种教师角色定位，其以后现代知识观和批判理论为基础，主要包括三个角色特征。(1)知识结构复杂，自我更新能力强。"反思性实践家"型教师在知识结构上是复杂的，这种复杂性主要体现在教师对主体性知识、条件性知识和教育情境类知识的整合上。作为"反思性实践家"型教师能通过教育实践行为反思，将自己的主体性知识、条件性知识

---

① 赵凤雨，周先进. 从"技术熟练者"到"反思性实践家"[J]. 教育理论与实践，2005(8).

内化为个人的实践知识，自觉地对已有的教育情境类知识进行全方位的检视和纠正，更新和充实他的教育情境类知识，为教育科学研究奠定基础。同时，在教育实践中，教师运用日益完善的教育情境类知识，对其主体性知识和条件性知识加以审视和修正。作为"反思性实践家"型教师通常在知识结构更新上表现出较高的能力。（2）教育智慧充盈，实践能力强。"反思性实践家"型教师在教育智慧上是充盈的，这是"反思性实践家"型教师最重要的特征。"反思性实践家"型教师的教育智慧通常分为两类：一类是教育理念的智慧，"反思性实践家"型教师对教育理念的判断、选择和吸收有敏锐的处理能力；另一类是教育实践的智慧，"反思性实践家"型教师能正确对付教育实践中的矛盾和冲突，能充分调动学生的学习主动性和能动性以及最大程度上挖掘学生的潜能，能充分展现其内在的教育艺术，在教育实践中有较强的实践能力。（3）质疑与批判精神丰厚，思想开放、进步。"反思性实践家"型教师具有丰厚的质疑和批判精神。后现代知识观已经阐释了知识的文化性、境域性和中立性等特征，绝对客观的、普遍的和中立性的知识是不存在的，这反映在教育实践中，就必然使得教育主体善于向"权威"或"文化暴力"的知识提出挑战，对它们进行质疑和批判。产生于后现代文化环境下的"反思性实践家"型教师思想开放和进步主要表现在对教育改革的理解和支持与对教育理念的吸收和内化。

（二）以"反思性实践家"为导向的培养体系①

以"反思性实践家"为导向的教师培养体系实际上是在与基于传统技术理性主义的教师培养体系进行比较和批判的基础上逐步完善建立起来的。

技术理性的概念来源于马克斯·韦伯（Max Weber），它把科学和技术置于重要位置，把科学理论作为专业知识的源泉，把专业实践视为一种应用科学和技术解决问题的过程。"技术熟练者"的教师定位正是基于技术理性。在这样的教师教育观下面，教师教育的最终目标就是造就能够熟练地将科学和技术应用于教学领域的技术熟练型教师，教师教育的课程则以知识（包括所教学科的知识和教育心理类知识）的传授和技能的训练为主。

以"反思性实践家"为导向的培养体系无论在理论基础、课程设置、教学方式、评估方式等方面均与上述模式形成鲜明对照。第一，反思性实践认识论、认知主义（尤其是建构主义）心理学、批判理论等是这种新的培养体系的重要理论基础。这些理论基础强调了这样一个观念：专业实践不是简单的应用科学和技术解决问题、实现目标，而是一种反思性实践。在反思的过程中形成的缄默的、隐性的"行动中的知识"或"实践知识"是专业实践的基础。第二，反思型教师教育模式所培养的是具有知识、技能和品性的多向度的教师，因此其教师教育计划与课程呈现出"发展主义"和"社会改造主义"的特征，它关注的不仅仅是学科专业知识和教学技能，还包括关注学习者的发展特征和兴趣，关注公正、平等、种族等问题。第三，在教学方式方面，这种新的

---

① 周钧. 技术理性与反思性实践：美国两种教师教育观之比较［J］. 教师教育研究，2005(11).

培养体系强调实践和对实践的反思的价值，因此其教学不再是基于课堂的一对多的知识传授模式，也不是以某种技能的数量掌握为目标的训练模式，而是主张在真实问题情境（或创设的模拟情境）下的亲身体验和系统反思。第四，在评估方式方面，要求学生在评价过程中做出自己的回答，而不是在给定的答案中选择，评价的内容不限于知识和技能，还注重考察教师的反思能力、批判能力、价值观、敬业精神和伦理道德等，真实性评价或绩效评价由此成为反思型教师教育所推崇的评价模式。这种评价是通过观察被测对象的行为表现来做出判断，它注重过程，能获得更多关于被测对象能力和进步的信息，它更加全面、综合。绩效评价的方式很多，包括问题解决、模拟练习、科学调查实践、成长记录袋，等等。反思型教师教育多采用绩效评价模式。

表 2-1　两种培养体系之间的比较①

	传统模式	反思性实践模式
目的	知识的获取	行为的改变
假设	通过获取标准化的客观知识实现教师的转变；只关注理性的转变	通过自我觉醒和自我反思实现教师转变；既关注理性的转变，也关注情感的和文化的等层面的转变
内容	知识：公共的、确定的、陈述性知识 理论：宣称的理论 理论与实践是分离的	知识：公共的知识和个人化的知识、确定的知识和不确定的知识、陈述性知识和程序性知识 理论与实践并重：关注行为，关注缄默知识和内隐的理论 理论与实践是整合的
过程	教师作为专家、学生作为从属，实践人员是被动的知识消费者，学习是个体式的、认知为主的	教师作为协助者、以学习者为中心，实践人员是主动地行动的研究人员，学习是合作的、整体的、个性化的

【课堂研讨】

　　你觉得目前自己所就读的学校更像是在培养"技术熟练者"呢还是"反思性实践家"？理由是什么？如果说要更好地培养"反思性实践家"的话，有必要在哪些方面予以改变？哪些因素可能会制约和干扰改革的进行？

第二节　反思性实践对幼儿教师专业成长的意义

　　目前，反思性实践已经有了一套比较完整的理论体系，并且正在逐步变成国际范围内教师教育实践领域的主流模式。如今我们在中国提倡和推广反思性实践的教师教

---

　　① Karen F. Osterman, Robert B. Kottkamp. *Reflective Practice for Educators*：*Improving Schooling through Professional Development*. Corwin Press，INC. 1993：17.

育模式，绝不仅仅是为了迎合国际潮流，更为根本的还在于反思性实践对于教师的专业成长确实能够发挥积极的意义。任何一个实践过和经历过反思性实践的教师，对此都会感触深刻。对于幼儿教师而言，最常见且有效的反思性实践的例子莫过于公开观摩活动的准备过程。经历过这种过程的幼儿教师一定能够深切地体会到反思性实践对于自身专业成长所带来的多个方面的重大变化：其一是教师"主体性"或者说"人性"的彰显；其二是专业水平和素养的快速提升；其三，随之而来的幸福感和充实感等也会让老师倍感温暖。本节着重讨论反思性实践对幼儿教师"主体性"和专业素养提升方面的意义。

一、从"工具性"到"主体性"的超越

教师具有双重属性，尤其是在现代国家的教育体系下面，这种双重属性变得更加明显。一方面，教师是"工具"，即教师受第三方（包括国家、家庭等）的委托，负责对特定的对象（儿童）施加影响，以求使得这些对象的身心发展符合第三方的期待。从这个意义上讲，教师往往不能够从心所欲，尤其是对于把儿童培养成什么样子、提供哪些教育内容等问题，都需要听命于第三方的意见，教师自身能够予以决策的往往只是如何教等技术细节。另一方面，教师是人，即教师本身也具有鲜活的生命和尊严，并因此具有人所具有的主体性特征，包括独立性、主动性、创造性等。从这个意义上讲，教师总是会寻求对自身所从事的教育活动本身的全面把握和掌控，不仅需要自主把握如何教等技术环节，也试图把握至少是参与到培养目标、教育内容等问题的决策中去。

近些年来，很多学者认为"现实中教师主体性的缺失非常突出"①，"当下教师主体性被遮蔽，确切地说是教师教育主体性的缺失，即教师在从事教育教学活动中自主性、独立性、创新性的缺失。"②很多人以为教师的主体性仿佛是不言自明的，但事实上"教师主体往往是具有工具性的主体，并非真正意义上具有生命色彩的主体。教师只有本人成为主体，不再仅是计划实施者和知识传递者，才可能富有生气和色彩地创造'人的教育'"。③

那么，教师何以丧失主体性而沦为"工具性"的存在呢？概括地讲，当教师以外在于自己的"他律"为指引，被动地、顺应地通过技能性和操作性的工作模式去追求可测量的物质性目标的时候，"工具性"特点就明显展现出来了。从更宏观的层面讲，如日本学者池田大作所指出："现代教育已陷入功利主义的泥潭，这是很可悲的事情。这种倾向带来两个害处：其一是教育变成政治经济的工具，进而失去了它的天性及尊

---

① 刘云艳. 幼儿教师主体性的反思与建构[J]. 学前教育研究，2001(6).
② 钱家荣. 中小学教师主体性的遮蔽与重建[J]. 当代教育科学，2013(8).
③ 桑元峰. 教师主体性论[J]. 理论导刊，2009(12).

严；其二是由于只承认实用性知识和技术的价值，便使从事这类学科的人们沦为知识与技术的奴隶，随之产生的结果，便是尊严的丧失。"①就幼儿教师而言，如果教师只是反复地去训练各种所谓"职业技能"，按部就班地完成各个级别的"上级"所规定的职责和任务，而不去思考自身职业的价值、问题、策略、变革，不去关注儿童和自身的生命质量，更不要说那种连"职业技能"方面都没有发言权、根本无法完成"上级"交办的任务的那种老师，就只能变成"会说话的工具"。这样的教师注定是可悲的，他们想成为杰出工具的幻想也终将破灭，因为他们所面对的是具有鲜活生命的人。

如何实现从"工具性"到主体性的超越，或者说是实现教师主体性的回归呢？虽然"工具性"和主体性具有一定的时间关系，即从教初期的教师往往更多地具有"工具性"色彩，而高度的主体性则往往体现在资深的专家型教师身上。但是时间并不是实现这一超越的决定因素，从业时间并不必然引发教师主体性的增强。在此过程中发挥决定作用的，乃是教师的实践，以及对于实践经验的反思和重构。只有当教师努力地反思和追问自身事业和生命的意义，寻求更为有效和多样化的问题解决方式，以自身的理想、信念、学识、技术来为自己的专业领域制订规则(至少是参与某些规则的制订或者说制订某些层面的规则)的时候，一个具有鲜活人性的、主动的创造的教师才得以显现。

【反思研讨】

就你自己的实习经历而言，以你自己或者是你最熟悉的一位幼儿教师为例，说说幼儿教师每天的工作当中哪些工作内容是自己完全可以做决定的，哪些则必须听命于层层"上级"或者第三方？就这样的情况而言，老师更像是"会说话的工具"还是有独立人格尊严和生命力量的人？有什么办法能够尽量减少"工具性"的色彩而增加主体性的特征？

二、从"新手型"到"专家型"的转变

实际上，"专家型"教师成长的过程也就是教师主体性得以回归和彰显的过程，这是一个问题的两个方面。每一位杰出的"专家型"教师都不是从一开始就成为专家的，他们也都一样会经历"新手型"教师这个阶段。在从新手到专家的转变过程中，反思性实践发挥着至关重要的作用。

叶澜教授说过，一个教师写一辈子教案都难以成为名师，但如果写三年反思则有可能成为名师。何以如此呢？可以从三个方面来解读。

第一，"专家型"教师(名师)不仅仅在于其熟练掌握了一整套个性化的教育教学策略和技巧，更为重要的是他们拥有一套完整的个人教育哲学，对于教育的价值、目的等教育观和儿童观等背景性同时也是根本性问题有明确清晰的回答和信念，并能够使得这些理念得到实际操作策略和技巧的支持。这整个体系的获得，离开不断的实践和

---

① ［日］池田大作. 人生寄语［M］. 程郁，译. 上海：上海教育出版社，1996：109～110.

对实践的反思是无法实现的。

第二，教师的工作并非按照固定指令进行操作，因为教育活动或者说教育生活是灵动的、真实的、情境化的。教师在开展工作的时候首先需要从诸多因素动态交互的情境中去解读出问题来，然后才能够基于问题和自己原有的知识技能储备实施下一步行动。因此教师的工作不是（至少不仅仅是）运用娴熟的技术解决非常明确的既有问题，而首先是洞察问题。离开了如第一节所述的"单循环学习"和"双循环学习"，没有对实践的反思，尤其是对活动背景的反思，教师就只能是执行命令的技术工人，不可能成为"专家型"教师。

第三，按照徐辉的说法，"专家型教师是指在某一方面或某一领域（主要指教育教学）有专长的教师。目前国内还有诸如'学者型教师''研究型教师'的说法，西方的提法则是'反思型教师'，即这种教师是学者，是研究者，他们不仅具有教学所必需的知识和技能、技巧，同时还具有对教育目的、教育行为后果、教育伦理背景，以及教育方法、课程原理等更宽广的问题进行探索和处理的能力。"[①]可见，对实践的反思是"专家型"教师的特点。否则，尽管从业时间再长，经历再丰富，也只能是"教书匠"。

【反思研讨】

1. 你自己有没有亲自接触过可以称得上"专家型"教师的幼儿教师？你之所以这样认为，原因是什么？用具体的实例予以说明。

2. 一个两岁半的小女孩在上完厕所以后想自己把裤子穿好，可是试了几次也没有成功，于是光着屁股站在那里东张西望等老师来帮忙。如果你是当班的老师，你会怎么考虑？怎么行动？

当班的沈老师走过去仔细一看才发现原来小女孩的长裤松紧带稍微紧了些，而内裤的松紧带又有点松，所以老是穿不好。你觉得沈老师接下来应该怎么办？为什么？

结合上述案例想一想，"专家型"老师在与儿童的日常互动中流露出什么样的特点？这些特点是如何得到的？

第三节　如何做反思性实践专家

要做反思性实践专家，关键在于要不断投身到幼儿教育实践当中去，获得丰富的真实体验，更为重要的是要对这些经历和体验进行反思，以求不断重构自己的信念、知识、技能体系。相对而言，投身实践是比较容易的事情，善于反思则并不容易。因此，本节着重讨论如何对实践进行有效反思的问题。概括起来，这一问题包含了两个方面：其一是反思些什么（包括如何反思）；其二是谁来进行反思。此外，本节还专门讨论对于在校学生而言，如何有效地开展反思性实践。以下分别予以阐述。

---

① 徐辉. 专家型教师的内涵[J]. 教育科学研究，2003(4).

一、反思什么——科学和伦理双重视角

德国教育家赫尔巴特在《教育学讲授纲要》中的第一句话就指出"教育学的基本概念就是学生的可塑性"①，否则就是排斥教育学的。教育活动，包括学前教育活动在内，就是要完成对人的塑造。由此引发出两个基本问题：其一是把人塑造成什么样子（甚至包括是否有权、是否应该"塑造"人等问题），即教育的目的问题；其二则是如何把人塑造成期待的样子，即教育的方法问题。赫尔巴特分别对这两个问题进行了回答，"主张以伦理学来说明其教育的目的"②，"明确提出以心理学作为科学的方法论基础，并把心理学的运用贯穿在整个教育学体系即目的、过程、内容与方法的论述中"③。受此思想的启发，我们认为幼儿教师在进行专业反思的过程中，必须重视两个视角，即科学视角和伦理视角。

（一）科学视角的实践反思

对于学前教育领域的专业工作者而言，科学视角下的实践反思主要关注两个问题：其一，所采取的实践方式是否经得起科学原理和规律（主要是儿童发展和心理学方面的规律）的检视和批判；其二，在教育实践中所传递的课程内容（知识、技术等）是否符合科学原理和客观事实。

对于第一个方面的问题，一直以来师范教育和教师职后培训都给予了较多的关注。但是正如舍恩及其追随者所批判的，以往的教师教育模式似乎只关注到了"宣称的理论"这个层面。其导致的不良后果表现在两个方面：一是能够熟练背诵的各种"科学原理和理论"并不能落实到具体的行为方式上面；二是日常工作当中实际采用的行为方式要么与"宣称的理论"根本违背，要么根本谈不上什么理论和原理基础，完全是基于常识经验的无意识行为。如何打破这种局面呢？其方式就是基于实践的反思。具体说来有两种路径：其一是在理论和原理学习的时候，不能仅仅满足于熟练记忆理论和原理的内容，更应该在学习的时候就联系实践予以思考，这个新学习的理论和原理如何能够通过具体的行动体现出来？其二是在实践行动的过程中（行动前、行动中、行动后）去反思，之所以采用这样的行动方式，是基于什么样的科学原理？能够得到哪些理论的支持？自己如何为这样的行动方式予以辩护？

【案例研讨】

1. 心理学和教育学当中有许多与感官经验相关的思想和理论，尤其具有代表性的是蒙台梭利的"感官教育"的理论。想一想，这些理论如何通过具体的可感知的方式在日常工作实践当中体现出来？

---

① 李其龙，等，编. 赫尔巴特文集. 杭州：浙江教育出版社，2002：187.

② 周采. 赫尔巴特的教育学与伦理学[J]. 教育学报，2006(5).

③ 贺国庆，刘向荣. 赫尔巴特教育心理学化的理性分析[J]. 教育学报，2006(5).

2. 环境创设是幼儿园当中一个非常重要的工作内容。一说到班级环境创设，你一下子想到的具体工作内容和行动方式是些什么？你为什么会这样想？这些做法和想法有什么坚实的理论基础吗？

对于第二个方面的问题，我们认为尤其值得关注和反省。就当前我国幼儿园教育的现实状况而言，可以说是"浪漫有余而理性不足"，或者说得不客气一点，胡编乱造的故事不分话语情境地充斥于儿童的生活，而符合客观事实的科学真实却被忽视和遗忘。虽然传递科学知识和原理本身并非幼儿园教育的重心，但是幼儿园教育却应当为儿童后续学习掌握科学知识和原理打下最初的基础，而这个基础就包括了实事求是的态度、质疑的精神、探究的愿望、还有对基本科学事实的尊重。从这个角度来对实践进行反思，就是思考这样一些问题：这个教育活动所传递的内容符合科学事实吗？如果我是在编造虚构的故事，儿童知道我在讲故事（换句话说，知道这些是假的，但是目前我们只是享受其中的乐趣而已）吗？儿童在接受这些虚构的故事的同时，有机会知道与此相关的基本科学事实吗？对此，一些西方国家的实践方式值得借鉴：第一，在开展以幻想为主的艺术活动（故事、绘画、音乐等）之前，一定要让儿童接触与此专题相关的基本科学事实，例如先让儿童观察、接触真实的鸟，了解他们的特征和习性，然后才开展相关的绘画、故事、表演等活动；第二，在进行虚构的活动的时候，一定让儿童明确意识到这是一个特殊的话语情境，在这样的情景下面讲的东西只是为了娱乐或审美，而不是客观事实，例如，讲故事的时候老师和孩子都会戴一顶特殊的帽子等。

【案例研讨】

1. 早晨户外活动的时候，一个小朋友不小心将飞盘扔到一棵树上，取不下来了。老师和孩子们都围了过来。老师问：谁有办法可以把飞盘取下来啊？大家七嘴八舌。有的小朋友说："要是大象在这里就好了，大象可以用鼻子把它卷下来"。又有的说："长颈鹿的个子最高，它能够把飞盘取下来"。

这个案例说明什么问题？如何避免这样的问题发生？

2. 有一个小朋友去参观农场，终于第一次亲眼见到了公鸡和一头猪，惊讶地说："啊？原来猪比鸡大呀！"也难怪，此前这个小朋友反复听到的都是"大公鸡"和"小猪"。

你觉得这个案例是真的吗？为什么？对教师有什么启发？

3. 有一本儿童书叫《好饿的小蛇》，内容大致是：好饿的小蛇扭来扭去散步的时候，发现了一个圆圆的苹果，"啊呜"真好吃；第二天，好饿的小蛇扭来扭去散步的时候，发现了一根黄色的香蕉，"啊呜"真好吃……

如何评价这本书？如果要用这本书来开展教育活动，如何确保不违背科学原理、不误导小朋友？

(二)伦理视角的实践反思

"教育的本质更主要是一项规范性活动，而不是一种技术或生产活动。这种规范性活动不断地期望教育者以一种正确的、良好的或恰当的方式从事教育活动。"①或者可以说，教育本是一种伦理道德实践。基于此，幼儿教师应该在实践反思的时候纳入伦理的视角。具体说来，就是要反思教育实践当中所体现出来的、所蕴含的伦理原则，并为此辩护。

【案例研讨】

你见到过以下这种或者与此类似的场景吗？

一个婴儿跌跌撞撞地学习走路，一不小心摔倒了，坐在地上哇哇大哭。一旁的家长（往往是祖父母辈分的家长）赶忙走过去把孩子抱起来，同时嘴里还说着："不哭不哭，这路把我们宝宝摔倒了，我们打它！"

请分析讨论此类案例中家长（作为教育者）的行为意图和背后的"理论基础"，并讨论其中蕴含的伦理问题。

伦理就是对"善"的寻求，就是人与人之间、人与社会之间、人与自然之间的关系和处理这些关系的道德规则。虽然在不同的历史时期，不同的文化群体当中具体的伦理规则各不相同，但是我们需要做的是通过反思使得教师在日常教育实践当中有意识地觉察教育实践活动所涉及的伦理问题，并且能够对这些实践活动的伦理基础进行论证或批判，以保持伦理问题上的自觉。对当前中国的幼儿园教育实践而言，尤其需要反思的就是教育实践当中的正义和尊重两大主题。

按照罗尔斯在《正义论》中提出的观点，正义是一个复数概念，涵盖自由、平等、权利、功利、博爱、和谐、稳定、效率、安全、繁荣、富强、幸福等含义。他把自由原则、机会的公正平等原则、差别对待原则、效率原则置于先后有序的排列当中，成为其正义理论的骨干脉络。石中英认为，"公正"既包括了"正义"也包括了"公平"，而"正义"应该是处于核心和基础地位。金生鈜则提出，正义涉及道德上合宜地、正当地对待人；这种道德的合宜包括制度性地决定好事物的公正的分配份额，从而使得每个人获得保证自己良好的生活前景和发展的根本条件；也包括通过制度保障每个人的基本权利和义务的实现，从而使得每个人的人格尊严与精神完整不受损害。

幼儿教师在教育实践过程当中，就是要对自身的实践行为，以及教育活动所传递的（往往是隐含着的）伦理倾向进行剖析，尤其是参照上述理论观点来进行反思：这样的教育行为方式对每个孩子公平吗？无论性别、年龄、能力、民族、家庭经济背景等如何，儿童都受到了同样尽心尽力的对待吗？教育活动的意图和所采取的行为方式都能够符合"善"的理念吗？

---

① ［加］范梅南·马克斯.教学机智：教育智慧的意蕴［M］.李树英，译.北京：教育科学出版社，2001：13～14.

【反思研讨】

1. 幼儿园在开展集体教学活动的时候，往往安排小朋友们围坐在教师面前呈 U 型。想一想，坐在不同的位置对儿童意味着什么？如何安排座位才最符合"正义"的标准？

2. 结合自身的实践经历，想一想，目前幼儿园当中的哪些教育行为方式不太符合"正义"的原则，请举例说明，并提出改进意见。

《现代汉语词典》(第 6 版)对尊重的解释有三点：一是"尊敬""敬重"；二是"重视并严肃对待"；三是"庄重"。《牛津高阶英汉双解词典》(第四版增补本)中的 Respect 的解释也有两方面：一是"尊敬，对某人或某物持有肯定性的评价"；二是"重视，给予考虑"。可以看出，尊重包含了两个层面的意思：前者突出了尊重的评价要素，根源于客体具有某种值得肯定的价值和重要性；而后者则强调尊重所包含的注意、关注要素，尊重的根据在于对象具有某种主体必须予以重视和承认的事实和特征。前者可称为评价性尊重，后者则称为承认性尊重。教师对儿童的尊重本质是尊重儿童的人性：尊重儿童作为人的基本权利，尊重儿童作为发展中的人的各种特点。从这个角度去反思教育实践，就是要不断地追问自己：这样的教育行为有把儿童当做平等的人予以对待吗？符合儿童的身心发展的年龄特点吗？

【反思研讨】

结合自身的实践经历，想一想，目前幼儿园当中的哪些教育行为方式不太符合"尊重"的原则，请举例说明，并提出改进意见。

除了采用上述分析的科学和伦理两大视角外，教师在反思教育实践的时候还可以采用"是什么？""为什么？""怎么办？"这样的视角。将这两种视角结合起来，可以汇总成如下的一个反思框架，其中的具体反思问题还可结合实际情况予以扩充。

表 2-2　关于"反思什么"的参考框架

	是什么	为什么	怎么办
科学视角	这个教育活动传递的科学知识是什么？ 能够支持这个教育活动方式的理论基础是什么？	为什么儿童会在活动中表现出这个样子？其背后的科学原理是什么？ 为什么不换一种活动方式？	怎么样才能够把这个理论变成具体的教育行为方式？ 如何改变行动方式才能够符合科学的原理？
伦理视角	支持我这样行动的伦理原则是什么？ 这个教育活动传递着什么样的价值观？	为什么不换一种活动方式？ 为什么有人要反对我这么行动？他们的理由是什么？	怎么做才能保证每一位儿童的利益？ 怎么做才算是传递了正确的价值观？

二、谁来反思——个体与团体多元互动

基于苏联心理学家维果茨基的社会文化发展理论，有学者认为，"一切高级心理机能都是通过人与人的交往而形成起来的。这个过程也就是社会文化发展过程。"[①]同时，班杜拉的观察学习理论也指出，个体的发展未必都是通过自身的亲身经历来实现的，对榜样的观察学习也是个体获得发展的重要途径。以此为基础，可以认为，对于幼儿教师而言，最佳的反思方式不是故步自封的自我反思，而应当是个体与团体之间的多元互动。换句话说，反思的主体既应该包括教师自己，也应该包括其他人，而且最好是专业发展水平比自己更高的人；反思的对象既应该包括自己的教育实践经历，也可以是别人的教育实践经历。这个框架可以概括为表 2-3。

表 2-3   关于"谁来反思"的参考框架

	自我的反思	他人的反思
自我的实践		
他人的实践		

由于以上已经比较充分地讨论了教师个体自我反思的相关内容，下面着重讨论如何建构学习型团体，寻求个体与团体之间的多元互动。

对于已经工作的幼儿园教师而言，比较常见的团体互动式实践反思是对公开观摩活动的筹备过程。这样的筹备过程要想达到效率高、效果好的目标，在人员结构和工作模式方面都有考究。就人员结构而言，往往需要配置一个工作团队，这个团队的人员不能太少，但是也不宜过多，团队成员的专业背景不一定完全相同，甚至最好是差异化的，以确保能够带来各不相同的反思视角。就工作模式而言，需确保团队开展周期性的研讨活动，在每次研讨活动当中也要保证每一位参与人员的发言机会。

对于尚在学校的学前教育专业学生来说，可以通过建立学习小组的方式开展团体互动下的实践反思。同样的，学习小组也需要考虑成员之间的优势互补，以及团队活动的周期性和全体成员的发言权。

【实践锻炼】

邀约几位志同道合的朋友组建一个以提升专业素养为指向的学习团体，并开展一些团体互动式的反思研讨活动。在此过程中总结并回答以下问题：

如何使得这个团队能够高效、持久地运作下去？

---

① 邹晓燕，陈巍. 维果茨基社会文化发展理论及其对幼儿园社会教育的启示[J]. 学前教育研究，2007(6).

三、在校学生——基于反思的模仿与创新

任何创新都是在前人的基础之上取得的，教师的活动也不例外。在建立自身的完整的教育哲学体系和教育实践风格之前，模仿和借鉴他人尤其是优秀教师的实践方式，对于自身专业成长具有重要价值。但是，如果模仿的过程缺少了反思，则模仿就变成了生搬硬套、依样画葫芦，不能内化和改造自己的信念、知识、技能体系。

对于在校的学前教育专业学生而言，由于在课堂学习的过程中已经接受了大量的理论知识和原理的学习。因此模仿和创造的重点应该放在教师的实践行为方式上，而教育见习和实习则提供了最佳的机会。在教育见习和实习的过程中，师范生应当首先做好对指导教师工作行为方式的仔细观察和反思，然后对优秀的教育行为方式进行选择性模仿，接下来对模仿的过程和效果进行反思，并试图建立更加适合自己的个性化的行为方式，最后才能逐步达到教育实践领域的创新。在整个过程中，反思扮演着重要角色，而反思也不是师范生自己单独完成的，必须随时注意听取指导教师、其他同学等的意见和建议。

【操作建议】

无论你是在校的学前教育专业学生还是已经工作的幼儿园老师，你都可以考虑主动为自己建立一个"专业发展支持团队"。这个团队的成员最好具有不同的专业优势，并且在某些方面明显高于你自己的现有水平。周期性地邀约这个专业团队进行正式或非正式的聚会，请求他们对自己的专业发展提供支持。而最具有操作性的支持方式就是让他们与你一起对教育实践进行反思。

基于反思的模仿和创新的工作流程可以概括为表2-4。

表2-4 基于反思的模仿创新工作模式

	反思视角		团队的互动支持
	科学视角	伦理视角	
观察阶段			
模仿阶段			
创新阶段			

* * * * * * * *

📖 要点回顾

反思性实践具有哲学和心理学基础。哲学中"反思"和"实践"的结合意味着将"构成思想"和"反思思想"的合二为一。它不仅如传统实践活动一样卷入思维活动直指问题的解决，更引入了对思维活动本身的反思，使得实践活动的思想基础、逻辑前提、

价值假设、情感基础等均成为重新思考的对象，并最终导致对实践活动（尤其是实践所面临的"问题"）的重新界定和变革。反思性实践的心理学意义在于在问题解决的过程中加入了"元认知"的成分，同时在对背景因素、问题情境、策略方案、实施效果等的反复思维加工过程中使得问题得以高效解决，并进而引发自身心理结构的优化和重构。

唐纳德·舍恩是关注和研究"学习系统"（Learning System），以及学习在不断变化的社会中的重大意义的先驱人物之一。在研究学习问题的时候，舍恩和同事阿基里斯密切合作，将重点放在学习如何增进专业人员的专业效力以及组织学习方面。他们区分出"宣称的理论"（Espoused Theory）和"运用的理论"（Theory-in-use）。如果说学习的最终目的是改变专业实践（即落实到真实的行动上）的话，就必须通过学习去触碰和改变"运用的理论"（Theory-in-use），其实现方式就是反思。反思的具体方式包括"行动中反思"（Reflection-in-action）和"对行动的反思"（Reflection-on-action）。"双循环学习"（Double-loop learning）意味着去反思和质疑变量本身，将其作为批判反思的对象，它更能够触碰到隐藏在人们行为背后的"运用的理论"（Theory-in-use），因此更有利于行为的改变和专业效力的提升。

反思性实践的思想进入到教育领域后，引发了对教师形象的重新定位，即从"技术熟练者"到"反思性实践家"，相应的培养体系也发生了变革。新的体系在理论基础、课程设置、教学方式、评估方式等方面均与传统模式形成鲜明对照。

反思性实践有助于幼儿教师实现从"工具性"到主体性的超越。只有当教师努力地反思和追问自身事业和生命的意义，寻求更为有效和多样化的问题解决方式，以自身的理想、信念、学识、技术来为自己的专业领域制订规则的时候，一个具有鲜活人性的、主动创造的教师才得以显现。同时，在从新手教师到专家教师的转变过程中，反思性实践也发挥着至关重要的作用。

要做反思性实践专家，关键在于要不断投身到幼儿教育实践当中去，获得丰富的真实体验，更为重要的是要对这些经历和体验进行反思，以求不断重构自己的信念、知识、技能体系。在反思的内容方面，必须注意科学和伦理双重视角。前者要求教师采取的实践方式经得起科学原理和规律（主要是儿童发展和心理学方面的规律）的检视和批判，并确保教育实践中所传递的课程内容（知识、技术等）符合科学原理和客观事实；后者就是要反思教育实践当中所体现出来的、所蕴含的伦理原则，并为此辩护，尤其需要关注的两点是正义和尊重。在反思的主体方面，应该积极倡导个体与团体的多元互动。就在校师范生而言，采用基于反思的模仿—创新工作模式不失为一个有效途径。

核心·概念

反思性实践；唐纳德·舍恩；"单循环学习"与"双循环学习"；"宣称的理论"与"运用的理论"；"行动中反思"与"对行动的反思"；"技术熟练者"与"反思性实践家"；

教师的"工具性"与"主体性"；专家型教师；实践反思的科学视角与伦理视角；个体与团体的多元互动；基于反思的模仿创新工作模式。

成长档案

1. 对于本单元所提到的重要人物，你可以自己再去检索一些资料加深对他们本人及他们的理论的了解。对这些资料的研读成果可以写成简短的读书笔记，放入你自己的专业成长档案中。

2. 积极寻求建立一个自己的专业发展支持团队，邀请这个团队一起开展一些研讨活动，并把这些研讨活动的情况用照片、文字、视频等方式记录下来，放入你自己的专业成长档案。

资源链接

1. 魏景. 教师教育中的反思性实践[J]. 首都师范大学学报(社会科学版)，2007(1).

2. 朱德生. 哲学是对人的存在方式的一种反思[J]. 南京政治学院学报，1999(6).

3. 孙云，孙镁耀.《新编哲学大辞典》. 哈尔滨：哈尔滨出版社，1991.

4. 张岱年.《哲学大辞典(分类修订本)》(上). 上海：上海辞书出版社，2007.

5. 孙正聿. 反思：哲学的思维方式[J]. 社会科学战线，2000(1).

6. 朱智贤. 心理学大词典. 北京：北京师范大学出版社，1989.

7. 王雁. 普通心理学. 北京：人民教育出版社，2002.

8. Smith，M. K. (2001，2011). *Donald Schön：Learning，Reflection And change，the Encyclopedia of Informal Education*. ［2012-08-22］Http：//www. infed. org/thinkers/et-schon. htm.

9. Hutchins，R. M. (1970). *The Learning Society*. Harmondsworth：Penguin.

10. 赵凤雨，周先进. 从"技术熟练者"到"反思性实践家"[J]. 教育理论与实践，2005(8).

11. 周钧. 技术理性与反思性实践：美国两种教师教育观之比较[J]. 教师教育研究，2005(11).

12. Karen F. Osterman，Robert B. Kottkamp. *Reflective Practice for Educators：Improving Schooling through Professional Development*. Corwin Press，INC. 1993.

13. 刘云艳. 幼儿教师主体性的反思与建构[J]. 学前教育研究，2001(6).

14. 钱家荣. 中小学教师主体性的遮蔽与重建[J]. 当代教育科学，2013(8).

15. 桑元峰. 教师主体性论[J]. 理论导刊，2009(12).

16. ［日］池田大作. 人生寄语[M]. 程郁，译. 上海：上海教育出版社，1996.

17. 徐辉. 专家型教师的内涵[J]. 教育科学研究，2003(4).

18. 李其龙，等，编. 赫尔巴特文集. 杭州：浙江教育出版社，2002.

19. 周采. 赫尔巴特的教育学与伦理学[J]. 教育学报，2006(5).

20. 贺国庆，刘向荣. 赫尔巴特教育心理学化的理性分析[J]. 教育学报，2006(5).

21.[加]范梅南·马克斯. 教学机智：教育智慧的意蕴[M]. 李树英，译. 北京：教育科学出版社，2001.

22. 邹晓燕，陈巍. 维果茨基社会文化发展理论及其对幼儿园社会教育的启示[J]. 学前教育研究，2007(6).

下 篇

实践篇

单元三　教育见习：初识幼教

📖 **单元要点**

本单元旨在介绍教育见习的基本概念和教育见习的意义，理解教育见习的基本内容及前期准备，并通过对教育见习相关案例的研讨，帮助学习者在掌握教育见习所需的相关知识的同时，帮助其建立通过反思来提高教育见习质量的意识。

本单元的内容可以概括为以下三个部分：

1. 是什么——教育见习的概念和基本内容；

2. 为什么——教育见习价值和意义；

3. 怎么做——对教育见习的反思。

📖 **学习目标**

通过本单元的学习，学习者应该达到以下目标：

1. 知道教育见习的基本概念和教育见习的意义；

2. 掌握教育见习的基本内容及教育见习所需的相关知识；

3. 建立通过反思来提高教育见习质量意识。

第一节　教育见习的概念及意义

教师的专业成长是在教师的教育理论知识和教育实践相互作用下发展起来的。任何一个(准)教师的专业成长都不可能只是基于理论知识的建构，它必须与一定量的教育实践紧密结合①。教育见习，是教育实践的第一步，也是从事教育工作的(准)教师以专业的身份正式踏入教师行业的第一步。

一、教育见习的概念

教育见习，即学前教育专业的学生在进入大学的第一年里，利用一定的时间进入到学前教育机构中进行观摩与实践，通过观察熟悉幼儿园一日生活各环节的组织管理及幼儿园教育活动类型、过程和基本组织方法，初步了解幼儿园教育的任务、幼儿园教育活动的基本特点，形成对幼儿教育的初步认识，为其后续更有针对性的、更有目的性地进行理论知识的学习奠定基础，也为其成为一名真正的幼儿教师奠定基础。

【自我反思】

结合自己已有的经验，想想你可能会在教育见习中了解到的幼儿园基本运作模式和教师的主要工作是什么？

建议：你可以先结合下面这个表格做出自己的预判，待教育见习结束后再次反观自己的预判与实际观察到的情况之间的关系。

表3-1　教育见习预判表

内容	预判	实际情况	反思
幼儿园教育的主要任务			
幼儿园教育活动的类型			
一日生活(每个环节)			
幼儿园教育活动的基本特点			
幼儿园教育活动的组织方法			

二、教育见习的价值和意义

教育见习，与保育实习、科研实习、游戏实习、教学实习及毕业实习共同构成学前教育专业学生教育实习的全部内容。作为教育实习系列的第一个环节，它承担着比

---

① Moon，B.(1996). *Practical Experience in Teacher Education*：*Issues Charting a European Agenda*，*European Journal of Teacher Education*，19(3)，217～249.

其他几类实习更为重要的角色。从某种意义上说，教育见习，是学前教育专业学生们认识自己未来所要从事的职业的第一步，学前教育专业的学生在这一步里的经历和收获将在很大程度上影响和决定其后续的学习甚至是职业生涯的规划。因此，教育见习的重要价值不容被忽视。

(一)帮助学生初步认识自己未来从事的职业

对于刚刚进入大学校园的大多数学前教育学专业的新生而言，他们在对自己未来即将从事的职业有着很多美好设想的同时，也对自己未来的职业定位有着诸多困惑。而大学一年级开设的诸多公共课和专业基础课很难有效地帮助他们解决这些困惑。在这个时期，短期的教育见习，能够帮助学生了解自己未来的职业及工作环境，对其今后的发展有着深远的意义：通过对幼儿园等教育单位的参观，学前教育专业学生可以更加真实地了解自己未来工作的环境和工作的内容；通过对幼儿教师日常教学工作的观摩，学前教育专业学生可以更加准确地对自己未来将从事的职业有更多的认识；通过跟幼儿和幼儿教师的交流，学前教育专业学生也可以更加清楚地知道自己在今后的大学学习过程中要重点关注的内容；当然，通过教育见习，学前教育专业学生也可能发现教育实践中的一些问题，并带着这些问题，更加有针对性地进行后续的学习。总之，教育见习，是学前教育专业学生从纯理论的学习迈向真实的工作情境的第一步。

(二)促进学生更有计划、有目的地进行专业学习

教育见习能够使学生在较短的时间内对自己未来的工作环境和工作内容产生初步的印象和认识，也相应地给学生未来的专业学习指明了很好的学习方向和学习重点。如有的学生对艺术教育领域非常感兴趣，可以通过在教育见习的过程中观摩艺术课教师上课的方式方法，以及课后跟艺术课教师的交流，帮助其更加清楚地知道要成为一名艺术课教师所需要具备的基本知识和基本技能，能帮助其在未来的专业学习当中更有侧重地培养和锻炼自己相应的能力。

【案例讨论和反思】

大一新生王姗姗一直钟爱英语，英语是她学得最好的学科。在学校安排的为期一周的教育见习中，王姗姗发现自己对双语教学情有独钟，并立志成为一名幼儿双语教师。通过与幼儿园从事双语教学工作的教师进行交流，她知道要成为一名双语教学教师，扎实的英文基础、流利的英语口语和必要的教学策略是成功的重要法宝，而所有的这一切都离不开对幼儿学习特点的深度认识和把握。为此，她开始有意识地为自己接下来的专业发展拟订计划……

请探讨：

1. 如果你是王姗姗，参照你的学科课程表，你觉得成为幼儿双语教师需要有针对性地关注哪些课程？

2. 结合自己的实际，想想自己可能会更希望成为哪种类型的幼儿教师？并结合课程表想想自己需要特别关注哪些课程。

(三)帮助其培养最初的专业视野

随着对教育事业关注度的日益增高，社会对教师的专业化程度的要求也越来越高，教师的专业知识和专业视野成为衡量其专业化程度高低的重要指标。对于刚进校的大学一年级学生而言，他们还鲜有专业的知识和专业的视野。因此，进入到一线的教育单位观摩，为其培养最初的专业视野创造了条件。不去一线的教育单位观摩，学前教育专业学生们不可能知道要上好一堂课如果缺乏对孩子能力和特点的把握，即使有很好的教案也可能上得一塌糊涂；不去一线的教育单位观摩，学前教育专业学生们也不可能了解幼儿园的环境创设蕴藏着丰富的教育内涵和文化内涵；不去一线的教育单位观摩，学前教育专业学生们更不可能知道，通过观察和教育儿童，部分一线教师已经成为"行动研究"的高手，等等。所有的这些，都能在一定程度上促进学前教育专业学生尝试带着专业的眼光去看待教育实践中的诸多问题和现象，从而促进其专业视野的发展。

第二节　教育见习的基本内容和指导

一、教育见习所需的基础知识

教育见习作为学前教育专业学生第一次接触幼儿园的平台，对学生本身的相关知识储备的要求并不算多。原则上，学生需要具备一些普通教育学、普通心理学、幼儿卫生学的基础知识。如果学生能在去幼儿园进行观摩之前对《幼儿园工作规程》和《幼儿园教育指导纲要（试行）》有基本的了解，则能帮助其在幼儿园见习过程中有更明确的观摩目的。

【自我反思】

这是一个自我检查表，建议在教育见习之前结合此表检测一下自己已有的相关知识储备，并建议在见习结束之后反观此表，结合见习的经历对表中相关内容的重要性以及自己的学习侧重点进行规划和思考。

表 3-2　自我检查表

内容	完全不知道	有一定了解	非常清楚	见习后反思
普通教育学中关于教育的要素、教育目的、课程等内容的相关理论				
普通心理学中关于儿童发展的相关知识				
幼儿卫生学中关于幼儿日常卫生与保健的相关知识				

续表

内容	完全不知道	有一定了解	非常清楚	见习后反思
《幼儿园工作规程》				
《幼儿园教育指导纲要(试行)》中关于五大领域以及指导要点的相关内容				
师德修养中关于教师的相关要求				

此外，作为一名准教师需要时刻注意自己在幼儿园的言行，因为任何一个不经意的行为都有可能对幼儿产生影响。

【反思研讨】

请查找书本或者网络上对幼儿教师日常行为规范的相关规定，并结合这些规定反思自己是否可能会在教育见习过程中出现不当行为。如果有，如何调整？

二、教育见习的基本内容

教育见习的内容具有广泛性，所有在幼儿园中发生的事件都可以成为见习中学习的内容。为方便论述，本章将教育见习的内容概括为以下几个方面。

(一)教育见习基本内容概览

1. 了解幼儿园的环境设施、人员配置、组织结构、内部管理和运行机制等全园性基本情况；

2. 与幼儿教师和保育员进行交流，了解教师和保育员工作的基本职责和工作要点；

3. 观摩教师对该班幼儿一日活动的组织与管理；

4. 观摩保育员在该班一日活动各个环节中的工作情况；

5. 完成对幼儿的观察记录，了解幼儿的身心发展主要特点；

6. 调查了解当前学前教育(特别是幼儿园教育)存在的一些焦点和热点问题，或者幼儿园特别关注的一些问题，并尝试发表自己的见解；

7. 在征得幼儿园指导教师许可的情况下，尝试进行某些活动的组织和实施；

8. 参照各条见习任务进行见习总结，认真完成教育见习手册。

(二)教育见习基本内容的说明及要求

第一，学生需要在较短的时间内，对见习所在幼儿园的基本情况有一个比较全面的了解，包括幼儿园的历史、幼儿园的师资配备情况及幼儿园的基本运行机制。在见习结束时，能够以不同的形式提交一个关于幼儿园基本情况的相关报告或者总结。

【操作建议】

可以利用入园前的时间或者入园的第一天园方举行的见习指导会的时段，由学生代表提出，请幼儿园的相关负责人利用一个较短的时间向大家介绍幼儿园的基本情况。

幼儿园名称：	见习时间： 年 月 日

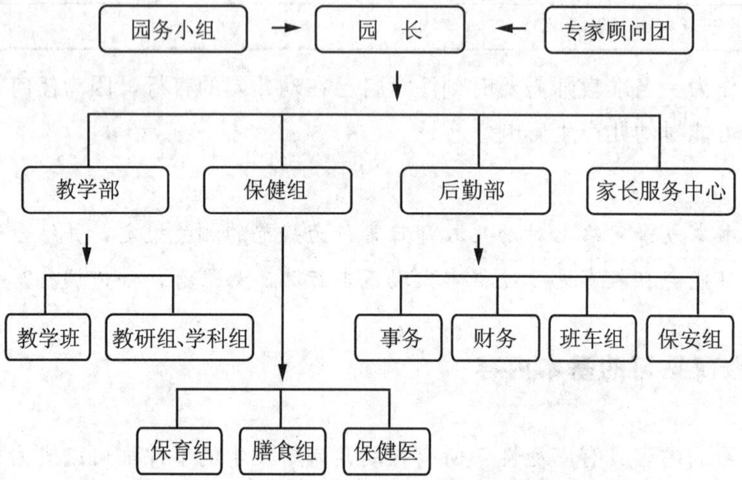

图 3-1　幼儿园的基本运行机制——幼儿园组织结构图(示例)

第二，学生可通过跟幼儿教师和保育员的沟通，了解教师和保育员工作的基本职责和工作要点，并参照对教师或保育员工作要求的相关条例，如《幼儿园一日生活作息制度暨保教人员职业道德要求》①(表 3-3)，对见习所在单位教师和保育员的工作有比较感性的认识，并按要求完成见习指导手册中的相关部分的内容。

表 3-3　幼儿园一日生活作息制度暨保教人员职业道德要求

1. 幼儿园工作人员必须严格遵守幼儿作息制度。能根据天气变化、幼儿实际情况从幼儿身心发展特点出发，按一日生活各环节要求开展各项活动
2. 两餐之间的间隔不能少于 3.5 小时，除特殊情况外不得提前或推迟开饭，幼儿进餐时间不得少于 20 分钟，不催饭
3. 严格按幼儿园规定的幼儿早晨起床、晚间上床及午睡时间安排幼儿按时上床、起床，不得提前上床，过时起床
4. 保证日托幼儿每天有 2 小时户外活动，其中 1 小时为体育活动
5. 保证幼儿有充分的游戏活动时间
6. 允许幼儿根据需要喝水和排便

【操作建议】

在与保育员和幼儿教师进行交谈的过程中，学生可以在征得他们同意的前提下，

---

① 成都大学学前教育学院. 成都大学学前教育学院学生实习指导手册[G]，2011.

用录音笔的方式进行记录或者现场做一些访谈笔记，保证自己所了解信息的全面性和准确性。

　　第三，学生应通过观摩教师和保育员的一日工作，参照幼儿园保育活动一日观察记录表①（表3-4）、教师参与一日生活活动观察记录表②（表3-5）、教师开展集体活动观察记录表③（表3-6）详细记录其工作的主要内容和方式，为后续梳理幼儿教师职业内涵及幼儿园日常工作提供良好的素材。

表3-4　幼儿园保育活动一日观察记录表

保育的具体环节	实施情况说明
（一）入园环节 1. 做好幼儿来园准备：开窗通风、打热水、拿水杯、做好小扫除 2. 指导中、大班幼儿自己洗手摆放好水杯 3. 做好漱口盐水及毛巾、肥皂、早餐用具的准备工作 4. 对幼儿及家长热情、有礼貌 5. 做好幼儿值日前准备，如：洗手、穿值日衣，幼儿依次值日顺序	
（二）晨间、早操活动环节 1. 擦桌子，要坚持四遍消毒法 （1）肥皂水 （2）清水 （3）84消毒液用清水稀释后擦拭 （4）五分钟后再用清水擦桌子第四遍 2. 擦桌子方法：将桌布对折一次铺平，双手按在桌布上从内向外推擦，擦完一组桌子后换清洁桌布再接着擦 3. 发放餐具 按桌布、盘子、碗、勺子（筷子）的顺序发放，要求餐具摆放整齐，勺子（筷子）方向一致 4. 帮助洗手幼儿把衣袖整理好 （1）提醒幼儿洗手后进餐 （2）秋冬季为洗完手的幼儿抹擦护手霜 5. 做好晚到幼儿的接待工作，提示幼儿将衣物放好、送椅子，迅速去做早操	
（三）餐前盥洗环节 1. 为幼儿创造安静、清洁的就餐环境 2. 为洗完手的幼儿及时盛饭，不出现人等饭的现象	

---

①②③　成都大学学前教育学院. 成都大学学前教育学院学生实习指导手册［G］，2011.

续表

保育的具体环节	实施情况说明
(四)幼儿进餐环节 1. 提前 15 分钟到食堂取幼儿餐具,餐具上必须有盖布 2. 做好进餐准备及指导大、中班值日生工作,保证幼儿进餐量,教育幼儿正确使用餐具,养成文明进餐习惯 3. 指导幼儿进餐,掌握每位幼儿进餐量和注意照顾体弱幼儿;鼓励幼儿进餐,及时提醒进餐慢和精神不集中的幼儿,培养良好进餐习惯,随时为幼儿添饭,不吃汤泡饭,不催吃 4. 餐后指导值日生擦桌子,保育员送餐具 5. 对桌布、勺子、桌面进行消毒清洁 6. 在无幼儿进餐时,才能擦地扫地	
(五)区域游戏及集体教学环节 1. 早餐结束搞好卫生后,与教师一起参加活动区活动,参与幼儿游戏,配合教师组织幼儿收放玩具,指导幼儿将各区玩具按区分类摆放在固定位置,配合老师组织幼儿喝水、如厕,最后清洗厕所 2. 按时清洗和消毒毛巾 3. 主动了解活动内容和要求,准备好活动所需用品、玩具、学具、教具,配合教师组织活动 4. 配合教师指导幼儿参与活动,注意保护幼儿视力,轻声提醒及时纠正幼儿不正确的书写姿势 5. 活动中不离开班级,积极参与配合教师组织游戏活动	
(六)户外活动环节 1. 做好户外活动前的准备 2. 提前检查活动场地、器材的安全性 3. 必须取户外活动材料三筐以上,以保证幼儿人手两份以上 4. 户外活动中照顾体弱幼儿,注意幼儿活动安全,活动结束后,及时整理器材玩具,分类收好送回 5. 保育员必须参加教师组织的一切户外体育活动,做好配班工作,协助教师指导幼儿参加体育锻炼 6. 注意观察幼儿活动中情况,及时与教师联系,应对突发状况 7. 做好午睡前准备工作,冬季关好窗户,拉好窗帘,保持室内合适温度,指导大班幼儿拉好被角	

续表

保育的具体环节	实施情况说明
（七）午睡起床环节 1. 做好幼儿起床后准备工作：取午点盘、打好热水 2. 准备好消毒后的梳子 3. 当幼儿全部离开睡眠室穿衣后，打开门窗通风 4. 与教师一起组织幼儿起床，指导中、大班幼儿叠好自己被褥 （1）起床后整理床铺要求：被子折叠方正有形，床单无杂物清扫平整，地面无尘土 （2）每天擦地消毒，保持空气流通，整个睡眠室整洁、有序、卫生 5. 将幼儿梳子洗干净，放回固定位置	
（八）午点环节 1. 配合教师培养幼儿良好卫生习惯：餐前洗手，不争抢食物 2. 做好午点后的清洁卫生工作	
（九）离园环节 1. 配合老师组织幼儿安全离园 2. 有礼貌地和幼儿、家长道"再见" 3. 幼儿离园后方可打扫室内卫生、检查室内安全	
（十）随机环节 1. 如厕 （1）照顾小班幼儿如厕，指导小班幼儿便后擦屁股后成人再擦一次、穿裤子 （2）给幼儿提供卫生纸，培养幼儿如厕的能力；指导幼儿便后用肥皂洗手 （3）随时打扫厕所卫生，厕所无异味 （4）对幼儿进行节水教育，无常流水现象 （5）厕所物品用具摆放整齐 2. 喝水 （1）幼儿离园后清洗饮水桶，桶内干净无异物 （2）幼儿入园前、起床前根据幼儿饮水情况及时备足开水，水温适宜，保证幼儿按需按量地饮水 （3）督促幼儿多饮水，特别关注与照顾体弱幼儿 （4）幼儿饮水后，及时擦净地面水迹，避免幼儿滑倒	
提示：在中、大班，可邀请担任值日生的幼儿参与协助，指导幼儿做事细心，培养幼儿认真、有条理的行为生活习惯	

表 3-5　教师参与一日生活活动观察记录表

环　节	观察与反思
入园环节 在班门口热情迎接每位家长、幼儿，并做晨检，发现问题及时与家长联系 指导幼儿将衣物叠好，将椅子搬到固定位置 按每日晨间活动计划组织活动 做好早操前准备，检查幼儿衣着情况（冷、热）及鞋带是否系好 在中大班，按幼儿值日表提前安排好值日生	
餐前 组织幼儿安静有序地盥洗，指导幼儿正确的洗手方法 注意幼儿衣物和地面干净，教育幼儿不打闹不玩水，洗后将水龙头关紧 秋冬季节，为幼儿提供护手霜 引导幼儿主动对别人的帮忙应表示谢意 对做事认真的幼儿应给与鼓励 午/早餐 创造愉快、安静的进餐气氛，进餐时讲解有关食物营养知识，不处理与进餐无关的问题 指导、鼓励幼儿养成良好文明的进餐习惯和正确的进餐姿势，要求幼儿不挑食、不剩饭 提示幼儿送餐具时，轻拿轻放、慢走，将椅子搬到固定位置 检查幼儿漱口情况 注意关注每一位幼儿进餐情况，及时与保育员沟通 午/早点 将午/早点洗干净削皮，或饼干等餐点分装入盘后，用盖布盖好 培养幼儿良好的饮食习惯，体现照顾个别幼儿 注意观察幼儿起床后情绪状况	
如厕 饭前、外出、集体活动前应提前安排幼儿如厕 引导幼儿养成便后要用肥皂洗手的良好习惯 允许幼儿按需随时大小便 指导幼儿整理好衣裤 喝水 鼓励幼儿多喝水 照顾体弱幼儿，保证充足的饮水量 组织幼儿有序地饮水，培养幼儿良好的饮水习惯	

续表

环　节	观察与反思
午睡 提醒幼儿如厕，指导幼儿将衣裤叠放整齐，安静入睡 认真观察幼儿午睡情况，做到经常巡视；及时做到为每个幼儿盖被子，纠正不正确的睡姿，养成良好的午睡习惯 幼儿午睡时教师不能离开寝室 为幼儿准备午点 起床 指导幼儿叠放被褥，小结午睡情况 指导检查幼儿穿衣服，整理衣服 为幼儿梳头，鼓励幼儿互相帮助	
离园 组织幼儿安静游戏 有礼貌地和幼儿、家长道"再见" 对有"问题"幼儿，需向家长交换幼儿在园情况 不能让陌生人带走孩子	

表 3-6　教师开展集体活动观察记录表

时间：　　　　　　　　地点：　　　　　　　　上课教师：

领　域		题　目			
活动目标				方　法	
活动准备					
教育过程					
开始部分					

55

续表

教育过程
基本部分
结束部分
对本活动的思考：

【操作建议】

    建议在见习初期完成表3-4的观摩，中期完成表3-5的相关内容，末期完成表3-6的相关内容。原则上，三个表至少各需完成一份。

    第四，有目的地了解和观察个别幼儿，记录其在幼儿园生活的表现，参照幼儿观察记录表①(表3-7)进行填写，为更好地了解幼儿身心发展特点收集素材。

表 3-7 幼儿观察记录表

幼儿姓名		所在班级		观察时间段	
幼儿的行为表现				教师的教育措施	
自己的思考					

---

① 成都大学学前教育学院. 学前教育专业学生实习指导手册[G]，2011.

【操作建议】

有针对性地跟踪观察一个幼儿，详细记录他的日常生活和学习表现，并相应地详细记录老师的教育措施，最后选择出一些比较有代表性或者有特色的整理、记录在观察表中。原则上，对每一个幼儿的行为表现观察记录不少于五个表现。

第五，在见习期间，主动跟幼儿园工作人员进行沟通和交流，搜集和了解当前学前教育(特别是幼儿园教育)存在的一些焦点和热点问题，或者幼儿园特别关注的一些问题，在此基础上选择自己感兴趣的话题或者问题，有意识地搜集相关的研究，帮助自己进一步进行思考。

表 3-8　与指导教师交流、讨论记录表①

讨论主题	
讨论时间	
交流内容	
启发与思考	

【操作建议】

学生可以有意识地整理 1~2 个感兴趣的热点话题在见习总结交流会时提出，或者对某个话题感兴趣的同学组成相应的研究小组，持续关注该话题。

第三节　对教育见习的反思

一、教育见习期间常见问题及案例研讨

毋庸置疑，因为缺乏足够的理论知识的支撑，以及对幼儿园工作环境和工作内容的不熟悉，学生在教育见习的过程中易遇到这样或那样的问题。本节旨在通过呈现和分析一些在实践中较易出现的问题，帮助学习者有意识地避免类似错误，从而更有效率地完成教育见习活动。

---

① 西华大学人文学院. 学前教育专业学生实习指导手册[G]，2013.

(一)没有明确目的性、盲目的见习

有些同学在见习的过程中，没有明确的见习目的，因此很可能盲目地进行见习，在见习结束之后，发现自己收获很少。

【案例研讨】

王丽是个非常聪明的学生，她在平时上课的时候很喜欢主动地发言和回答问题，就在见习之前，当其他的同学都在认真地制订见习计划的时候，她却四处宣扬"去了自然就知道该干什么"的想法，并且自己决定把每天的所见所闻以流水账的形式记录下来，她认为这样就能够最大限度地达到见习的目的。

到见习的时候，她果然"另辟蹊径"。当其他的同学都在开始的第一、二天熟悉班级的情况及幼儿的情况时，她却只对班级的各个活动区的设置及活动感兴趣；当大部分同学都能喊出班级幼儿的姓名，并且能在指导老师的要求下协助老师开展晨间活动以及餐前活动时，她却因为自己不能准确地喊出幼儿的名字，而遭到了班内幼儿的"排挤"。更糟糕的是，在见习的最后一天指导老师请她协助请幼儿起来带领大家做手指游戏时，她却因对不上幼儿的名字，遭到了全班幼儿的嘲笑和不配合，让她的第一次见习在几分尴尬中收场。

讨论：

是什么原因导致王丽在实习当中遭遇尴尬？如何避免类似的尴尬发生在自己的见习生涯中？

(二)一味关注与幼儿建立亲密关系，忽视恰当教育策略的运用

很多同学在进入幼儿园进行见习之前，都对自己跟幼儿之间的关系产生了许多美好的设想——很想让自己在短时间内就变成孩子王，希望自己就像"天使"一样出现在幼儿身边。因此，有不少同学进入幼儿园之后，是以非常可爱和可亲的形象跟幼儿一起参与日常活动，以至于可能忘记自己见习老师的身份，更忘记要随时准备一些有效的教育策略来引导幼儿。

【案例研讨】

见习日记

今天是见习的第四天，往日愉快的见习经历在今日荡然无存。我不得不开始反思到底自己应该以什么样的形象和身份来结束明日的见习经历。

从进入大 2 班开始，我就是我们四个组员中最受孩子欢迎的一个。无论是幼儿之间发生了小摩擦，还是哪个幼儿摔跤了，我总是第一时间出现，第一时间去关心他们，爱护他们，在自由活动的时候，幼儿们也是最喜欢跟我一起玩游戏，这样的感觉非常棒。可是，今日他们对我的"回馈"让我非常的意外。下午自由户外活动的时候，因为指导老师临时被园长叫去有点事情，我跟张丽负责在户外继续跟孩子一起活动，10 分钟之后，当我告诉幼儿们该是回教室的时候，我却遭遇了前所未有的困难。当

我说完"小朋友们，请做好准备，我们要回到教室去画画了"之后，班上最调皮的小凡就直接接话了"不嘛，李老师，我们再玩一会再回去嘛"。他的话音刚落，其他很多小朋友都开始这样说，甚至还有小朋友说"李老师，要不你先回去，我们还要继续在这里玩"。孩子的反应让我一时没了主意，幸好张丽马上严肃地跟大家提出要求"我们已经玩了20多分钟了，现在张老师数到三，看哪些小朋友能以最快最安静的方式到张老师这里排队，然后我们开着小火车回到教室"。很自然的，小朋友们在短时间内集中了，并且回到了教室。

讨论：

1. 为什么案例中的"我"无法有效地组织幼儿而张丽却可以？

2. 在教育见习的过程中，你准备如何有效地处理自己与幼儿的关系？

(三)做个旁观者

很多同学在听到教育见习的相关任务之后，单纯地认为教育见习就是去完成教育见习手册上面所罗列的表格，更要完成这些表格，最主要的任务就是去"看"幼儿园内的一切活动，容易单纯地将教育见习当做去到幼儿园"观看"教师和幼儿的日常活动，将自己置身于教育实践之外。这样不利于对学前教育事业全面、客观、感性地认识；反之，若能在不干扰正常教育教学工作的前提下，力所能及地参与到部分教育环节中，能帮助自己相对深入地感受和了解学前教育事业，毕竟"实践才是检验真理的唯一标准"。

【案例研讨】

张林的见习总结

一周的教育见习眨眼即逝，尽管时间短暂，但是我很开心自己在短短的一周里收获了很多，归结而言，主要得益于"做中学"。

还没有去进行见习之前，我就告诉我自己，要把自己尽可能地当做保育员老师和教师，要身体力行地去体会和感受学前教育的很多环节，事实上，我这样的想法在见习中让我收获了很多。刚刚进园的第一和第二天，我主要还是以观察保育老师和教师的行为为主，只有当保育老师在清洁卫生和在给孩子的毛巾消毒时，我主动地前去帮忙，其他时候，我几乎都在详细地记录着老师们工作的细节，这为我后面几天更多地参与到幼儿园的日常环节打下了良好的基础。从第三天开始，保育老师已经主动地请我参与到相关的活动准备当中，比如为孩子叠被子、给孩子分点心、在大部分幼儿离园后跟着保育老师一起打扫教室卫生。这些事情看起来都很琐碎和微不足道，但是正是这些经历，让我深刻地感受到保育老师工作的不易，让我理解他们工作的辛苦；同样的，跟着指导教师一起准备教具，一起构思新的班级环境创设，一起去选择创设环境的材料和选择创设的图样，帮助我理解到了幼儿教师职业的专业性和重要性，也帮助我体会到了在幼儿教师身上的那份沉甸甸的责任感。所有的这些，都让我对幼儿园工作，以及幼儿教育这个职业有了更多的认识，这些认识必将成为我今后努力学习的动力，也帮助我认识到了"教育无小事"的道理，我想，我将以本次教育见习的经历作为我自己迈向教育实践的良好开端，并以此为目标，坚定地向实践学习，向实践靠拢。

讨论：张林在教育见习过程中的收获是什么？她的经历给了你怎样的启示？

(四)自作聪明，擅自做主

很多同学因为第一次进入幼儿园，对幼儿园内的相关规章制度了解较少，对各个班各自运行的规则也不是很熟悉，经常会犯一些"经验主义"的错误。不仅不能有效地推动班级的正常运行，而且可能产生负面的效果。

【案例研讨】

教育轶事

午餐时分，指导老师因身体的原因，暂时回到了办公室小憩，留下我和保育员老师负责孩子吃饭。吃到一半左右，因一个孩子突然呕吐，而我不知道幼儿园医务室所在地，因此只有保育员老师负责将孩子送过去，剩下我一个人看着孩子们。不一会儿，就有幼儿吃完第一碗饭，声称不再吃了。我之前没有注意幼儿吃完饭之后是自己将碗筷收拾，放到专门的大餐箱中还是老师收拾的了，因此就自作主张地跟孩子说："吃完了的小朋友自己将碗筷收拾好放到大餐箱中。"当有孩子提出"老师，我不想吃了，我肚子也有点痛"的时候，我也直接回答道"那就把吃剩的倒掉，然后将碗筷放在餐箱中"。当保育员老师回到教室的时候，她的表情非常严肃。她说"还在楼梯口就听到孩子'摔'碗的声音了，乒乓作响，你让孩子自己收拾碗筷，没有提醒他们轻放吧"，我答道"是的，老师，我忘记提醒孩子了"。而当保育老师看到餐箱里大量被倒掉的饭菜时，更是非常严肃地对着孩子们说道"请倒了饭菜的小朋友自己主动地过来再重新舀一点吃"……事后，保育老师告诉我，有的幼儿挑食，所以，原则上她是不允许幼儿倒饭菜的，一是浪费粮食，二是可以在一定程度上杜绝幼儿挑食的坏习惯。而我的自作主张给了孩子可乘之机，在一定程度上助长了幼儿的不良习惯。

讨论：如果你在对幼儿了解不深入的前提下需要独自与幼儿相处，如何有效地防止自己犯"经验主义"的错误？

二、对顺利进行教育见习活动的建议

为了保证教育见习的顺利开展，准教师们须谨记并遵循以下见习的原则。

第一，明确目标，做好规划。

尽管对见习会有多种的期待，但为了保证见习效果的最佳，建议学生在见习前明确自己的见习目标，做好见习的任务规划。特别应该在保证完成学校(院)见习指导手册规定的相关任务的同时，侧重实现自己的预设见习目标。

第二，多看，多记，少说。

因为是第一次以见习生的身份进入幼儿园，很多同学对幼儿园中诸多环节难免感到好奇，非常容易出现"十万个为什么"的情况，这不仅会在一定程度上干扰幼儿园的正常教学活动，也会影响见习的质量和效果。因此，建议在进行见习时多以观察和记录为主，待指导教师得空时再集中地向老师请教。

第三，谨记身份，谨言慎行。

有的同学在进入幼儿园进行实习时，不能够准确地把握自己是见习生的身份，难免可能会出现一些不恰当的行为，如过度的偏爱某一个幼儿或者擅自做一些教育的决定。因此，需要随时提醒自己，严格遵循相关管理规定，少自己拿主意，多听从建议。

第四，带着"问题"去看待教育实践中的诸多现象。

尽管大部分的同学在第一次见习的时候所储备的专业知识和专业素养有限，但倘若能够带着"问题"的眼光去看教育幼儿的实践，那么势必可以帮助同学们在短期之内收获大量有用的信息。

【案例研讨】

教育轶事

今天我发现了一个很有意思的事情：语言活动中，陈老师拿来了一本名叫《猴子捞月亮》的大图书介绍给小朋友。在介绍封面的时候，陈老师说："小朋友们，你们看看这幅图上有什么？"当小朋友纷纷回答他们看到了猴子和月亮之后，陈老师说："对啦，今天我们的故事叫做'猴子捞月亮'"。我注意到陈老师在慢慢地给小朋友念书名的同时，用手指着书名上的每一个字。我当时觉得很纳闷："中班的孩子应该不会认识'猴子捞月亮'这几个字吧，那为什么陈老师要这样做呢？"在午休的间隙，我将自己的疑问请教了陈老师，不仅知道了"早期阅读"这个名词，也知道了陈老师之前的行为称作"手口一致的点读"，并且了解到早期阅读对幼儿有很重要的作用……

讨论：

1. 你听过"早期阅读"吗？你知道早期阅读对幼儿发展的意义吗？

2. 如何能够像案例中的"我"一样在见习过程中尽量地收获更多有价值的信息？

第五，严格遵守学校（院）及幼儿园的相关管理制度。

有的同学在见习的过程当中，把大量的精力放在如何跟幼儿互动、跟老师沟通等事件上，忽略了另外一些细节可能对自己的见习生活带来的影响。如很多的幼儿园中都有关于幼儿教师仪容仪表的相关规定，这些规定无疑也对同学的仪容仪表具有约束力，同学们就必须严格遵循这些规定，让自己的见习生活更加的顺利。

三、见习成绩考核评定

见习或实习结束，均需要对学生表现进行综合评定，可以从幼儿园教师、学校指导教师、学生个人三方评定进行综合，了解学生的整体表现。通过评定，可以促进学生的自我认识，引导学生专业发展。评定务求真实客观、全面详细。

(一)幼儿园指导教师评价表①

请幼儿园指导教师从下列表述中选择符合该同学见习期间的行为表现，请务必根据学生见习真实情况而评价。

表 3-9　幼儿园指导教师评价表

行为表现	请在见习生出现的行为后打"√"	行为表现	请在见习生出现的行为后打"√"	行为表现	请在见习生出现的行为后打"√"	行为表现	请在见习生出现的行为后打"√"
有1~2次迟到		认真负责		随机应变能力		早退1次及以上	
言行举止得当，无影响幼儿园活动		爱思考，爱交流		私下议论老师和幼儿		没事做时老是玩手机	
轻声慢语		串班		态度温和		不理不睬	
对孩子比较有耐心		恶语中伤幼儿		披头散发进园		喜欢把双手放在包包里	
经常捏孩子		礼貌待人		茫然被动		愁眉苦脸	
言行举止给幼儿园带来负面影响		积极协助老师处理班级事务		穿高跟鞋到园		积极主动了解幼儿园情况	
善于发现儿童		带零食、早餐进园		热情友好		愿意倾听	

---

① 成都文理学院. 学前教育专业学生见习指导手册[G]，2014.

续表

行为表现	请在见习生出现的行为后打"✓"	行为表现	请在见习生出现的行为后打"✓"	行为表现	请在见习生出现的行为后打"✓"	行为表现	请在见习生出现的行为后打"✓"
能参与幼儿游戏活动		大部分时间保持微笑		能主动与教师沟通交流问题		对幼儿园里发生的一切不知措施	
喜欢幼儿		认真做好记录		旷课1次及以上		能及时回应幼儿	
无视幼儿园规章制度		对许多事都没有耐心		体罚幼儿		能蹲下来与幼儿交流	

其他：（幼儿园指导教师根据学生具体见习情况书写评语）

教师签名（幼儿园盖章）：

年　　月　　日

（二）学院指导教师评价表

表 3-10　学院指导教师评价表

评价内容	评价等级				
	1	2	3	4	5
1. 见习态度端正、不迟到，不早退					
2. 能正确画出幼儿园的组织架构图					
3. 见习记录表里能反映见习生在幼儿园的见习过程及内容					
4. 见习观察记录表能全面、客观地反映见习生观察对象的活动。					
5. 在见习过程中善于发现问题，有讨论、有思考、有参与，并能做好讨论记录					
6. 见习总结能全面地反映一周见习活动及感受，能够客观地对见习过程中发生的事物进行评价					

续表

评价内容	评价等级				
	1	2	3	4	5
7. 能通过多种(如图片、视频等)方式记录本次见习活动					
8. 按时提交见习材料					
总分					
学校指导教师意见(见习期表现、见习总结和其他材料上交情况):					

指导教师签字(单位盖章):

年　　月　　日

实习总成绩:_____

*　　*　　*　　*　　*　　*　　*　　*

要点回顾

教育见习对于教师而言有着非常重要的意义,是教师接触幼儿园教育工作的第一步。教育见习的内容很广泛,日常教育生活中的所有内容均可成为见习的关注点,但有目的、有计划、有侧重的观察往往能够使见习事半功倍。

核心概念

教育见习;幼儿园;幼儿教师;保育员;一日生活;组织管理。

成长档案

1. 请专业课程教师推荐一些幼儿园教育视频资料,反复观摩幼儿园教师如何组织幼儿活动,用文字详细记录教师在组织活动中的语言、表情、行为,分析作为幼儿园教师的专业性特征。

2. 拟订你对于幼儿教师职业关注的问题,访谈一位优秀的幼儿教师,用文字、照片、视频等方式记录,放入你自己的专业成长档案。

资源链接

1. 北京市教育委员会. 北京市教育委员会关于"十二五"时期幼儿教师培训工作的意见. http://www.bjedu.gov.cn/publish/portal27/tab1654/info33241.htm.

2. 上海市教育委员会. 上海市教育委员会关于印发《进一步推进上海市中小学

（幼儿园）见习教师规范化培训工作的意见（试行）》的通知．http：//www．shmec．gov．cn/attach/xxgk/6356．doc．

3. 叶纪林．教育见习的探索与实践[J]．上海师范大学学报（哲学社会科学．教育版），2002(12)．

4. 魏彦红．教育见习：教师教育的一贯性[J]．河北师范大学学报：教育科学版，2007，9(3)．

5. Coffee，G．，Ray-Subramanian，C. E．，& Schanding Jr，G. T. (2013)． *Early Childhood Education：A Practical Guide to Evidence-based，Multi-tiered Service Delivery*．Routledge．

6. Freire，P. (2000)．*Pedagogy of the Oppressed*．New York：Continuum International Publishing Group．

7. Stipek，D．，& Byler，P. (2004)．*The early childhood classroom observation measure*．*Early Childhood Research Quarterly*，19(3)．

单元四 教育实习：卫生保健

本单元旨在通过介绍保育实习相关内容与要求，使学生进一步树立正确的保育观；帮助学习者掌握保育实习具体的操作内容与要求，并能将所学的幼儿保育学的专业知识和技能转化为具体的保育行为，并在经历幼儿园实践、反思，再实践、再反思的历练中，为今后的专业学习奠定基础，使自己不断向合格的准幼儿教师靠近，最终成为合格的幼儿教师。

本单元的内容可概括为如下三个部分：

1. 是什么——保育实习概述；
2. 为什么——保育实习对幼儿教师专业成长的意义；
3. 怎么做——如何对幼儿一日活动进行保育。

学习目标

通过本单元的学习，学习者应该达到以下目标：

1. 理解保育实习的基本内容与要求，以及保育实习对于幼儿教师专业成长的意义；
2. 知道保育实习的内容与要求，能够理论联系实际进行保育实践；
3. 通过保育实习牢固树立正确的保育观，掌握幼儿一日活动保育的操作技能的动机和愿望。

第一节　保育实习概述

《幼儿园教育指导纲要（试行）》中明确指出：幼儿园必须把保护幼儿的生命和促进幼儿的健康放在工作首位。这一首位工作的开展的基本原则之一是"保教合一"，这是由幼儿的身心特点和独有的生长发育规律决定的。保育从字面看就有保护、养育和教育三方面的内容，说明幼儿的保育本身就是教中有保、保中有教，是难以独立或分割的。未来的幼儿教师，必须经历理论—实践—反思—实践的成长历程，即只有与现实生活中的幼儿互动，才能真正将正确的保育观，保育知识、技能转化为具体的教育行为，缩小与合格幼儿教师的差距。未来的幼儿教师一定不单单是思想家、理论家，更应成为实践家。保育实习是必经之路。

一、保育实习的目的、意义和组织形式

【课堂研讨】

见习回来，同学们常常说所学理论与实际相脱节，请举出你认为理论与实际脱节的案例，并分析其中的原因。

（一）保育实习的目的、意义

维护和促进幼儿的健康是幼儿园的首要工作，也是作为幼儿教师的价值所在。通过学习我们已掌握当代幼儿教师应具有的保育观；幼儿时期的生理解剖特点，生长发育规律及其与环境之间的关系等有关的保育知识和技能。但面对着有着共性，又存在多方面个体差异的鲜活的生命群体，面临着幼儿园共同生活制度下演绎出的多变和不可复制的幼儿生活和教育情境，幼儿教师的保育工作并不是想象中那么简单，如果仅仅会识记幼儿保育知识和技能，只能纸上谈兵，是不能促进幼儿身心和谐发展的，不能称为幼儿教师。因此，要将所学的专业知识和技能转化为具体的保育行为，必须经历在幼儿园实践、反思，再实践、再反思的历练，为今后的专业学习奠定基础，使自己不断向合格的准幼儿教师靠近，最终成为合格的幼儿教师。

保育含保护、养育、教育三层含义，幼儿一日各项活动的组织指导过程，都是保中有教、教中有保，大而言之都属于保育范畴，事实上也是如此，比如：在午餐环节，餐前半小时教师组织安静游戏，并在餐前组织幼儿有序地洗手，养成良好的进餐习惯；保育员餐前做好餐桌的消毒，准备好碗筷、擦嘴的毛巾，按幼儿的实际需要和特点盛好饭菜；进餐过程中保教人员共同指导幼儿养成良好的进餐习惯，保证幼儿愉快进餐。进餐后教师组织幼儿安静活动、准备午睡；保育员整理餐桌、地面，消毒毛巾。因此，坚持保教合一是幼儿园教育一贯坚持的原则。幼儿园教师和保育员各自有

自己主要工作职责和工作侧重点，在满足和促进幼儿健康成长的过程中，他们既有分工又要协同合作，是一个共同体，他们只是分工不同而没有地位高低之分。

目前，幼儿园每个班有"两教一保"的比较普遍，也有由于缺乏幼教师资等原因，每个班只有"一教"（即教师与保育员合二为一）的，在婴小班（没有满 3 岁）的，通常有"两教两保"。虽然教师和保育员不应有本质的区别，但由于多种原因，大多数幼儿园的教师和保育员无论在专业和学历上还存在很大差距，能够实现教师和保育员每周角色互换这种理想状态的幼儿园还极少，所以，当我们面对现实，感受到理想与现实存在很大差距时，应更理性地思考为什么，我们应如何做一名合格的、专业化的幼儿教师。

幼儿园保育实习是学前教育专业学生第一次专业实习，幼儿园保育实习旨在：通过对幼儿园保育工作的内容与不同角色（教师、保育员、幼儿）职责进行具体的感知、实践与反思，进一步理解和树立正确的保育观和教育观；初步学会制订幼儿一日生活各环节保育计划，并能将计划转化为幼儿良好习惯、适应能力和良好个性培养等具体而有效的方法与技能；通过具体地参与幼儿园疾病、传染病、意外事故的预防和处理，掌握幼儿园常规消毒，预防疾病、传染病和解决幼儿常见意外事故的方法、技能，提高理论联系实际的意识和实际解决问题的能力；对幼儿园教育活动进行观摩和思考，进一步理解保教并重的必然性、必要性和重要意义，初步积累幼儿园教育活动开展的感性经验；了解《幼儿园教育指导纲要（试行）》及《3～6 岁儿童学习与发展指南》在幼儿园的实施情况，了解幼教改革的新动态，进一步树立热爱幼儿、热爱幼教事业的思想，增强师德修养，明确今后努力的方向，为以后进一步的专业学习和能力提升奠定基础。作为第一次专业实习，其成败直接关乎学生对专业的理解及对专业的认同感的进一步形成，进而影响着学生今后对专业学习的态度和专业理想的形成，保育实习意义重大。

(二)组织形式

保育实习由学院统一安排，以小组为单位，分派在有教育资质的幼儿园某个班实习，小组人数通常 1～4 人不等，为了便于实习最好每组安排 2 人，每组人员组成最好由老师安排。个人要取得好的实习效果除了客观因素以外，学生自身必须在思想上高度重视，以饱满的热情积极投入，做好保育实习准备工作，做到心中有数，力争达成保育实习的预定目标。

【自我反思】

1. 保育实习就是当保育员吗？

2. 教师与保育员在幼儿园的一日各个环节应怎样实施保育？

3. 从已有的见习经历看，你认为可能会面临哪些挑战？如何面对这些挑战？

【课堂研讨】

1. 为什么要尽快记住班上孩子的名字？怎能又快又好地记住班上孩子的名字？

2. 实习前见习一周，应完成哪些任务？

3. 指导教师安排你做教（学）具、搞环创或把你当成"清洁工"，你怎么完成见习任务？

二、保育实习的程序

(一)保育实习前的准备

保育实习是第一次直面幼儿、教师及家长等，难免会兴奋、紧张，甚至有些同学会畏惧。因此，一定要通过各种途径调整自身的不良情绪，端正思想，做好一切准备工作。

1. 认真学习保育实习手册，明确实习的目的与任务。

实习前一周，通过有实习指导经验的教师解读保育实习的目的与各项任务，明确本次实习的主要目的、任务与要求。学生做好实习前的心理准备和专业准备。

2. 优化组合，分成若干实习小组，并选出实习组长。

最好本着优势互补、性格互补、能力互补等原则，分成 2~4 人不等的实习小组，每个小组有小组长，每所幼儿园有 1~2 名大组长，在实习期间大组长成为学院和幼儿园、学院与同学们沟通的桥梁，完成学院安排的相关实习的管理和宣传工作。

3. 大组长在实习动员后将保育实习计划在实习前送交实习所在幼儿园

经实习动员，在校指导教师的指导下大组长最好在实习前一周将保育实习计划和分组清单拿给所在实习幼儿园指导实习负责人手上，并按学院要求与幼儿园进行必要的沟通（比如：本次实习学生的吃住、班级、主要实习的重点等）。同时取回幼儿园一日活动计划、近期活动计划安排、班级名单、律动曲等；并了解实习幼儿园对本次实习的建议和要求，协商并落实习期间同学们的食宿等问题，发现问题及时向学院反映并解决。

(二)实习各段的主要任务与安排

【课堂研讨】

1. 教师和保育员在幼儿一日活动的组织与指导过程中是如何分工合作的？

2. 通过哪些方面对幼儿进行观察？

实习第一天，由带队教师带学生到幼儿园，并请所在实习园园长（提前联系预约主题）先集中介绍幼儿园的理念、教育模式及对学生的具体要求，然后按预先分组，安排学生到实习班与教师见面，进行短暂的沟通，开始本次实习。

此环节学校指导教师要注意了解实习幼儿园主要实习指导园长和指导教师对本次实习计划是否明确，是否能在实习指导过程中履行实习指导职责，有任何情况都应及时通过校园之间的沟通达成共识，确保学生实习效果。

【自我反思】

    1. 教师在一日各环节开始、过程、结束时用了哪些指导语？效果怎样？为什么？

    2. 保育员在一日各环节是如何与教师配班的？做得怎样？为什么？

    3. 当你作为教师时，你在各个活动的开始、结束时应说些什么？

为达成实习预期目标，通常按以下阶段来开展工作。

1. 见习

第一周见习。只看，不要求以教师和保育员的身份进行活动的组织指导。通过对幼儿园整体观察，了解幼儿园全貌；通过对某个班的幼儿一日各活动环节的具体观察、评析和反思，了解、熟悉并掌握所在实习班教师和保育员在幼儿一日各活动环节中的主要保育内容和职责，尤其是生活活动、早操、户外体育活动和游戏活动中的保育工作和职责。

为了更好地了解、熟悉幼儿园保育工作，通常需要所在班指导教师对学生见习做适当的安排，以便学生在有限的时间内更快、更好地熟悉幼儿园保育工作。以班上"两教（A 和 B）一保"，两个实习生（C 和 D）为例，C 学生跟 A 教师观摩时，D 学生就观摩保育员的工作，D 学生跟 B 老师观摩，C 学生就观摩保育员的工作，两天可以进行一次对换，这样就都能看到一日活动各环节教师和保育员的保育内容和主要工作职责。

在见习中实习生应注意观察教师和保育员是如何分工协作；教师和保育员在活动的开始、过程和结束时都会说些什么，做些什么？她们的所说、所做对幼儿的影响怎样，理论联系实际分析哪些体现了现代保育观，哪些有悖于现代保育观，既要抱有学习的态度，也要有一定的批判精神，即善于学习与反思。

在见习过程中，要积极、主动、适时、适度地参与所在实习班各项活动，但一定带着耳朵听、带着眼睛看，带着问题思考，参与是为了更好地熟悉幼儿园一日各个活动中教师、保育员的主要工作内容及其协作模式。幼儿园工作繁多，班上指导教师难免分派实习生做其他"工作"，这时小组内最好进行协商分工，始终保证有一名实习生能对教师或保育员的工作进行见习，如果指导教师分派的工作场所就在指导教师组织活动现场，实习生应能"一心二用"，不耽误完成自己的见习任务，因为只有自己亲眼目睹教师和保育员工作的详细过程，并进行分析和反思，才能不断熟悉和掌握幼儿一日各个环节的组织程序和要求，确保实习生自己实习时较快、较好地胜任实习工作。切忌本末倒置，一头扎进指导教师安排的"工作"中，而不能对活动中教师、保育员和幼儿的互动进行仔细观察、分析和反思，如果遇到所在实习班的指导教师，给实习生安排"工作"脱离实习生见习现场或确实有过量，影响到见习，实习生首先应以诚恳的态度与指导教师沟通，使指导教师确保自己的见习时间。如果无效，应尽快与学校指导教师反映，通过校指导教师和班上指导教师协商，确保实习生见习的质量，优质的见习是成功实习的基础和保障，因此，见习至关重要。

优质的见习最起码应体现在以下几个方面。

第一，熟悉教师和保育员在一日各环节中主要的保育内容（比如：教师在各个环节应怎么说、怎么做；保育员应怎么做……）并能根据角色分工写出教师或保育员的一日活动计划。

第二，能够做早操和指导幼儿早操活动。

第三，能够记住班上每个孩子的名字并了解孩子们的共同点和某些孩子的特点。

第四，比较了解班上孩子最喜欢玩的游戏和区角活动，并有了相应的准备。

第五，知道保教人员在各环节比较有效的指导语或方法。

第六，做好了尝试、迎接挑战、做中学的心理准备。

【课堂研讨】

1. 教师与保育员如何配班？

2. 教师在一日各个环节的开始、结束时的指导语应有哪些特点？

2. 实习

实习生经过一周的见习，从第二周开始进入实习阶段。实习阶段不仅需要继续观察、评析和反思，并开始尝试开展教师、保育员在幼儿园一日各活动的保育工作。

通常按实习任务和实习手册内容逐一完成实习内容。

实习从第二周开始，但实际上准备工作从见习就已经开始，通常在见习的第4天，实习生应根据下周的实习安排写好当天的教师半日活动计划（实习教师保育工作即主教）或保育员一日活动计划（实习保育员保育工作即副教），并将拟订好的"活动计划"交给班上指导教师审阅，当聆听指导教师提出修改建议后，实习生再不断修正，只到符合要求。然后实习生根据"活动计划"和实习的要求做好相应的准备，分别实习主教和副教的保育工作和职责。实习全程，班上指导教师给予必要的支持和指导。每次实习"活动计划"后，实习生要主动与指导教师和组员进行总结和反思，不断改进，不断提高自己的组织能力，最后能达到通过幼儿园一日活动各环节对幼儿开展科学、有效的保育的要求。

如果是实习早操、户外体育活动、餐前安静和游戏区角游戏（这些实习内容，大多数幼儿园是逐渐让实习生进行的），实习生应根据具体的实习内容，拟订出相应的具体的活动计划或方案。由于此部分内容实习生还没有在学校进行系统的学习，所以在实习前实习生要主动学习，在实习过程中认真学习，不耻下问，通过初步尝试感受这部分实习内容的组织指导要领，为后面的学习奠定基础。

实习过程中，指导教师应随机和有计划地每周对实习生的实习计划和实施效果进行指导和总结；对存在的问题应及时给予解决，使学生能够在原有的基础上不断进步，每周都有自己明确的努力方向。

实习结束，在最后一周的第三天，实习生应填写实习手册的所有内容，然后将实习手册交班上指导教师，由她们完成本班实习生的评语，再由大组长交园长，为实习生写出实习鉴定并盖章。带队教师则适时组织学生进行本次实习的全面总结，在规定的时间内从园长处取回学生实习鉴定，并和园长协商确定本次实习的优秀小组与个人，作为本次评优的候选基础，回校写出指导教师鉴定，并按要求组织实习总结，按一定比例组织学生评出实习优秀小组和个人。

【反思研讨】

1. 为什么我说的孩子不听，老师说的他们听？
2. 怎么让幼儿听自己的？
3. 每天一日生活活动都一样，怎样组织有利于强化并养成幼儿良好的卫生习惯？

三、保育实习的主要内容

主要是幼儿一日生活活动、早操、户外体育活动和游戏（含区角活动）中教师和保育员的保育工作和职责。具体而言，包括如下内容。

(一)熟悉幼儿一日活动各环节保育工作的具体实践

结合幼儿园一日生活制度，明确一日各活动环节对幼儿的保育要求，将幼儿的保育落实于幼儿的一日生活中。即明确教师、保育员、幼儿在一日生活各环节应达到的保育要求。

(二)能写出比较规范、有针对性的幼儿园半日生活活动计划

能根据幼儿园一日各项活动各环节的卫生要求，所在班幼儿的实际需要和发展水平，写出具体的实施计划，能体现循序渐进，既面向全体又能对不同发展水平的幼儿进行指导。

(三)能在教师的指导下，初步学会组织一日生活活动

(四)能在教师的指导下，初步学会写早操、户外活动组织方案并进行组织

(五)观摩并记录所在班教学活动和游戏活动的组织过程

通过观察记录了解幼儿园教学和游戏活动的组织和指导，为进一步专业学习和下一个阶段的实习奠定基础。

(六)实践幼儿常见疾病、传染病及好发意外事故的预防与处理的工作

通过参与实习幼儿园对常见疾病、传染病的预防，掌握幼儿园常用消毒方法，并能根据实际情况进行消毒。在预防及时有效处理意外事故的过程中，掌握幼儿安全防范和意外事故处理的技能。

第二节　保育实习的反思性实践任务清单

　　幼儿保育主要是通过幼儿园一日各项活动实现的，在一日活动的各个环节，保教人员共同协作，将现代保育观、保育知识和技能，转化为具体的保育行为，从而实现幼儿的健康成长的目标。因此，作为实习生首先应明确幼儿园一日活动各环节中对教师、保育员及幼儿有哪些要求（尤其是一日生活各环节的保育要求），在此基础上，根据班上幼儿的具体情况，拟订幼儿某日（半日）活动计划，并通过实施和反思，实现对幼儿的保育。

　　由于幼儿的年龄不同，发展水平不同，保育的内容广度和难易度不尽相同，以下提供的是不同年龄班幼儿保育工作对教师、保育员及幼儿应达到的要求一览表（参见表 4-1、表 4-2 和表 4-3），仅供实习生参考。

一、幼儿园一日活动各环节的保育要求

表 4-1　幼儿园一日活动各环节中对教师保育工作的主要要求

内容＼环节	教师	应知应会	注意问题
来园、晨间活动	1. 做好一天教育活动、游戏活动准备，按不同的幼儿发展水平提供区角活动的材料 2. 与保育老师进行沟通，明确协作和个别指导内容 3. 接待并晨检，迅速晨检，帮助幼儿收捡小物件，发现异常及时与保健医生联系 4. 与个别家长沟通 5. 按年龄指导晨间活动 6. 值日生工作指导（中、大班） ①前一天指导交接班 ②要求值日生做事认真主动、有始有终，对小朋友态度好 ③值日生工作内容：协助老师整理室内环境；给花浇水、饲养小动物；其他辅助工作：摆桌子、餐具、收拾活动用品；大班请值日生统计本班出席的人数	1. 营造良好的入园氛围 2. 指导幼儿愉快入园 3. 有的放矢地与保育员、家长沟通 4. 能根据当天的一日活动计划进行准备 5. 能对晨间活动进行观察和有效指导 6. 对不同的分离焦虑要有不同的支持方法	1. 接待热情、主动、精神饱满；态度让幼儿感到亲切友好 2. 与家长、保育老师的沟通，要简明扼要 3. 晨检快速、动作轻柔，根据不同季节、不同年龄和不同幼儿的情况有重点 4. 有针对性的与个别家长进行询问和沟通 5. 善于捕捉异常情况并及时处理

续表

内容 环节	教师	应知应会	注意问题
盥洗	1. 组织幼儿有序洗手。按不同年龄具体明确地提出洗手要求；过程中通过多种方法帮助幼儿达到要求；结束时要简短小结 2. 养成良好的盥洗习惯：有序、认真、不玩水、不拥挤、手擦干净离开 3. 明确对全体幼儿及对个别幼儿的指导重点 4. 允许幼儿手脏洗手	1. 指导幼儿正确使用肥皂、毛巾 2. 指导幼儿用正确的方法洗漱（洗手、洗脸、刷牙） 3. 通过多种方法和手段，不断强化，使幼儿形成良好的盥洗习惯	1. 饭前洗手注意提醒幼儿手不要到处摸。随机教育 2. 要注意有要求有检查，养成幼儿认真洗手的卫生习惯 3. 有针对性地指导，比如：小班可以把洗手的正确方法编成儿歌，帮助小班孩子记忆，比如"小朋友来洗手，先卷袖口，再开水龙头，淋湿手，抹肥皂，手心搓、手背搓、手叉搓、手腕搓，搓干净，冲冲手。冲干净，甩甩手，擦干小手，走走" 4. 平时注意观察幼儿洗手的情况，有针对性地进行指导、可以和健康教育活动与家园活动整合
如厕	1. 在安排如厕的时间组织幼儿及允许幼儿随时如厕 2. 帮助自理差的幼儿便后用纸，整理好衣服、穿好裤子 3. 指导幼儿养成解便及便后洗手的好习惯 4. 培养幼儿解便自理的能力（中大班） 5. 观察幼儿大小便情况，发现问题及时报告保健医生	1. 指导幼儿便后的正确用纸方法 2. 如厕后，根据不同年龄发展水平，指导幼儿提好裤子，把内衣塞进裤子里；避免幼儿腹部着凉 3. 会判断幼儿大、小便正常与否	1. 分年龄和不同发展水平进行指导 2. 在规定如厕时间里，让孩子都如厕 3. 对个别常尿裤的幼儿，要有耐心，不指责、不粗暴，查明原因针对解决 4. 对有阴部摩擦等不良习惯的幼儿要家园合一及时矫治
进餐	1. 餐前半小时组织安静游戏；15分钟前组织幼儿有序洗手，并明确洗手的要求；洗净手的幼儿就坐用餐 2. 创设良好的进餐环境，保证幼儿愉快进餐 3. 进餐过程根据不同年龄幼儿的特点，采取多种方法，养成良好的进餐习惯 4. 忌训斥、指责、催促幼儿进餐	1. 能根据幼儿消化系统的特点组织进餐 2. 能根据幼儿心理特点，通过多种方法，鼓励幼儿养成良好的进餐习惯	1. 创造愉快、安静的进餐氛围，比如：餐前报菜名，激发幼儿食欲；不处理孩子的行为问题，不催饭，保持幼儿良好的情绪 2. 对个别进餐习惯不良和能力差的幼儿要耐心，通过开展健康教育活动，家园合作等，养成幼儿良好的进餐习惯

内容\环节	教师	应知应会	注意问题
	5. 餐后组织 10～15 分钟，散步或安静活动		
睡眠	1. 睡前组织幼儿解便、安静进寝室 2. 指导幼儿有顺序的穿脱衣服 3. 指导幼儿盖好被子，安静入睡 4. 巡回观察，发现问题及时解决 5. 起床时指导幼儿穿衣，整理床铺。养成幼儿整理好自己床铺的习惯（中、大班） 6. 指导幼儿自己整理仪表（大班）	1. 营造良好的睡眠环境 2. 正确穿、脱衣服，整理床铺的方法 3. 养成幼儿良好的睡眠习惯 4. 观察幼儿睡眠状况，发现问题及时查明原因并解决 5. 针对幼儿差异进行指导	1. 做到语言轻、动作轻、脚步轻 2. 睡前，一定让每个幼儿都解便 3. 给幼儿穿衣服要动作轻柔，避免幼儿肘关节脱臼
喝水	1. 鼓励幼儿定时或按自己的需要饮水 2. 指导有幼儿掌握接水、拿杯子的正确方法 3. 指导幼儿养成专心、一口一口地喝水的习惯	1. 能根据幼儿的不同发展水平进行指导 2. 养成幼儿良好的饮水习惯	1. 了解幼儿的饮水情况，确保幼儿充足的水量 2. 对体弱或有尿床习惯的幼儿，教师要注意控制幼儿睡前的饮水量
离园	1. 指导幼儿收放好玩具，带好自己的东西 2. 组织幼儿开展安静游戏 3. 接待家长、交换意见 4. 清点人数，做好交接纪录（全托）	1. 保持幼儿愉快的情绪 2. 开展适宜的游戏活动，便于幼儿及时与家长离园 3. 能与家长进行有效沟通	1. 有的放矢地和家长进行沟通，特别要主动向家长反映幼儿的进步表现，能让家长感受到你对孩子的关注 2. 善于倾听家长的诉求 3. 对情绪、饭量、行为稍微有异常的幼儿，要注意向家长反映，做好进一步的观察

环节\内容	教师	应知应会	注意问题
户外活动	1. 创设良好的环境，做好活动准备 2. 根据幼儿的体能和动作发展水平科学安排幼儿的活动内容和活动量。 3. 活动过程中能面向全体又照顾个体差异 4. 善于鼓励，培养幼儿良好的个性品质 5. 活动结束避免马上大量饮水	1. 根据幼儿心脏和运动系统的特点组织活动 2. 通过丰富多样的游戏发展幼儿的身体机能和意志品质 3. 活动中发现异常及时处理	1. 确保安全 2. 提醒幼儿根据活动量和天气增减衣服 3. 对体弱或有特殊需要的幼儿应体现个别化指导 4. 善于观察、指导幼儿身心和谐发展
游戏活动	1. 根据幼儿发展水平和兴趣，创设环境、并进行指导 2. 提供丰富的材料、足够的时间，激发、鼓励幼儿积极参与游戏 3. 善于观察、根据幼儿不同情况适时指导 4. 按年龄指导幼儿社会性发展 5. 指导孩子养成分类收放玩具的习惯	1. 充分满足幼儿兴趣与意愿 2. 观察幼儿在游戏中的水平、兴趣与需要 3. 能适时给予指导 4. 创造良好的心理氛围，为发展幼儿的自主性和创造性提供条件和机会	1. 满足幼儿兴趣与意愿 2. 让幼儿体验想象和创造的快乐 3. 发现问题适时指导，给予幼儿自己协商解决问题的机会，培养幼儿的独立性和创造性 4. 忌限制过多和包办代替
教育活动	1. 做好准备，创设良好的学习环境 2. 尊重幼儿的个性和学习特点 3. 纠正幼儿不良姿势；保护眼睛和声带，养成幼儿良好的学习习惯 4. 积极鼓励，支持；提供自主参与活动的条件和机会 5. 收放孩子的作品 7. 保留孩子活动兴趣 8. 指导孩子收放学具，做好下一环节的准备	1. 激发幼儿学习的积极性，保持其兴趣和注意力 2. 既面向全体又面向个体 3. 根据幼儿高级神经活动的特点开展活动	1. 善于观察，适时参与指导，避免包办代替 2. 能激发幼儿的兴趣，在幼儿与环境的互动中注意个别指导获得发展 3. 注意幼儿姿势，保护幼儿的眼、声带等

表 4-2　幼儿园一日活动各环节中对保育员保育工作的主要要求

内容 环节	保育员	应知应会	注意问题
来园晨间活动	1. 做好室内外清洁，开窗、保持空气清新 2. 准备好饮水 3. 准备好擦桌用的消毒水和抹布 4. 做好口杯、毛巾的消毒工作 5. 与教师一起精神饱满、愉快地接待幼儿并向幼儿及家长问好 6. 观察幼儿情绪，个别指导	1. 空气消毒 2. 毛巾、口杯消毒 3. 晨检 4. 有的放矢地对幼儿进行指导、与家长进行沟通	1. 严格遵守消毒制度 2. 在传染病好发和流行季节加强空气消毒 3. 与教师沟通，做好对幼儿的个别指导及与个别家长的有效沟通 3. 发现问题及时与教师协商处理
盥洗	1. 做好盥洗前的准备（放好肥皂、流动水、每人有专用毛巾） 2. 指导幼儿正确的洗漱方法。指导幼儿节约用水和肥皂 3. 保持地面无水，不滑	1. 能正确指导幼儿使用肥皂、毛巾 2. 能教会并指导幼儿正确的洗手、刷牙	1. 随机教育 2. 对动作慢、不认真、需要帮助的幼儿进行针对性的个别指导 3. 随时保持地面无水，不滑
如厕	1. 饭前、外出、集体活动、睡眠前安排幼儿如厕时间及允许幼儿随时如厕 2. 帮助自理差的幼儿便后用纸，整理好衣服、穿好裤子 3. 指导幼儿养成解便的好习惯 4. 观察幼儿大小便情况，发现问题及时报告教师	1. 知道并能指导幼儿便后的正确用纸方法 2. 会帮助幼儿将裤子提好，把内衣塞进裤子里 3. 会判断幼儿解便正常与否	1. 分年龄和不同发展水平进行个别指导 2. 遇到幼儿解便在裤里，要有耐心，不指责、不粗暴
进餐	1. 饭前 10～15 分钟消毒餐桌，准备好餐具、盥洗用具 2. 为幼儿创设干净、愉快的进餐环境 3. 指导值日生发放餐具（中、大班） 4. 根据饭量添饭不催食 5. 鼓励幼儿正确使用餐具和养成良好进餐习惯 6. 餐后做好清洁整理工作	1. 养成幼儿良好的进餐习惯 2. 知道并能正确地进行餐前消毒 3. 掌握每个幼儿的进餐量和进餐习惯	1. 洗手后及时进餐 2. 根据幼儿的进食量分饭菜，少盛多添 3. 分饭菜时，动作快，均匀，让进餐慢的幼儿先吃 4. 注意饭菜的保温、保洁

续表

内容 环节	保育员	应知应会	注意问题
睡眠	1. 幼儿就寝前半小时，寝室保持一定的室温，拉好窗帘 2. 安放好寝具 3. 提醒幼儿睡前解小便、安静进寝室 4. 指导幼儿正确穿脱衣服，整理床铺 5. 协助教师养成幼儿良好的睡眠习惯	1. 正确穿、脱衣服，整理床铺的方法 2. 养成幼儿良好的睡眠习惯	1. 营造良好是睡眠环境 2. 快速收整寝具 3. 针对差异进行指导
喝水	1. 消毒水杯，做到一人一杯 2. 备足温度适宜的水，供幼儿随时饮用 3. 协助教师照顾幼儿取水和饮水	适合幼儿的水温	1. 了解幼儿的饮水情况，确保幼儿充足的水量 2. 对体弱或有尿床习惯的幼儿，教师要注意控制幼儿睡前的饮水量
离园	1. 协助教师指导幼儿收放好玩具，带好自己的东西 2. 协助教师指导幼儿穿衣服、帽子，带好自己的东西 3. 有重点、有目的地向家长反映幼儿在园的情况，交换意见 4. 整理活动场地，归放好各种物品	1. 快速归放物品 2. 能与家长进行必要的沟通	1. 各种物品按要求归放 2. 和家长进行针对性沟通
户外活动	1. 协助教师做好场地、运动器具等准备工作 2. 协助教师做好活动前的准备工作。（检查服装、鞋子、根据天气、体质情况、活动量大小增减衣服，备干毛巾） 3. 观察幼儿活动中的反应。注意安全和个别照顾活动中不适的幼儿 4. 帮助幼儿收放好玩具，整理好场地	1. 根据天气、体质情况、活动量大小为幼儿增减衣服 2. 备干毛巾、及时擦汗 3. 发现幼儿异常及时处理	1. 随机教育 2. 观察幼儿活动中的异常表现，及时给予个别指导

续表

环节 内容	保育员	应知应会	注意问题
游戏活动	1. 根据目标协助教师投放游戏材料，布置好游戏环境 2. 保持游戏环境的安全与卫生 3. 善于观察幼儿，有针对性、适时指导，随机教育 4. 定期清查、消毒玩具	1. 会照顾和个别指导幼儿 2. 会进行玩具消毒	
教育活动	1. 根据不同活动需要，配合教师做好准备（内容、教学具，场地、桌椅摆放） 2. 观察幼儿身体、情绪及参与活动的情况，适时给予个别指导 3. 在活动时，按教师的要求对幼儿进行帮助和鼓励 4. 提供自主参与活动的条件和机会 5. 活动结束后，协助教师整理环境	1. 按教师的要求布置场地、提供材料 2. 会用示范、讲解、操作、鼓励等方法指导个别幼儿积极参与活动	善于观察，适时参与指导，避免包办代替

　　幼儿在保育的过程中不只是被动接受保育，他们有独立成长，积极参与的内在需要，保育的根本目标是促进幼儿获得独立生存的能力和富有个性的发展，因此，在一日活动中对不同年龄段的幼儿也有不同的要求。

表 4-3　幼儿园一日活动各环节中对幼儿的要求

年龄 环节	小班	中班	大班
来园晨间活动	1. 衣着整洁，愉快来园接受晨检 2. 有礼貌、问老师、小朋友好 3. 在成人的帮助下，能自由玩玩具或图书看或和老师一道给植物浇水	1. 衣着整洁，愉快来园，主动接受晨检 2. 同小班 3. 到班后将衣物放在指定位置 4. 学习自由地取放玩具、图书，学习整理玩具、图书	1.2.3. 同中班 4. 到班后，独立迅速地将衣物放在指定位置 5. 独立从玩具柜上去放和整理玩具、图书

续表

年龄 环节	小班	中班	大班
盥洗	1. 在老师的提醒和帮助下能按正确的洗手程序洗手 2. 学习洗手的文明卫生习惯 ①按顺序洗手 ②不玩水，不拥挤 ③手擦干净离开	1. 能自己独立认真正确洗手 2. 洗手不挤、不玩水，擦干净才离开 3. 手脏自己洗手	1. 能正确、认真、迅速洗手 2. 同中班
如厕	1. 养成定时大小便习惯 2. 便后在成人帮助下洗手	1. 同小班 2. 幼儿便后会独立正确洗手	1. 同小班，且大便自理 2. 便后迅速、正确地洗手
进餐	1. 认知洗手，不玩水。手擦干净进活动室 2. 安静就座进餐 3. 在老师的提醒下，正确使用餐具 4. 在老师的提醒下，饭和菜、干点稀饭要搭配着吃，不在稀饭里泡馒头 5. 学习进餐的文明卫生习惯 ①细嚼慢咽，不咂嘴 ②不拣菜、不偏食、不剩、不洒落饭菜 ③漱口、擦嘴、洗手	1. 会正确洗手 2.3.4. 同小班 5. 逐渐养成进餐的文明卫生习惯 ①②同小班 ③咽下最后一口饭再站起来，用筷子将桌上的饭粒残渣弄进碗里，轻放椅子，送回餐具 ④同小班 6. 值日生协助保教人员收拾餐桌清扫地面	1. 能正确、迅速洗手 2.4. 同小班 3. 正确使用餐具、会用筷子，其他同小班 5.6. 同中班
睡眠	1. 散步、解便、安静入寝室 2. 在成人帮助下脱去外衣、鞋子，叠好放在固定的位置 3. 不带小玩物上床，安静入睡 4. 养成右侧卧或仰卧的睡姿，不蒙头睡觉 5. 起床掀开被子，按时起床。在老师帮助下穿衣服、鞋子	1. 同小班 2. 独立地有序地脱衣服、鞋子 3. 不带小物件上床，铺好被(毯)，安静入睡 4. 同小班 5. 独立有次序地穿衣服学习整理床铺	1. 同中班 2. 独立地放好枕头、拉开被(毯)较迅速有序地脱衣服、裤子、鞋袜 3. 同中班 4. 独立、有顺序、较迅速地穿衣服 5. 独立、迅速地整理床铺

环节＼年龄	小班	中班	大班
喝水	1. 用自己的水杯，在老师的提醒下按时喝水 2. 活动或口渴时随时饮水 3. 不浪费水 4. 初步学习把水杯放回固定位置	1.2.3. 同小班 4. 会将水杯放回固定位置	1.2.3. 同小班 4. 迅速整齐地将水杯放回固定位置
离园	1. 在老师的帮助下，收放好玩具 2. 在成人帮助下，穿衣或戴帽 3. 向老师、小朋友再见	1. 在老师提醒下收放好玩具 2. 基本能独立地穿衣、戴帽或拿自己的书包 3. 向老师说再见，小朋友互相说再见	1. 主动认真地收放玩具 2. 向老师、小朋友告别 3. 独立、迅速地收拾自己的物品

二、拟订某日生活活动计划

幼儿园每个班通常有 3 个保教人员，其中 2 名教师和 1 名保育员，2 名教师分上午和下午组织幼儿活动，保育员是全天，为了保证对幼儿卫生保健工作有的放矢，通常需要所在班保教人员根据对幼儿的观察了解，根据幼儿园一日各项活动对教师和保育员的要求，制订适宜幼儿的实际发展水平的幼儿某日上午（下午）半日活动计划。

（一）活动计划主要内容

按幼儿园一日生活的时间有序安排，半日活动计划主要包括以下内容。

1. 时间。

2. 活动环节名称。

3. 活动目标。

制定目标应注意以下问题。

第一，每个活动环节制订的目标不宜多，每次要有重点。

第二，目标表述要具体、明确。

第三，目标既要面向全体，又要面向个体，体现针对性和层次性。

第四，计划性与生成性有机结合。

4. 活动环境创设。

即写出实现目标需要的相应准备或环境的支持。实习生对各环节不熟悉，教育技能与教育机制有待提高，更需要做好充分的准备，重视环境创设。

5. 活动指导过程。

即针对目标，将怎么说、怎么做具体写出。实习生缺乏经验，只有围绕目标把具体的指导措施和方法写出，一方面，有助于指导教师提出具体的修改意见；另一方面，有利于做好具体而充分的准备，使活动指导过程心中有数，有助于提高组织能力和应变能力。

6. 活动反思。

活动结束，他评和自评相结合，评析活动目标达成情况，并总结成败的经验教训，不断提高自己的教育机智和保育工作的质量。

每个幼儿园的一日活动计划的内容也不尽相同，可以参见所实习幼儿园的计划格式。

(二)生活活动计划的书写格式

一般通常采用表格式和文本格式两种。文本格式比较详细具体，对实习生和新教师比较适宜。表格式内容反映简明扼要，对熟悉一日活动环节并有一定经验的教师适宜。

具体案例可参见本部分后附"(四)半日活动计划案例"。

(三)拟订半日活动计划时常见问题

1. 每天生活活动都是一样的，有必要天天写半日活动计划吗？

每天生活活动虽然一样，但要求是不一样的。不仅是不同年龄班，即使一个年龄班，幼儿的发展水平也不一样，不同习惯都包含难易程度不同的内容，幼儿的良好习惯只能在每天的活动中逐渐递进、逐渐养成，所以，每天的要求应是不一样的，每天都需要写半日活动计划。

2. 怎么避免半日活动计划千篇一律？

幼儿的良好习惯需要通过不断强化重复才能养成，这需要一个螺旋上升的过程，要使半日活动计划有的放矢，不千篇一律，更有效地实现保育目标，首先，要注意培养自己的观察力，通过多种途径和方法了解班上幼儿的共同需要和个别儿童的差异。其次，在写半日活动计划时，面向全体的目标，一般1～2个目标，而针对不同幼儿存在的能力、习惯等方面的差异，则需要单独列出，并具体写在计划里，由于幼儿的发展是动态的，保教人员的半日活动计划不应该千篇一律。

(四)半日活动计划案例

1. 表格式半日活动计划案例

表 4-4 某园小班半日活动计划及分析

幼儿年龄段：3～4 岁

时间：2011 年 5 月 20 日上午

环节\内容	主要目标	评价
来园晨间活动	1. 通过主动热情地接待幼儿及家长，幼儿高兴来园（隐形提示幼儿主动向老师问好和家人） 2. 通过及时安慰玲玲、斌斌，减少他们的入园时的不良情绪 3. 鼓励幼儿自选教师所提供的区角活动材料进行晨间游戏 4. 随机观察，指导幼儿进行游戏	较好。比较具体，体现出面向全体又有对个别儿童的指导
早操	1. 能协助教师做好早操前准备工作(检查幼儿的衣服和裤子以及场地的安全) 2. 通过示范和个别指导，幼儿能精神饱满地进行晨间锻炼 3. 通过提醒，走步时幼儿能一个跟着一个走，不推拉同伴	同上
解便、洗手	1. 培养幼儿正确洗手的方法并逐渐养成节约用水的习惯 2. 通过提醒，洗手时会自己挽袖子，解便时会自己穿脱裤子 3. 通过解便洗手环节培养幼儿良好的卫生习惯 4. 通过提醒幼儿洗手后能使用自己的毛巾擦手 解便、洗手时不拥挤，不推拉同伴，学会依次排队洗手	目标1培养是一个过程，在具体的活动计划中不宜用。可以具体到具体的行为。比如：可写成：通过示范和提醒，孩子能洗完手立刻关上水龙头(可把节约水，落实到具体的行为上) 目标2好 目标3不妥。这个可以放在学期目标中 目标4比较具体。但在这些习惯养成的过程中幼儿一定会有差异，平时应善于观察，体现差异性指导
间餐	1. 能一口糕点食品一口流质食品搭配着吃 2. 安静、愉悦地进行间餐 3. 不玩耍食品 4. 餐后杯子能轻轻地放在指定位置	目标比较具体。但没有体现差异性指导

续表

内容 环节	主要目标	评价
户外 活动	小蜗牛回家 活动准备： 1. 安全的活动场地 2. 平衡木、钻筒、圈、自制玩具等 活动目标： 1. 通过角色扮演幼儿能体验游戏快乐 2. 通过"小蜗牛"游戏，引导幼儿模仿蜗牛的爬行动作发展肢体的柔韧性、协调性	具体，准备紧扣目标，较好
区角 游戏	总目标： 1. 培养有礼貌和遵守规则的习惯 2. 养成良好的操作卫生习惯 3. 游戏结束时有整理的意识，初步学习归类放置物品 创设区域：娃娃家、益智区、建筑区 娃娃家游戏目标： 1. 能体验角色扮演的快乐 2. 通过模仿家庭成员角色，学会常用对话 益智区游戏目标： 1. 喜欢操作活动游戏 2. 通过操作活动游戏，能提高幼儿的专注力和动手操作能力 建筑区游戏目标： 1. 通过材料提供，幼儿能体验游戏的快乐 2. 通过游戏，幼儿学会围合、垒高的技能	因为是具体活动计划，总目标还是应具体。可改成下面内容。 1. 通过示范讲解幼儿能使用礼貌语，遵守游戏的规则 2. 通过提要求和鼓励，幼儿能爱惜玩具，通过提醒不争抢玩具 3. 通过语音提示，游戏结束时能将玩具"放回家" 各区域活动目标比较好，还可以体现差异性指导。
解便、 洗手	（目标同前）	
午餐	1. 为幼儿介绍菜肴，增加进餐时的食欲 2. 能正确的使用勺子进餐 3. 安静愉快地进餐 4. 尽量不洒饭菜在地面和桌面 5. 鼓励幼儿吃完碗里面的菜饭，培养幼儿不浪费粮食的良好品德	目标表述不够完整。可改成： 1. 通过介绍菜名，幼儿能高兴进餐 2. 通过示范和帮助幼儿能正确使用勺子进餐（一口饭、一口菜吃） 3. 通过提醒幼儿能不洒饭菜在桌面和地面上，吃完饭菜才离开 4. 通过帮助欣欣和果果，能提高他们自己吃饭的意识和能力

2. 文本式半日活动计划案例

案例1：川大第一幼儿园托班某日半日活动计划

执教教师：刘颖　配教教师：何翠

一、晨间活动(8:30—9:40)

活动目标：

1. 幼儿能主动向老师问好并能愉快地选择游戏。

2. 幼儿能轻拿轻放玩具。

指导内容：

1. 老师主动与幼儿问候，引导幼儿向老师问好。

2. 用语言和图示标志引导幼儿遵守轻拿轻放的规则。

二、早操(9:40—9:50)

活动目标：

喜欢做早操，并能愉快地跟老师做动作。

指导内容：

1. 用游戏的方式让幼儿喜欢做早操。

2. 教师动作、表情夸张地带动幼儿跟做。

三、集体教学——毛毛虫的故事(9:50—10:10)

活动目标：

1. 通过生动有趣的游戏活动，帮助幼儿理解故事内容。

2. 引导幼儿学说量词"个""支""片"；学说短句"吃了一个苹果""吃了一根香蕉""吃了一片树叶"。

3. 初步培养幼儿对文学活动的兴趣，并体验成功的快乐。

活动重点：

积极参与活动，学说短句"吃了……"

活动难点：

乐意运用语言交流，学说完整话。

活动准备：

幼儿操作材料人手一份[苹果一个、香蕉一根、树叶一片(布置成苹果园、香蕉园、小树林的场景)]、音乐"毛毛虫变蝴蝶"、故事动画。

活动过程：

1. 与幼儿一起玩"变变变"游戏，激发兴趣。

师："宝宝，你们见过毛毛虫吗?""毛毛虫是什么样的呀?"

师："今天我们一起来变成毛毛虫，一起做游戏。"

2. 玩游戏"毛毛虫的故事"，帮助幼儿理解。

师："毛毛虫的肚子饿了，让我们一起去找吃的东西吧。"(教师引导幼儿根据情境进行游戏，边活动边讲述，提示幼儿正确使用量词：个、根、片)

——第一天，毛毛虫们和妈妈一起来到苹果园里，每条毛毛虫吃一个苹果。(幼儿随老师一起爬到"苹果园",将一个苹果摘下贴在自己的肚子上,一边做一边说:"我找到了一个苹果,啊唔啊唔吃掉了。")

——第二天,毛毛虫们和妈妈一起来到香蕉园里,每条毛毛虫吃一根香蕉。(幼儿随老师一起爬到"香蕉园",将一根香蕉摘下贴在自己的肚子上,一边做一边说:"我找到了一根香蕉,啊唔啊唔吃掉了。")

——第三天,毛毛虫们和妈妈一起来到小树林里,每条毛毛虫吃一片小树叶。(幼儿随老师一起爬到"小树林",将一片树叶摘下贴在自己的肚子上,一边做一边说:"我找到了一片树叶,啊唔啊唔吃掉了。")

3. 结合游戏经验,大胆讲述故事。

师:"毛毛虫们你们吃饱了吗?想一想,我们这三天吃了些什么吗?"(引导幼儿自由地进行交流。请个别幼儿在集体面前进行讲述)

师:"有一个好听的故事,名字就叫《毛毛虫的故事》,宝宝们想不想听呀?"(引导幼儿边看故事动画边完整地听故事)

师、幼一起完整地讲述故事。

4. 模仿毛毛虫变蝴蝶,增添情趣。

师:"毛毛虫吃饱了,就香香地睡着了。睡了很久,有一天它醒了,发现自己长出了翅膀,变成了一只美丽的小蝴蝶。"(幼儿听音乐慢慢变成蝴蝶飞起来)

四、生活活动(10:10—10:20)

活动目标:

知道用两只手拿杯子喝牛奶。

指导内容:

洗手前引导幼儿请老师挽袖子,喝牛奶时,引导幼儿两只手拿杯子,拿着杯子的"小耳朵"。

五、自选游戏活动(10:20—10:30)

活动目标:

幼儿乐于参与区角游戏。

指导内容:

幼儿自由的玩玩具,教师观察。

六、户外活动(10:30—11:00)

活动名称:

小松鼠采蘑菇。

活动目标:

1. 通过尝试头朝下趴着滑滑梯的动作,提高幼儿在一定高度保持平衡的能力,促进前庭觉的发展。

2. 大胆参与游戏,体验游戏带来的快乐。

活动准备:

彩虹布、轮胎、大、小滑梯、大雪花片、溜溜布、阳光隧道、奶粉桶、圈、纸球、音乐《小松鼠进行曲》《彩虹的约定》。

活动过程：

1. 准备活动：小松鼠。

教师引导幼儿在彩虹布上练习动作：头抬起，手伸直，脚绷紧。

2. 开始游戏：小松鼠采蘑菇。

(1)情景导入。

师："小松鼠宝宝，今天的天气真好啊！妈妈想去森林里采一些蘑菇，宝宝想不想和我一起去啊?"(幼儿回答)"去森林的路很远很远，还会遇到很多的困难，你们怕不怕呀?"(幼儿回答)

(2)开始游戏。

a. 老师介绍路径。

·师："前面有一条小路，松鼠宝宝一定要走在小路上。"

(幼儿跨轮胎，引导幼儿一个接一个，不推挤)

·师："前面有一座高山，爬上去之后要慢慢滑下来。"

(引导幼儿用自己喜欢的方式下滑)

·师："有一条长长的小路，松鼠宝宝要慢慢爬过去。"

(引导幼儿手膝着地爬过溜溜布)

·师："前面有一座更高的山，宝宝加油哟！"

·幼儿采"蘑菇"(大雪花片)，师引导幼儿只捡一个。将蘑菇送回家，再开始游戏。

b. 反复游戏两次。

c. 第二轮开始，引导幼儿头朝下，卧着滑滑梯。

3. 分散活动：奶粉桶、纸球、圈

老师引导幼儿一物多玩，不争抢

4. 放松活动：彩虹的约定

场地布置：

如图 4-1。

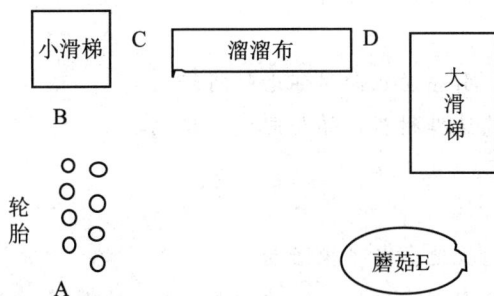

图 4-1 户外场地布置

七、生活环节(11:00—11:10)

目标活动：

幼儿知道一个接一个排队洗手。

指导内容：

引导幼儿一个接一个排队洗手，不推挤。

八、餐前活动(11:10—11:30)

目标活动：

复习学过的手指游戏，动作规范。

指导内容：

1. 幼儿和教师一起复习已学手指游戏。

2. 鼓励幼儿跟老师一起做，规范幼儿动作。

九、午餐(11:30—12:00)

目标活动：

幼儿能安静进餐。

指导内容：

教师指导幼儿进餐时没有声音，一只手拿勺子，一只手扶着碗。

十、午睡(12:10—14:30)

目标活动：

幼儿能迅速、安静的入寝。

指导内容：

引导幼儿安静迅速入寝，并将衣物放在指定的地方。

案例 2：四川大学第一幼儿园小一班某日半日活动计划

执教教师：郑倩 配教教师：方文

一、晨间活动(8:00—8:40)

活动目标：

1. 主动愉悦地向教师、朋友问好。

2. 能自由选择材料，与同伴友好玩耍。

指导内容：

1. 热情接待幼儿，引导幼儿向同伴老师问好。

2. 引导幼儿按意愿选择材料，并与同伴一起玩耍。

二、早操活动(8:55—9:10)

活动目标：

1. 能精神饱满，愉悦地参与早操活动。

2. 知道在走跑过程中前后保持一定的距离，能一个接着一个走。

指导内容：

1. 教师用肢体动作及表情引导、感染幼儿参与早操的积极性。

2. 用语言手势提醒小朋友在走跑过程中一个跟着一个进行走跑练习，并保持安静。

三、集体教学活动(9:20—9:40)

活动名称：

歌曲《小妞妞勾勾手》。

活动目标：

1. 在熟悉歌曲的基础上，运用手指触碰及小乐器敲打的方式感受休止符。

2. 体验用手指玩音乐游戏的乐趣。

活动准备：

1. 材料：纸杯若干

2. 经验：幼儿会玩《五指歌》的手指游戏。

3. 幼儿坐成马蹄形

活动重点：

感受休止符的特定节奏。

活动难点：

与同伴合作玩游戏。

活动过程：

1. 我们每一个手指都有一个好听的名字，现在请出手指和我们一起玩个游戏。

念手指儿歌《五指歌》：大拇哥，二拇弟、三阿姐、四小弟、小妞妞去看戏，手心手背，心肝宝贝。

2. 欣赏音乐。

师：小妞妞想和大家交个朋友，它想了个办法，我们一起来听一听，它用了什么办法？（听音乐）

(1)幼儿完整欣赏第一遍音乐，教师做动作。

动作：歌曲——双手以小拇指互勾唱歌；

　　　　休止——大拇指按照拍数盖章。

提问："小手做了什么?""除了勾勾手，还做了什么?""亲了几次嘴呢?"

"我们再仔细听一听亲了几次，看一看大拇指盖了几次章"

(2)教师清唱歌曲，引导幼儿初步感受歌曲里的特定节奏。（分句欣赏）

"第一次亲嘴碰了几下？听听?"（第二、三、四次提问同上）

(3)完整欣赏第三遍

3. 学唱歌曲，玩游戏。

(1)独自游戏。

①还会请谁来亲嘴？引导幼儿用其他几个手指感受特定节奏。（二拇指、三……）（探索，请个别幼儿清唱模仿）

②还可以亲哪里？提醒幼儿当听到"亲亲嘴"时才亲其他地方（身体、地、椅子等），而且耳朵要注意听是第几次亲嘴。

(2)双人游戏。

"小妞妞还会和好朋友玩游戏,看看她是怎么玩的。"

①勾手游戏:反复三次。请配班老师完整示范后,小朋友两人一组游戏一遍后交换朋友。

②打电话游戏。"我们打电话叫更多的朋友来玩游戏吧!"

a. 老师示范玩法。

b. 全体幼儿用纸杯电话放在耳边一边唱歌一边随节拍走动,特定节奏时静止不动,看着自己的好朋友用"喂—"声音表现节奏。

c. 邀请客人老师互动。

引导幼儿在"喂"时大胆邀请客人老师玩游戏。

4. 结束活动。

"我们去其他班邀请好朋友来玩吧。"

四、生活活动与自选活动(9:40—10:00)

活动目标:

1. 洗手后能在水池里轻轻甩三下,再将毛巾打开后擦手。

2. 能与同伴快速将玩具收放整齐。

环境支持:

盥洗间有洗手方法的照片,音乐片段

指导内容:

1. 教师在全班示范讲解,洗手方法,幼儿空手跟随练习。幼儿洗手时,提醒、督促个别幼儿洗手后在水池里轻轻甩三下,毛巾打开擦手。

2. 教师用音乐引导幼儿安静快速收放玩具。

五、户外体育游戏(10:00—10:30)

活动名称:

小动物生日派对

活动目标:

1. 幼儿能在摇晃的木板上双脚交替行进走,感受高低起伏带来的失重感,促进幼儿前庭觉的发展。

2. 体验游戏带来的乐趣。

活动准备:

轮胎若干、小猫小兔胸饰、直线纸板、踏板,音乐。

活动过程:

1. 准备部分。

老师带领幼儿用踏板做热身活动。重点活动下肢。

2. 基本部分。

(1)集体体育游戏:小动物生日派队。

①创设情景激发幼儿兴趣。

师：孩子们，今天老师要带你们去参加小动物的生日派对，你们高兴吗？可是刚才小动物给我打电话说，它们没有足够的食物来招待你们，怎么办呀？咦，前面有个小岛，说不定上面会有很多食物呢，我们一起去找食物吧，我已经为你们准备了一艘小帆船，我们一起去开船吧！

②老师讲解游戏的路径及玩法。

师：现在我们准备出发去岛上。幼儿自选一条路径走过踏板来到岛上，送小动物食物后回到起点。

③设置不同层次的路径，幼儿自由选择进行游戏。

师：到了岛上以后找到食物就可以直接送到小动物的家哦，记住了，小猫喜欢吃什么啊？小兔呢？不要送错了哦！游戏中幼儿走过平稳的小桥，再踏上帆船，最后跨过围栏到达终点。

④设置音乐进行游戏。

师：小兔和小猫非常感谢你们，但是呢，他们还是觉得没有吃饱，我们再去给他们找点食物吧。游戏中幼儿听到风声、雷声便站在原地不动，保持身体的平衡。教师重点强调站在踏板上保持身体平衡，幼儿选择路径进行游戏。

(2)分散自选活动：幼儿自由选择游戏材料玩耍。

重点指导：观察、提醒爱出汗的幼儿穿脱衣物、在背上垫毛巾。

3. 结束部分。

在音乐声中，师与幼儿一起做放松运动。

六、室内创造性游戏(10:30—11:00)

活动目标：

1. 体验玩游戏的快乐。

2. 懂得游戏区的游戏规则，并遵守。

3. 能对材料进行分类收放，爱惜游戏材料。

活动准备：

开放各个游戏区角材料。

活动过程：

1. 情景引入。

师："快乐城"开张了，你们想玩什么？（引导幼儿讲述游戏主题和选择角色）

2. 幼儿自选区角游戏，师重点观察各区幼儿遵守游戏规则，以及材料的分类收放。

3. 收放材料，进行评价。

(1)幼儿听音乐分类收放材料。

(2)评价：引导幼儿观察材料的收放情况和使用材料的方法，并进行表扬。

七、餐前活动(11:00—11:30)

活动目标：

1. 能迅速地收拾图书和玩具。

2. 能与同伴分享自己的玩具。

指导内容：

1. 提醒个别幼儿在指定区安静看书，不随意走动和大声喧哗。

2. 引导幼儿与同伴分享自己的图书、玩具。

八、午餐(11:30—12:00)

活动目标：

1. 幼儿能愉快地进餐，尽量保持桌面清洁。

2. 能一手握勺、一手扶碗进行进餐。

指导内容：

1. 提醒幼儿进餐安静，不挑食不撒饭。

2. 提醒幼儿一手扶碗一手握勺吃饭。

案例3：四川大学第一幼儿园中一班某日半日活动计划

执教教师：欧阳薇薇　配教教师：熊燕

一、晨间活动(8:00—8:40)

活动目标：

1. 幼儿主动为集体服务，整理桌、椅、柜子等班级物品。

2. 幼儿进入区角活动区进行喜欢的活动，懂得与同伴谦让、合作。

指导内容：

1. 教师做好榜样，带领幼儿共同劳动，并分工合作。

2. 教师主动与幼儿协商合作，为大家做好榜样示范的作用。

二、早操活动(8:45—9:00)

活动目标：

1. 幼儿主动准备锻炼器械，能够多人分工合作。

2. 幼儿能有秩序地活动，知道主动排队，并与他人保持间距。

指导内容：

1. 教师观察幼儿分工合作的情况，协助幼儿准备好所需的锻炼器械。

2. 教师用手势、语言等形式，提醒幼儿有秩序地活动、安全地锻炼。

三、集体教学活动(9:05—9:30)

活动名称：

语言活动"小兔怕怕"。

活动目标：

1. 理解故事内容并用准确的词语、完整的语句表达自己的想法。

2. 培养幼儿遇事勇敢、勇于尝试克服恐惧的优秀品质。

活动准备：

PPT课件、小兔毛绒玩具、各种图卡。

活动过程：

1. 导入谜语，产生兴趣。

(1)导入谜语："短短的尾巴像雪球，红红的眼睛像宝石，长长的耳朵真灵活，走起路来跳跳跳"。

(2)出示"小兔"，它是一只聪明、可爱的兔子，但是它有一个奇怪的名字。

2. 欣赏故事，大胆猜想。

(1)欣赏故事第一段，它有一个什么奇怪的名字？

(2)你觉得小兔怕怕想到什么事情的时候会感到害怕？

3. 欣赏故事，帮助小兔。

(1)欣赏故事第二段，小兔怎么哭得那么伤心啊？

(2)如果你是小兔的朋友，你会用什么方法让它不哭、不害怕？

(3)欣赏故事第三段。小兔还怕吗？

(4)教师总结：小兔听了妈妈的话："只要你变得勇敢一些，不要说我怕，你就能战胜害怕了。"

4. 我最怕什么，勇敢战胜它。

(1)其实不管大人还是小孩在生活都可能有一两件害怕的事情，比如在公园玩耍的时候、一个人在家的时候、过大马路的时候……小朋友，你现在悄悄地想想自己在生活中有没有害怕的事情？（帮助幼儿回忆整理已有生活经验）。

(2)请幼儿自选一张图卡，看一看，说一说，图片上的事情你害怕吗？你会用什么方法来战胜它？还可以和朋友交换图片说说看。

(3)幼儿自由说，教师个别倾听，可以引导幼儿用完整的语句来表达"如果我……我就用……来战胜它""当我……我能……"的语句来表达。

(4)集体交流，引导幼儿相互间说说自己是怎样战胜害怕的。

(5)分享方法：请个别幼儿说自己战胜害怕的方法。

5. 教师总结。

(1)小兔说我今天非常高兴听到了"躲避""消毒""左看看右看看""听声音"这些来战胜害怕的方法。

(2)小兔还说今天在小朋友身上学到了五个本领。

当打雷下雨时，用躲避的方法我就不害怕了；

当摔倒受伤时，用消毒的方法我就不害怕了；

当过大马路时，用两边看的方法我就不害怕了；

当独自睡觉时，用抱着宝贝的方法我就不害怕了；

当有陌生人敲门时，我用听声音的方法我就不害怕了。

(3)希望我们都是勇敢、爱动脑筋的小朋友，下来可以把你的好办法告诉朋友，让大家都来学学你的方法来战胜害怕。

四、生活活动(9:40—9:50)

活动目标:

1. 幼儿能在洗手、喝牛奶时保持安静。

2. 幼儿能用正确的姿势端杯子。

指导内容:

1. 提醒在盥洗室洗手的孩子保持安静或轻声说话。

2. 提醒幼儿一只手拿杯把,一手扶杯子。

五、自选活动(9:50—10:00)

活动目标:

幼儿能自选图书或玩具和同伴友好交往。

指导内容:

鼓励幼儿和同伴分享图书和玩具。

六、户外体育活动"愤怒的小鸟"(10:00—10:25)

活动目标:

1. 通过练习在蹦床上跳跃,发展幼儿的下肢力量,提高幼儿对身体的控制的能力和协调能力。

2. 幼儿练习空中投掷的基本技能。

3. 喜欢参与体育游戏,培养幼儿不怕困难、敢于挑战的精神品质。

活动准备:

蹦床、轮胎、长凳、"猪"的KT板,音乐。

活动过程:

1. 开始部分。

律动"愤怒的小鸟",重点活动下肢。(音乐)

教师引导幼儿在操场上散点站位,做小鸟模仿操,用情景激发幼儿运动的兴趣、有力量地运动。

2. 基本部分。

(1)集体体育游戏"愤怒的小鸟"。

幼儿分四队进行游戏,逐次增加游戏难度。

①第一次:每队一个活动目标物,距离相同,位置固定在正前方。

师:不好了,这几只可恶的绿皮猪居然要偷鸟妈妈的蛋,我们一起去把它们赶走好不好?前方有许多障碍,有没有信心?

师:赶走绿皮猪的小鸟从两边回来。

②第二次:每两队一个活动目标物,位置固定在两队中央。

(2)分散自选活动:自选小器械呼啦圈、梅花桩、飞镖。

重点指导:幼儿分区域玩耍,并与同伴合作玩耍;幼儿能在运动后主动用毛巾擦汗。

3. 结束部分。

(1)放松运动。

师：今天小鸟们表现得真棒，我希望你们不再是愤怒的小鸟，以后变成开心快乐的小鸟好不好？

(2)鼓励幼儿主动收拾活动材料，整齐摆放。

七、室内游戏活动——区角游戏(10:25—11:00)

活动目标：

1. 幼儿能明确角色身份，用相应的角色行为和语言进行交往。

2. 能比较友好地进行协商、分工。

活动准备：开放各个游戏主题。

活动过程：

1. 谈话方式引出游戏主题："川大社区今天又要开门了，你想去社区的什么地方玩？"

2. 幼儿自愿选择游戏小组进行协商。教师巡回了解协商情况，重点观察幼儿情绪，引导幼儿根据游戏规则调整扮演的角色。

3. 游戏中教师巡回观察、指导。重点引导幼儿说与角色相符的话，做与角色相符的事。

4. 在音乐中结束游戏，与幼儿共同评价角色扮演情况。

八、餐前活动(11:00—11:30)

活动目标：

幼儿能自选玩具与同伴友好相处。

指导内容：

鼓励幼儿自选玩具、图书，与同伴一起看图书、玩玩具。

九、午餐(11:30—12:00)

活动目标：

1. 幼儿能安静进餐，注意保持桌面清洁。

2. 能将自己的一份饭菜吃完。

指导内容：

1. 提醒幼儿吃饭时不讲话，把食物残渣放入渣盘内。

2. 重点观察苏立兴、潇潇及时提醒其不挑食。

十、午睡(12:10—14:30)

活动目标：

幼儿能迅速、有序地脱放衣裤。

指导内容：

引导幼儿安静迅速入寝，并将衣物摆放整齐。

案例 4：四川大学第一幼儿园大三班半日活动计划

执教教师：吴俐昊　　配教教师：李秀云

一、晨间活动(8:00—8:25)

活动目标：

1. 幼儿能主动向老师和同学问好。

2. 能根据自己的意愿选择游戏，与同伴分享玩具材料。

指导内容：

1. 鼓励个别幼儿大声向同伴以及客人老师问早。

2. 引导来得早的幼儿擦桌椅，整理玩具。

3. 引导幼儿与同伴一起玩，一起收放材料。

二、早操活动(8:30—8:45)

活动目标：

1. 幼儿走跑时手臂能自然地摆动，动作协调、不张嘴吸气。

2. 认真做操，动作有力。

指导内容：

1. 教师以口令鼓励幼儿有精神地走、跑步，手臂自然摆动。

2. 引导幼儿跑步时不讲话，不张嘴吸气。

3. 引导幼儿认真做操，动作到位有力。

三、集体教育活动(9:00—9:30)

活动名称：

音乐活动"戏说脸谱"。

活动目标：

1. 能根据内容创编动作，并用合适的力度和动作来表现人物的特征。

2. 体验和同伴一起唱歌表演带来的乐趣，逐步喜爱京剧艺术。

活动准备：

1. 经验准备：幼儿已制作过京剧脸谱、京剧片段欣赏、熟悉《戏说脸谱》内容。

2. 材料准备：PPT、音乐《戏说脸谱》、5 张椅子、大脸谱。

活动过程：

1. 出示相应 PPT，引导幼儿回忆内容。

师："考考大家，还记得他们吗？"

2. 学习歌唱。

(1)师清唱，引导根据不同角色的故事感受不同角色的唱法。

"他们就是京剧《戏说脸谱》里的角色，想不想听听怎么唱的？"

"有没有听出来，唱到每句歌词、每个角色时的声音是不一样的哦？"

(2)师再次清唱，引导幼儿模仿不同角色的唱法。

"唱到哪些角色的时候轻轻的，唱到哪些角色的时候重重的？因为歌里词是怎么说的？"

(3)幼儿随师清唱一遍。

"我们来比比，听谁唱的像!"

(4)引导幼儿随音乐唱。

"我们和音乐比比!"

3．角色动作模仿。

引导幼儿讨论角色动作及演唱时的语气，并进行逐一模仿。

"京剧里不仅要唱得好，还要用动作来演，所以我们得给这些角色设计动作呀!"

"歌词里的先唱的哪个角色？给他设计什么动作？大家觉得他做的像不像？我们一起来学一学。"

4．歌表演。

(1)师清唱进行表演。

师："每个角色都有不同的唱法和动作了，我们比比看谁学得像。"

(2)听音乐进行歌表演。

师："大家都唱得好也演得好，我们跟着音乐来边唱边演。"

(3)师清唱，分角色歌表演。

师："想演哪个角色？请随我来!""各就各位，好戏开演!"

(4)听音乐分角色歌表演。

师："我们跟着音乐一起来。"

(5)听音乐，交换角色进行歌表演。

师："还想演哪个角色？换一换!"

(6)听伴奏，独立歌表演。

师："'戏说脸谱'准备开演，各角色就位。"

四、生活环节(9:35—9:50)

活动目标：

1．幼儿能使用正确方法进行洗手。

2．幼儿能安静、快速进行盥洗活动。

指导内容：

1．引导幼儿洗手时，将手心、手背、指缝及手指甲依次洗净。

2．引导幼儿悄悄进洗手间。

五、自选活动(9:50—10:00)

活动目标：

1．通过玩耍翻花绳、转转钮等材料，发展幼儿小肌肉动作灵活性。

2．能和同伴一起愉快玩耍，体验合作玩耍的乐趣。

指导内容：

1．鼓励幼儿使用2～3种方法进行材料的玩耍。

2．引导幼儿玩耍材料前先和同伴商量玩法。

六、户外活动(10:00—10:30)

活动名称:

给熊猫喂食。

活动目标:

1. 发展幼儿前庭觉和本体觉功能,促进幼儿身体动作的协调性。

2. 幼儿能建立关爱大熊猫的情感和意识。

活动准备:

1. 经验准备:幼儿已掌握用俯卧在滑板上从滑板滑梯上滑下的基本技能。

2. 材料准备:竹笋(报纸)若干、滑板人手一个、滑板滑梯4个、平衡圆4个、筐子、辫子、纸球、圈儿、飞盘。

活动过程:

1. 准备部分:韵律操。重点指导幼儿运用俯卧、坐、站立、旋转等姿势于滑板上进行热身运动。

2. 基本部分。

(1)开车过山洞。

师:"今天,我们要开着'小车'到山岭里去给功夫熊猫找食物,让它吃了竹子更有劲、更厉害。山坡的路又陡又滑,咱们就先分成4组来练习一下在下坡路上开车钻山洞。"

①在滑板滑梯前方分别放置平衡圆一个,为山洞,幼儿分成四组鱼贯游戏。

②游戏中引导幼儿注意掌握俯卧姿势下滑时的动作要领:头抬起看前方,双脚并拢伸直,双手尽量朝前伸展。

(2)开车过矮山洞。

师:"去找竹子的路上,还会出现低矮的洞穴,想想如何才能顺利的通过洞穴不被卡住呢?"

①在每个滑梯前方"山洞"加置隔板,降低山洞高度,幼儿反复练习。

②提醒幼儿下滑钻山洞时迅速埋头,使身体随同滑板惯性从障碍板下穿过。

(3)开车扒竹。

师:"道路旁边长满了竹子,我们把竹子拔起来带回来看看新不新鲜,到时候才能拔到新鲜的竹子送给功夫熊猫。"

①每个滑梯旁放置一筐"竹子",幼儿反复练习。

②引导幼儿俯冲下滑梯减速前右手迅速从框里拿起一根"竹子"随惯性向前滑行,然后将"竹子"带回起点放进框子。

(4)给熊猫喂食。

师:"去熊猫家的路有两条,经过第一座山坡后就能看到山洞,我们要通过山洞,然后快速通过第二座山坡一边开车一边拔竹子,然后拿着竹子,就能看到功夫熊猫正在等着我们给它喂竹子呢,我们运送的时候要注意快速平稳,喂竹子时要注意把竹子投进熊猫的大碗里,这样我们的功夫熊猫才能吃到大量的竹子,肚子才会饱饱的。"

①引导幼儿了解游戏路径和游戏规则。

②游戏中教师巡回指导。重点引导幼儿下滑后快速取"竹子"时的动作技巧。

③在反复游戏中帮助幼儿调整、总结平稳下滑、快速抓握的动作技巧。

(5)分散活动。

自选小型分散器械游戏

①引导幼儿探索滑板的多种玩法或选择自制器械分区域活动。

②提醒易出汗幼儿及时脱衣、垫毛巾。

3. 结束部分。

放松运动：引导幼儿在温和的音乐节奏中相互整理，自然放松身体。

七、室内活动(10:30—11:00)

活动名称：

区角游戏。

活动目标：

1. 幼儿能利用色笔、一次性餐盘等进行花形装饰制作。

2. 幼儿协商分工收放使用过的材料，体验合作带来的成就感。

活动准备：

开放活动材料区、色笔、一次性餐盘、彩纸、糨糊。

活动过程：

1. 开始部分。

(1)引导幼儿回忆上次游戏中的玩得最精彩的区域和需要调整进步的地方。

师："上次的区角游戏中，你觉得哪个区的小朋友玩得最精彩，为什么?"

(2)引导幼儿表达自己的想法，自由选择要玩耍的区域。

师："你想好今天要去哪里玩了吗? 怎么玩?"

2. 幼儿自由选择区域进行游戏。

(1)引导美工区幼儿在一次性餐盘上先勾线，再用水彩笔进行涂色制作。

(2)重点指导幼儿协商进行材料分配使用和收放，必要时可使用"石头剪刀布"的办法来解决。

3. 游戏结束。

(1)引导同区幼儿协商分工进行材料收放。

(2)引导幼儿相互展示讨论，交流分工合作的诀窍和效果。

八、餐前活动(11:00—11:30)

活动目标：

1. 幼儿能有愉快、放松的进餐情绪。

2. 能主动与同伴合作游戏，体验合作的重要和快乐。

指导内容：

1. 引导幼儿自选穿线、图书、翻绳等安静游戏。

2. 引导幼儿与好友共玩材料。

九、午餐(11:30—12:00)

活动目标:

1. 幼儿能细嚼慢咽,不挑食。

2. 幼儿能保持桌面干净。

指导内容:

1. 引导幼儿用筷子夹菜直接送到嘴里进餐。

2. 引导幼儿餐后整理桌面残渣。

【案例研讨】

根据一日各环节对保教人员的要求,请具体评析以上不同年龄班的半日活动计划制订得怎样,为什么?

第三节　幼儿保育实习的实践与反思

拟好半日活动计划,保教人员在实施中不应随意改变,即背离活动的目标或内容。但如果客观情况有变化(比如天气、突发事件等),也不乏一定的灵活性,应将计划和生成相结合,关键是保证有相对稳定的生活制度,保教人员要有目标意识,活动内容与指导要紧扣目标。

一、一日生活各环节的实践与反思

(一)来园、晨间活动

1. 精神饱满,主动热情,让幼儿感到爱和安全感。

2. 与个别家长进行沟通、询问幼儿的情况要简短。

3. 发现幼儿有异样,马上与保健医生和家长联系。

4. 对有分离焦虑或有情绪问题的孩子要给予积极关注和有效地指导。

【案例研讨】

某教师日记摘选:2010 年 10 月 23 日早晨,我正忙着接待来园的孩子,4 岁的胡辛峰来了。他哭着对爸爸说:"爸爸,你天天来接我回家睡觉。"爸爸说:"不行,我得上班。""那爷爷接。""不行,爷爷走不动了。"胡辛峰拉着我的手:"老师,你抱抱我吧!我感冒了。"尽管忙,我还是把他搂在怀里。他两只小手紧紧地抱着我,把头贴在我的胸前。过了一会儿,他的情绪慢慢稳定了,说:"老师,放下我吧!我好了。"……

你觉得这位教师做得怎样,为什么?

(二)早操活动

1. 活动前确保录音机及磁带正常,场地、早操器械安全。

2. 开始指导幼儿出教室，要通过表扬注意力集中站得好的幼儿，带动注意力不太集中的幼儿，可用游戏的口吻快速将幼儿带到操场。比如，小班："现在老师要带宝宝们锻炼身体，我看谁像小花猫一样走得轻轻的，没有一点声音。"（带出来时老师用体态语鼓励幼儿）如果离操场比较远，还要上（下）楼梯，可以编一些儿歌，有助于有序、快速的到操场。再比如，中、大班："现在我们要出去做操，看谁最像解放军，走得整齐又有精神"（在走的过程中教师不断用语言和体态语鼓励孩子），还可以小结再指导做操。比如，大班："刚才我们班的小朋友都像解放军，走路特别有精神，真棒！我们的小解放军，现在开始做操吧。"

3. 做操过程中，教师始终面向全体幼儿，做到镜面示范，动作规范有力。要善于利用语言提示，动作示范，眼神、表情等激发和感染幼儿，使幼儿精神饱满，情绪愉快做操。保育员始终辅导个别幼儿，发现问题及时解决。大班可以请幼儿领操。

4. 做操结束，教师简单小结，并提出进活动室的要求。

5. 此环节注意：利用幼儿好动、好模仿、容易受暗示的特点，教师自身要动作规范，富有表现力和感染力；切忌只顾自己做操，把早操的动作做得像表演，柔有余而力不足。为了让幼儿有集体意识，提高幼儿队列看齐的能力，教师要善于根据不同年龄班进行指导。

【案例研讨】

小班做早操，老师在自由站位的基础上，想要达成幼儿排队站位的意识，老师在操场画横竖对齐的圆点。在需要幼儿排成队列时，老师："小脚踏起来，走、走、走，一二一，走、走、走，找个点点做朋友。"结果幼儿很快就排成了整齐的队列。

这个案例说明什么问题？类似的案例还有哪些？给你哪些启示？

(三)盥洗

1. 洗手开始提出本次洗手的具体要求。比如：（小班）幼儿能在老师的帮助下学会用正确的洗手方法洗手。（大班）（1）通过鼓励，幼儿能做到认真、干净地洗手；（2）斌斌和欣欣在老师的鼓励下洗手不玩水。

2. 洗手的过程，紧扣提出的要求进行指导。

比如，针对上面目标，（小班）指导语："宝宝们来洗手了，我们要用正确的洗手方法洗手。来，先长袖，变短袖（老师边说边帮助幼儿往上撸袖子），"等幼儿袖子都卷好，指导语："打开水龙头，冲冲手，抹肥皂，搓搓搓，手心搓，手背搓，手叉搓，搓干净，冲冲手，擦干小手我就走。"（老师通过儿歌辅助，再次帮助幼儿记住洗手的正确方法，达到幼儿能用正确的方法洗手的目的）指导语："今天我的宝宝们都把手洗干净了，红点点来找，小手洗干净的宝宝啦。"（教师用这种小班幼儿喜欢的方式给每个幼儿头上点了个红点，孩子们很高兴，同时强化了洗手良好习惯的养成）再比如，（大班）指导语："我请苹果组的先来洗手，请值日生作检查官，洗得认真又干净的朋友，在卫生明星一栏里可获得一面小五星。"老师根据值日生的检查结果把五星贴在卫生明星一栏里。（这个班正在强化洗手洗得认真干净这习惯）保育员此时对斌斌和欣欣两个幼儿进行个别指导,指导语:"今天斌斌和欣欣都特别认真,我看看洗干净没有?洗得真干净,赶快让值日生检查检查。"(用鼓励的方法,提高幼儿对洗手的专注力,让值日生再检查,避免孩子有时间玩水)保教人员在整个过程中紧扣目标既面向全体又针对个别差异进行指导。

3. 洗手环节结束时,符合要求的教师一定要给予正向激励(手段、方法多样化),做得不好的,教师提出以后注意事项。

4. 此环节注意对个别一贯不好好盥洗的幼儿,要观察分析原因,作为保教人员个别指导的对象,必要时进行家园联系,共同解决。如果是大多数幼儿都存在问题,教师可以生成有关洗手的系列健康教育活动。

(四)如厕

1. 开始指导幼儿有序解便,在规定的时间内,最好每个幼儿都解便。

2. 过程中给予不同发展水平幼儿具体的指导。小班要帮助幼儿脱裤、提裤子、用纸,中、大班只是帮助个别幼儿,不要让幼儿解便精神紧张,甚至造成幼儿"黄金不外流",容易形成幼儿便秘。

3. 结束时要指导幼儿洗手。小班要帮助幼儿把衣服扎到裤子里,中班请幼儿自己把衣服扎到裤子里,需要帮忙的小朋友,请告诉老师。大班自己把衣服扎到裤子里,教师要检查,防止幼儿腹部受凉。

4. 此环节要注意:一般幼儿有尿意,在活动中会突然停顿,四处张望;拉"臭臭"前,可能会放臭屁……保教人员要善于发现不同幼儿解便前表现特征,反应要快,即使幼儿解便在裤子上,也不宜责骂。

【案例研讨】

某班教师非常关注班上幼儿"拉臭臭"的情况,并且还做了一个记录表。当发现某个幼儿"臭臭"不太正常时,就会第一时间和保健医生、家长联系,并了解幼儿在家里的健康状况。

你认为老师有必要这样做吗,为什么?

(五)进餐

1. 饭前半小时指导幼儿玩安静游戏,游戏应多样化,中大班应充分利用班上的资源,让更多的幼儿有表现分享的机会。

2. 饭前15分钟组织幼儿有序洗手。要特别注意提醒幼儿洗手后不要到处乱摸。

可以利用幼儿好模仿、容易受暗示、从众等心理,通过报菜名等方法激发孩子们的食欲。比如,胡萝卜有的幼儿不太喜欢吃,老师可用的指导语:"哇,今天我们中午有道菜是胡萝卜烧肉,闻起来好香啊,胡萝卜吃了眼睛亮亮的,肉吃了身体壮壮的,小朋友都爱吃,快给每个小朋友盛上吧。"

小班正是自己学会独立进餐的时期,教师对能独立进餐的要表扬,给其他幼儿树立榜样,也让其感到自豪。对能力差的要适当地给予帮助。教师的指导语要生动形象。例如,要求:一手扶碗,一手拿调羹。指导语:"一只手和碗做朋友,另一只手和调羹做朋友. 轻轻扶住小碗，它就不会逃走了，用力拿住调羹，它就不会掉了。"再比如，要求：咽完最后一口饭才能离开座位。指导语："宝宝的嘴里没有一颗饭粒，真棒！（举起空碗向大家展示）他的小碗很干净，饭菜一点都不剩（其实是通过表扬做得好的，强化要求）。"

3. 进餐过程中严禁指责、批评、催促，影响幼儿食欲。针对幼儿边吃边玩、挑食、偏食等不良习惯要与家长联系，要整合其他活动进行纠正。

4. 进餐后一定指导幼儿养成漱口、擦嘴等好习惯。

5. 此环节要注意营造良好的氛围，保持幼儿愉快地进餐；催饭、批评绝对不可取。

【案例研讨】

中班幼儿上楼吃午餐时，欣欣小朋友和前面的小朋友发生碰撞，老师立即把欣欣拉出来，并让他反思自己对不对，一会等小朋友都吃饭了，老师也让欣欣吃，但欣欣情绪不高，饭也比平时吃得少。

讨论：你认为这位老师做得怎样？为什么？

（六）喝水

1. 为幼儿备好温开水，并激发幼儿喝水的愿望。例如："我们玩得口渴了，让我们喝点水，舒服舒服吧！""让我们喝点水吧，待会我们要唱歌、游戏，会口渴的。"

2. 喝水的过程中幼儿往往注意力不太集中，动作又不协调，因此要指导幼儿养成专心喝水的好习惯。

【案例研讨】

幼儿年龄越小注意力越不稳定，动作也不够协调，喝水时常常分心，把水洒出，怎么办？以下是教师针对不同年龄班幼儿喝水时的指导，你认为怎样？为什么？

A. 婴（小）班："杯子碰碰嘴，咕噜、咕噜喝下水。"对能力差的给予帮助。

B. 小班："一只手扶住杯身、一只手抓住杯子的耳朵，一口、一口地喝。""玲玲一只手扶住杯身、一只手抓住杯子的耳朵，一口、一口地喝水，真棒。"

中班："一只手托住杯底，一只手握住杯把，要慢慢喝，这样我们的嘴巴就不会干了。"

C. 大班："刚才我们活动量大，出了很多汗，所以，请小朋友们多喝点水。"

3. 喝水结束时，指导幼儿把杯子放到指定的位置，擦嘴回位。

4. 此环节要注意保证每个幼儿都能喝到足够的水。

【反思研讨】

最近，某小班家长向园长反映：孩子回家，小便总是很黄，是不是你们幼儿园不给我们孩子喝水！？园长找到班上的老师，希望她尽快解决这个问题。

班上的老师想了个办法，她在饮水机旁设计一个"你喝水了吗"的专题墙饰，每个孩子都有一个用透明塑料杯的二分之一做成的"杯子"，教师指导班上的孩子每喝一次水,就往"杯子"里放一个有颜色的吸管做标记,这样一来很直观地呈现了每个幼儿的喝水状况,幼儿自己在玩耍时,看到其他小朋友都有吸管,自己没有,就知道自己没有喝水,有助于得到提示,自己喝水,从而养成主动喝水的习惯,而当教师组织幼儿喝水时,每个孩子的喝水情况一目了然,也使自己的指导更加有针对性。

这个老师的办法怎样?为什么?给我们什么启示?

(七)睡眠

1. 开始督促所有幼儿都解便,然后根据幼儿的不同水平指导幼儿快速脱衣服上床睡觉。

【案例研讨】

班里有个小朋友,睡觉爱咬衣服的角角,为了矫正不良习惯,教师每次都自然地拉着这个孩子的小手讲故事,转移注意力,慢慢地幼儿的不良习惯消失了。

你认为老师的做法怎样?为什么?

2. 睡眠过程中教师要巡视,发现问题及时、得当地处理。

【反思研讨】

某一天孩子(中班)午睡时,李老师巡视发现,一个孩子呼吸急促,眼睛直盯着老师,老师马上意识到可能是异物入气管,马上打电话求助保健医生,同时赶紧用"背部挤压法"施救,结果孩子的嘴里吐出了一个拉链扣扣。由于李老师施救及时,方法得当,避免了惨剧发生。

这一案例说明什么问题,如何避免此类事件发生?

3. 起床的时候要指导幼儿自己穿衣服,小班表扬自己会穿的,帮助不会自己穿的,中、大班,教师就应鼓励幼儿自己穿,指导幼儿之间比看谁穿得又快又好,同时告诉幼儿,有需要帮助的可以请老师帮忙。大班的幼儿指导他们自己整理仪表,由老师和值日生一起检查。

【案例研讨】

某幼儿赖床,老师硬是把他弄起床后,他就在床边一直哭,一直吼,拉扯自己的衣服,想要继续睡觉,老师只是在一旁静静地看着他,等他宣泄自己的情绪,该幼儿见老师没有任何动静,情绪更加激动,于是老师说:"你这再这样下去,我就把你的行为录下来发给你妈妈看,你不要把你在家里的那一套带到幼儿园来,幼儿园是不会有人理你的。"

你认为教师的指导是否得当?如果是你,你怎么办?

4. 此环节要注意:活动量要充足;创设适宜的睡眠环境(光线、声音的控制等);对有尿床或不良习惯的幼儿要给予耐心的指导;对于个别不午睡的幼儿应表示理解,并引导其保持安静,不影响他人。

【反思研讨】

幼儿午睡时,教师发现总有各种不规范的姿势。

教师没有在组织幼儿睡觉时过多指正，而是通过家园联系，开展系列相关活动养成幼儿正确的姿势睡觉。比如：通过讲故事，以手偶表演形式，让幼儿形象的了解了各种动物的睡觉姿势，让幼儿进行动作模仿，以加深印象。在模仿的同时让幼儿思考一个问题：为什么每种动物的睡姿不同？再结合实际联系自己睡姿是否正确合理，从而很好地纠正了幼儿不良姿势。

教师的做法怎样？为什么？

(八)离园

1. 开始教师通过各种方法指导幼儿收好玩具，培养幼儿分离收拾以及整理的良好习惯。可以分不同的年龄班进行指导。比如，小班："今天宝宝们和玩具玩得真开心，宝宝们要回家了，让我们也把玩具送回家吧！"在小结的基础上，提出按分类的要求收拾玩具(中、大班)："请小朋友们把相同的玩具放在一起，看哪个小朋友收和又快又整齐"，在幼儿收整的过程中教师给予鼓励和支持。

2. 收整好玩具，指导幼儿整理自己的仪表和书包；组织幼儿安静游戏。

3. 和来接幼儿的家长进行有的放矢地沟通。和幼儿及家长有礼貌告别。

4. 此环节注意：善于将幼儿的某方面的进步和特别闪光点与家长分享；对个别幼儿某方面存在的问题要有技巧和策略的提出，耐心倾听家长的看法和意见，具体提出家园合作的具体内容，让家长感受到教师与家长一样关注孩子的健康成长。

一日生活活动实践应注意的问题主要有如下几点。

第一，建立良好的师师关系、师生关系、幼幼关系。

【反思研讨】

在实习的时候，我听到我们班的小朋友这样的话语"我最讨厌的就是幼儿园老师"。"我不想和你做朋友，因为我们中班的时候……"；班里还出现了"小团体"，除了那几个人他们都不怎么和其他小朋友一起玩。

1. 为什么幼儿会这样说？这样的师生关系，老师的要求孩子们会注意倾听和执行吗？怎样成为幼儿喜欢的老师？

2. 怎么让幼儿之间形成友好和谐的关系？

第二，保教人员分工明确、站位正确，配合默契。

教师在一日各个生活环节，是主要的组织者，从开始提要求到最后小结并衔接下一个活动都是教师完成，始终是面向全体。保育员则做好相关的准备工作，始终面向的是个别幼儿的指导。为了配合默契，保教人员要共同拟订计划，在指导过程中知道各自的任务和需要配合的具体内容。比如：在解便环节，哪些幼儿是教师重点指导，哪些幼儿是保育员重点指导，事前有相对的分工，这样有利于提高指导的效果。

第三，提出的要求要符合幼儿接受能力，要多用正强化法指导幼儿达到要求。

要充分利用幼儿的心理特点，考虑幼儿的理解能力，在活动开始时从正面提出要求，用肯定句，不用否定句。要求幼儿做到什么就提什么，每次要求不要多，指导要有侧重点。

【反思研讨】

老师在每次进行教育活动时，都会在活动前告诉幼儿活动应该做些什么，不应该做些什么，但很多时候，幼儿还是会不遵守老师交代的规则，他们经常根据自己的想法来，不听指挥，通常在这种情况下，老师会不停提醒幼儿该怎么做。

为什么会出现以上情况？怎样让幼儿能"听指挥"？

第四，活动结束小结后，要与下一个活动衔接，使活动组织环环相扣。

第五，各项活动、家园之间有机整合，培养幼儿良好习惯和自理、自立能力。

【课堂研讨】

1. 要培养幼儿的个性与创造性，因此应淡化对幼儿的常规要求。你认为此观点对吗？为什么？

2. 怎么让半日活动计划行之有效？

二、户外体育活动的实践与反思

户外体育活动是促进幼儿身心健康的重要和必要途径，幼儿园每天上、下午都有一次户外体育活动，实习生主要通过见习，初步尝试，户外体育活动对幼儿的保育。

(一)户外体育活动方案的拟订

1. 活动目标。

2. 活动准备。

3. 活动重点。

4. 活动难点。

5. 活动指导。

(1)开始部分：热身运动。

(2)基本部分：集体游戏1～2个；自选体育器械个别玩耍，教师适时指导。

(3)结束部分：放松、整理活动，小结。

(4)活动反思。

(二)户外体育活动实践与反思案例

案例1：感觉统合体育游戏——小猫咪送糖果(中班)

四川大学第一幼儿园　杨敏杰

活动背景

首先，本次活动是在初探"中班幼儿感觉统合游戏材料的开发与实践"的大背景下，我园中班教研组利用奶粉桶和凹凸垫(利用按摩球拼接缝制而成的垫子)设计出了两种感统训练材料，根据材料的特点我进行了这一次的体育游戏的设计。体育游戏"小猫咪送糖果"主要通过凹凸垫和奶粉桶桥这两种材料来促进幼儿的感统能力的发展。

其次，是以中班幼儿的身心发展特点为依据，从幼儿兴趣点出发，孩子非常喜欢情景化的游戏，只要赋予他们一个角色他们便能深入其中，要使用按摩球并要将按摩球贯穿到游戏中所以和幼儿一起讨论选出了"小猫"这个动物并利用了小猫送糖果这一情景。如：从准备运动开始小猫们得到了许多糖果并要把糖果送给森林里的小动物，去森林可是要经过山洞、小桥和滚山坡等。因此需要小猫们先练习一下本领再去送糖果，为后面手持按摩球过障碍打下基础。

另外，我为了减少幼儿等待的时间，因此将"小猫"们分成了两个组分别从相反的一边进行鱼贯式的游戏。之前中班教研组设计了几个游戏，我根据班上幼儿的实际发展水平情况，我对之前的游戏进行了方案研习。

活动目标

1. 通过在凹凸垫上进行爬、滚、钻等动作的练习，促进身体协调性的发展，提高幼儿的感觉统合能力。

2. 幼儿能勇敢通过障碍，体验游戏的乐趣。

活动准备

1. 活动材料准备：凹凸垫、体操垫、梯子、奶粉桶、铁架、按摩球，平衡圆两个大龙球、音乐、塑料筐。

2. 幼儿经验准备：已尝试过在凹凸垫上，奶粉桶桥上玩耍并知道一些玩法。

活动过程

1. 准备活动——糖果热身操。

教师："小猫咪们，今天我发现了好多糖果，要请小猫咪们把糖果送给森林里其他的小动物，在去森林之前，我们得先练练本领！"

幼儿——大部分能在老师的带领下，听音乐节奏积极参与准备活动。

2. 集体游戏——送糖果。

(1) 练本领。

教师："我们去森林送糖果可不容易哦，要钻山洞、过小桥、滚山坡，所以得先练练本领才能出发。"

幼儿——分为红、黄两队，根据游戏布置的路径分两个方向进行循环练习。

注：幼儿能很自然地投入到游戏当中。因为是分两组进行鱼贯式的练习，所以必须是与配教老师分别在不同的位置以情景化的形式对幼儿进行指导。

教师——重点观察指导幼儿在凹凸垫上爬、滚动作。

(2) 送糖果(按摩球)。

教师："小猫咪们真棒，都练地非常好，下面我们准备去森林送糖果啦！每队的小猫咪送的糖果要送到自己的框里。看清楚自己是什么颜色的队伍，千万不要送错了。每只小猫咪送一个糖果，小猫咪们先去排队。好！现在听到哨声以后开始！"

幼儿——有序排队并能积极参与游戏，大部分幼儿能很好地遵守游戏规则，黄队拿黄队框里的糖果，红队拿红队框里的糖果，并送到相应颜色框里。个别幼儿在滚小山坡时需要老师的帮助。

教师——重点指导幼儿在凹凸垫上进行爬、滚、钻等动作，以及在奶粉桶上的行走，并鼓励幼儿大胆勇敢通过障碍。

（3）分糖果。

教师："哇！小猫咪们真是太勇敢了，接下来我们要把这些糖果拿去和小动物们分享！

教师——将阳光隧道变成大的凹凸垫，引导幼儿躺在上面传糖果。

幼儿——很感兴趣，能有序躺在大凹凸垫上进行传糖果（将刚刚送的糖果通过左右接传的方式将糖果分享给小动物们）。

3. 整理放松——奖励大糖果。

教师："今天小猫们都辛苦了，我这里有一个又大又好吃的大糖果，要和你们一起分享。"

教师——播放休息音乐，教师用大龙球在小朋友身上轻柔地进行来回滚动按摩，帮助小朋友们放松身体。

幼儿——大部分幼儿很安静地闭着眼睛，期待老师将大龙球滚在自己的身体上，幼儿会主动翻身享受按摩达到身体的放松。

活动分析与反思

幼儿参与本次活动的积极性高，充满了欢声笑语，能够明显看出幼儿非常喜欢《小猫咪送糖果》这一游戏。反思成功的原因，有以下几点。

1. 提前熟悉材料。

在新的游戏活动中为了避免幼儿会没有兴趣，往往很多时候会为了保留幼儿的兴趣考虑在活动当天提供新材料让幼儿游戏。即使幼儿对某种类似材料有了一定的经验，但是一旦小小变化材料的用法就可能导致幼儿不知所措。

因此，在活动中出现较新的游戏材料必须要让幼儿提前熟悉。不仅可以让他们先自由探索材料的各种玩法，而且便于老师能更好地了解幼儿的游戏情况，反而能设计出有价值的活动让幼儿能更好地得到锻炼，从而达到锻炼目标。

2. 提前练习动作。

这次活动中投放的是凹凸垫，不仅是让幼儿在凹凸垫上进行侧身滚，还要让幼儿在有一定倾斜度的凹凸垫上进行侧身滚。其实凹凸垫和以往练习时使用的体操垫是有所区别的，凹凸垫是用了很多按摩球拼接而成的，其表面凹凸不平。幼儿在上面进行侧身滚是很有阻力的。相反平时使用的体操垫表面是平的，幼儿就能很快掌握侧身滚的动作要领。

虽然幼儿在平铺的体操垫和凹凸垫有了一定的侧身滚动作的经验，但是当材料加大难度以后，往往会出现幼儿不敢、不会、不知道怎么做的情况，为了避免幼儿出现这样的情况，所以在活动中出现的新材料一定要提前练习相关的动作要领。

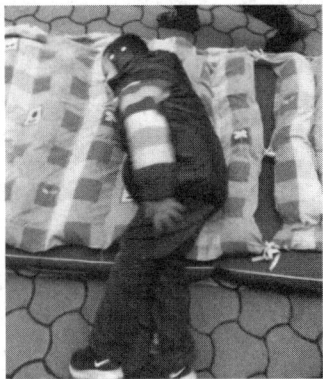

图 4-2　凹凸垫上侧身滚

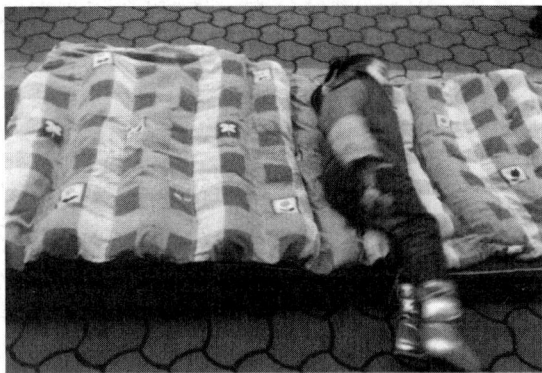

图 4-3　斜坡凹凸垫上侧身滚

3. 尊重幼儿落到实处。

（1）游戏情节来源于幼儿。

本次游戏活动设计上是符合中班幼儿年龄特点的，有角色的扮演以及丰富的游戏情节，大大增加幼儿参与游戏的兴趣。本次游戏情景主题是来源于幼儿，在小朋友使用游戏材料后，小朋友们一起讨论出来游戏中使用角色为小猫咪，利用小朋友对按摩球这一材料的形象想象，巧妙地将按摩球设计成糖果。再根据路径障碍贯穿整个游戏情景，让孩子们在自己设计的情景中进行情景游戏，参与活动的兴趣很高，能在游戏中得到身心的满足。

（2）做好师幼互动。

教师要真正做到"把幼儿放在第一位"，这样教师的引导、鼓励、参与与支持才能得到幼儿的积极回应，并唤起幼儿与教师互动的主动性。本次游戏中有两名老师都扮演角色，对师幼互动起到很大作用。

首先，为了游戏更好地开展，教师负责班上幼儿的安全。

其次，在指导幼儿的动作练习的同时还可以帮助鼓励胆子小能力弱的幼儿。

最后，因为是分两组进行鱼贯式的练习，所以两个老师分别在不同的位置以情景化的形式对幼儿进行指导。幼儿很自然、很高兴地就投入到游戏当中了。

4. 材料应有层次。

游戏中的障碍凹凸垫，设计成两种层次：第一种是在平地上投放凹凸垫；第二种是利用体操垫设计出有一定坡度的凹凸垫。充分利用材料投放的层次性来满足发展水平不同的幼儿。总之，整个活动中幼儿都能够情绪愉快地参加游戏并得到了锻炼。

案例 2：户外感觉统合体育游戏——赛龙舟（大班）

四川大学第一幼儿园　王　晋　张伶玉

设计意图

自从我们把感觉统合相关的专业材料运用到了幼儿园常态化的体育活动中后，孩子们对这些新颖的材料产生了强烈的兴趣。用幼儿感兴趣的方式促进其前庭觉的发展，幼儿进入大班阶段，在每个节日来临的时候我们都会对节日进行介绍，恰逢端午节即将来临，孩子们对端午节要进行的吃粽子划龙舟非常感兴趣，我们以此为游戏情景，让孩子们在熟悉而又快乐的游戏情景中学会主动调整运动方式与同伴合作。

活动目标

1. 幼儿能在俯冲过程中快速准确地推开障碍物，促进前庭觉发展。

2. 幼儿能主动调整运动方式，与同伴合作完成任务，体验游戏的快乐。

重点：俯冲过程中快速准确地推开障碍物

难点：主动调整运动方式，与同伴合作完成任务

活动准备

滑板滑梯、滑板、单杠、羊角球、长凳、彩布、龙头。

活动过程

1. 开始部分。

(1)热身活动：师幼随《划龙舟》音乐做滑板操。

师："孩子们，又到了一年一度的端午节，让我们将手中滑板变成一只只小船，在大江大河里畅游吧！"

(2)游戏"最长最长的龙舟"。

师："孩子们，让我们用手中的龙船去找好朋友的龙船拼在一起，看谁找的朋友多，可以拼一只最长最长的龙舟在大河里划龙舟。"

幼儿自由寻找伙伴拼龙舟，并复习双脚蹬地滑行的动作。

2. 基本部分。

(1)分组练习穿越障碍。

①引导幼儿探索取龙舟的路上遇到的障碍，手用力地把羊角球和彩布掀起来。

师：孩子们，今天咱们要造一支漂亮的龙舟，待会儿我们要穿越前面的障碍，通往最后一关将龙舟取到，大家再齐心协力划回来！在取龙舟的路上会遇到很多的困难，我们先来分组练习。前面有四组滑梯，俯冲下去之后分别有羊角球和彩布，我们要练习趴地推开羊角球和彩布才能取得最终的胜利！

②引导幼儿连续练习穿越整组障碍。

师：刚才我们小朋友已经分组练习了趴地推布和趴地推球，现在我们要连续的穿越两组障碍，抵达最终取龙舟的地方。

(2)游戏"端午划龙舟"。

①引导第一名抵达终点的幼儿举起龙头，后面幼儿陆续举起龙身直到最后一名幼儿举起龙尾，大家一起双脚蹬地滑行回到原点。

师：刚才咱们练习好了各种的本领，大家都很不错！现在我们就要去进行端午划龙舟比赛了！先抵达终点的朋友将龙头举起来等后面的队员，大家组成了龙舟之后就一起双脚用力往下蹬地滑行返回，先回到原点的队伍取得胜利！现在出发！

②再次进行游戏。

师：刚才我们比赛大家都很卖力！这次老师希望胜利那组的小朋友可以到终点去采青！

3. 结束部分。

(1)一边听着音乐《划龙舟》一边做放松运动，重点轻拍上肢下肢进行放松。

(2)指导幼儿自己擦汗跟随教师回教室喝水。

活动反思

1. 活动前的思考。

(1)结合大班幼儿年龄特点和运动能力设计内容。

大班幼儿的年龄特点是喜欢刺激与富有挑战的游戏，我们的孩子们已经非常熟悉使用滑板俯冲，爬地滑行等动作。但对于集合数个小朋友一起组合成队伍进行滑行从未有尝试。我们设计此环节一方面不仅为激发幼儿游戏的兴趣，更为了促进他们在合作中主动调整自己的运动方式；还有另一方面的考虑，在中班有了合作意识之后，大班更加强调的是合作能力的培养，组合成滑板队伍对幼儿的合作能力是一种严峻的考验，因为只要其中段落一截，都有可能竞赛失败。在提高前庭觉的能力之上，抓住幼儿的兴趣，也能提高幼儿的合作能力是我们的初衷。

(2)选择有趣、实用的活动材料。

我们在两组滑梯前均安放了单杠，第一组滑梯前得单杠上挂了布，为阻挡俯冲下滑梯的幼儿视线，刺激幼儿的兴趣，促进前庭觉的发展。第二组滑梯前单杠上悬挂了大龙球，促使俯冲下滑板的幼儿进行爬地推球动作，促进前庭觉发展。兴趣始终是幼儿参与活动的前提，在材料的布置上面增加一定的神秘感，刺激感会有效提高幼儿的参与兴趣。

(3)选择与活动内容相符合的故事情境与背景音乐。

幼儿在奥尔夫音乐《划龙舟》的音乐声中进行热身活动，随音乐进行组合滑行。以《端午划龙舟》的故事贯穿整个游戏。幼儿在与游戏情境相融合的音乐气氛中能更加投入地进行活动。

2. 活动中的策略。

(1)创设游戏情境，激发幼儿参与体育活动的兴趣。

本活动是以"端午划龙舟"为主线。从"造龙舟练习"开始，到穿越障碍，找到龙舟，组合成龙舟，划龙舟归来，幼儿在情境中不知不觉地练习了基本动作，达到了调整运动方式及有效合作的目的。游戏情境的设置有助于提高幼儿在活动中的坚持性，不断有新的刺激就不断有新的挑战，如果仅仅是枯燥的不断进行练习，估计许多幼儿参加不完一次就放弃了。

(2)选择合适的组织形式，安排合理的练习密度。

在该活动中，我们采用了"分散，集中，再分散，再集中"这种交替、循环的教学形式，使幼儿的练习机会增多，练习密度加大，有利于发挥幼儿的主动性，积极性，创造性。在"散"中减少幼儿等待的时间，在"合"中体现教师的主导作用，动静交替，使幼儿达到合理的练习密度。

(3)以"同伴互助"的方式，采取经验共享，达到合作的效果。

在活动过程中，教师采用摄像，拍照等形式，将组队成功的幼儿拍下来，邀请他们介绍经验，共同探讨！鼓励未成功的幼儿吸取经验，达到有效地合作效果。这也是最难的一个环节，在首次游戏的过程中，幼儿不断地尝试组成最长的龙舟，但是不断地失败。经过多次的努力，孩子们找到了喊口令的方式，整齐划一的组成了龙舟队，成功的挑战了游戏的全过程。

3. 活动后的反思。

在整个充满趣味性情境的活动结束后，幼儿的情绪依然在一个亢奋点上，事实说明了充满情境性，刺激性的环节设置是成功的．在多次以游戏的方式对前庭觉的发展进行的练习也得到了有效地训练。另外其中最锻炼幼儿协作能力的组龙舟过程，在游戏过程当中曾出现过一些不协调的时候，就是幼儿始终无法持续的组成长队进行爬行，但是后来在教师的提示下迅速找到了用口令整齐划一的方式进行游戏，再次挑战成功。

【案例研讨】

1. 以上两个户外体育活动案例，是完整的户外体育活动的内容吗？
2. 你认为以上两个老师的体育游戏设计与指导如何？为什么？

(三)组织户外体育活动应注意的问题

1. 场地，体育器械安全。音响设备到位。
2. 活动量强度应适度，活动中对体强和体弱儿童指导有区别。
3. 避免比赛只为胜负，忽略动作练习和规范性。

幼儿喜欢比赛争第一，尤其是大班幼儿，但在学习新动作之初不宜开展竞赛，幼儿往往为争第一名，忽视动作的规范性，即使比赛教师一定要强化幼儿的规则意识和动作的规范性。

4. 游戏多样化，要多变新颖，给幼儿自主玩耍的空间。

【自我反思】

"给我留下最深刻印象的是星期三下午都有一个帅气的哥哥组织户外体育活动，他很会组织幼儿，即使平时在班上闹腾的孩子也会在他的组织下认真的上课，他所组织的体育活动都是很新颖的，幼儿都很感兴趣，在组织过程中，他做到了开展活动多样性，如走、跑、跳、爬等，或者将它们整合起来，鼓励幼儿努力去完成，并做到了动静交替，孩子在活动中情绪特别高潮的时候，他就会让孩子们在轻松的游戏氛围中休息。"

在你的实习经历中有这样的经验或经历吗？你认为怎样组织户外体育活动，才能让幼儿玩得开心，达到预期目标？

5. 提供有可以发挥幼儿想象的游戏和材料，鼓励幼儿一物多玩，玩出自己的花样，体验户外体育活动的乐趣。

6. 要善于发现幼儿在活动中表现的可贵品质，在活动小结时给予鼓励，以培养幼儿良好的个性品质。

针对幼儿在游戏中表现出的争执、纠纷；互帮互助；大胆想象出多种玩法；克服困难终于达到游戏的要求等，教师不能视而不理，而要善于捕捉、发现并给予针对性的指导，在活动中发展幼儿的合作、分享、谦让、互助、勇敢、不怕困难等良好个性品质。

【案例研讨】

在一次体育活动中，班上有一名幼儿在走平衡木的时候，很胆怯，他不敢迈出步子，一直站在平衡木上面，当他注意到前面的小朋友都过去了，才唯唯诺诺地慢步走起来，后面又有小朋友走上来，走的速度很快，他自己的速度比较慢，在这种情况下，他开始加快了速度，战胜了困难。在活动中和结束时，教师都没有给予这个幼儿肯定和鼓励。

你认为以上案例说明什么问题？怎样避免此问题的发生？

【案例研讨】

有一天，两个小朋友为了一点小事发生争执，然后开始打对方，过后两个人哭着到老师那里去告状，老师看到这种情况并没有生气，她开始问两个小朋友原因，两个小朋友把事情告诉了老师，老师听完后并没有批评他们，而是问他们你们为了这个事吵架对吗？两个幼儿听到以后还在为自己正确与否辩解，然后老师又问他们，你们为了这个事打对方对吗？两个幼儿听到以后并没有马上回答，而是低头不好意思地说，不对！然后老师让他们互相给对方道歉，两个幼儿很不好意思地给对方道了歉，然后又和好了。

你认为这位老师的处理方式怎样？为什么？

三、游戏、区(角)活动的实践与反思

【思考】

1. 角色游戏和区(角)活动有什么相同点和不同点？
2. 为什么班级角色游戏、区角活动的创设必须从幼儿的兴趣和发展水平出发？
3. 你认为所在实习班，角色游戏与区(角)开展得怎样？为什么？

(一)角色游戏、区(角)活动方案的拟订

1. 活动目标。
2. 角色游戏和区(角)活动名称。
3. 环境创设。
4. 活动指导重点。
5. 活动反思。

(二)角色游戏、区(角)活动指导应注意的问题

1. 紧扣活动目标，提供充足的游戏、区(角)活动的材料和充足的时间。
2. 充分尊重幼儿的兴趣和意愿，给幼儿自主选择权。

3. 学会观察，以游戏口吻或玩伴的身份适时给予指导。

4. 学会观察、了解幼儿在游戏区（角）活动中的兴趣、爱好、发展水平，作为预设其他活动的依据。

5. 每次指导有一定的侧重点。

6. 在作活动总结时，一定要简明但不匆忙，要具体以鼓励为主，保留幼儿活动的兴趣。

【反思研讨】

1. 你认为所在实习班，角色游戏与区（角）活动开展得怎样？为什么？

2. 你自己在角色游戏与区（角）活动中组织与指导怎样？为什么？

四、常见疾病和传染病的预防措施的实践与反思

在幼儿园常见疾病和传染病的预防往往是通过系统的、整体的治理实现的，在此主要是从保育工作者为主的角度，列出几项最基本的常见疾病和传染病的预防措施。

（一）日常观察，发现问题及时解决

【案例研讨】

在早操活动中，老师发现，果果脸色苍白，有点冒汗，立刻让果果停下来，经询问家长，才知家长以为孩子在幼儿园吃早餐，所以就只给孩子吃了一块小蛋糕，来园时老师问果果，果果说吃了早饭，老师就让果果进区角活动了。原来是家园缺乏沟通，老师马上给果果吃了点早点。

1. 这位教师做得如何？为什么？

2. 你还可以从哪些方面捕捉，及早发现幼儿疾病或传染病的信号？

（二）定时开窗通风及空气的消毒

【反思研讨】

1. 你实习所在班，定时通风及空气消毒做得怎样？为什么？

2. 你认为怎么做可以确保为幼儿提供一个空气清新的环境？

（三）毛巾、口杯等用具的消毒

【反思研讨】

1. 你实习所在班，毛巾、口杯消毒做得怎样？为什么？

2. 你认为怎么做可以确保毛巾、口杯的消毒效果？

（四）进餐环节的消毒

【案例研讨】

某同学做副教，进餐环节为幼儿消毒餐桌，她是这样做的：先用消洗灵配置成0.3%的消毒水，再将一条擦桌布浸湿，拧干，擦六张"餐桌"。然后换成清水清洗擦

桌布，再次擦六张"餐桌"，餐桌的消毒完毕。

　　1. 这位同学餐桌消毒做得怎样？为什么？

　　2. 怎么确保达到餐桌消毒的要求？

(五)玩具的消毒

【反思研讨】

　　1. 你所在实习班，玩具消毒都用了哪些方法，你觉得做得如何？为什么？

　　2. 你自己在玩具消毒过程中感到比较困惑的是什么？应如何解决？

(六)被褥的消毒

【反思研讨】

　　你所在实习班，是怎样对被褥进行消毒的？

五、常见意外事故处理的反思与实践

　　由于各种原因，幼儿在活动中难免会出现意外事故，因此，在实习中如果发生意外事故，应具有处理的能力，将意外伤害降到最低。

【自我反思】

　　1. 活动中，幼儿鞋带散了，走路的时候踩在脚底下绊倒了，肘部正碰到台阶边缘，造成骨折。怎么办？

　　2. 幼儿走在湿漉漉的水磨石地面上滑倒摔伤了，怎么办？

　　3. 天气太热，户外活动时，玲玲出现晕厥，怎么办？

　　4. 户外活动中，异物进入小朋友的眼睛，怎么办？

　　5. 游戏中，幼儿发生打架行为，导致幼儿鼻出血，怎么办？

　　你在实习中遇到过以上意外事故吗，你处理得如何？为什么？我们需要加强哪方面的应急训练？

　　　　*　　*　　*　　*　　*　　*　　*　　*

📖 要点回顾

　　保育实习，是学生第一次将所学的为什么对幼儿保育、应树立怎样的保育观及怎么做的理论付诸实践，保育实习并非只是对幼儿一日生活的照顾，而是在一日各项活动对幼儿实施的生理和心理的全面的保护与教育，不管是哪种类型的幼儿园，尽管幼儿教育的特色不尽相同，但幼儿园教育的目标应殊途同归，都必须以幼儿为本，遵循保教合一的原则。

　　在保育实践中要树立理论联系实际的意识，通过看、思、做熟悉并掌握幼儿园一日活动各项保育内容和要求，对现实中幼儿园保育工作要逐渐学会理性的分析，辨别其中的真伪、对错，善于学其所长，补其所短；在保育实践中要针对不同的教育情境具体问题，具体分析，因地制宜地运用所学保育理论知识和技能。关键是在实践中有意识将保育观、知识和技能切实落实于具体的保育行为上，善于发现问题、尝试用理论指导实践，并乐意通过实践—反思—再实践—再反思，不断提高自己的专业能力，并为今后的学习提供丰富的感性经验，为进一步地学习专业知识和提高专业技能奠定基础。

关键术语

保育；保育观；保育实习；幼儿一日生活；幼儿一日各环节保育要求。

成长档案

1. 通过收集不同类型幼儿园的一日活动的保育要求，进一步拓展制订幼儿一日活动保育计划的思路。

2. 在见习中，对教师、保育员的主要职责及其在实施中的具体语言和行为，有重点地进行记录和评析。

3. 按照幼儿园一日活动中对教师或保育员的要求，写出自己的半日活动计划并熟悉每个环节的组织，进行实践和自我评析。

4. 对自己开始实习和实习结束时的半日活动方案进行比较，对仍然存在的问题进行反思和探究。

5. 将规范、专业的半日活动计划作为自己的实习成果记入保育实习手册。

资源链接

1. 祝红. 幼儿卫生与保健. 武汉：武汉华中大学出版社，2012.

2. 史慧静. 学前儿童卫生与保育. 上海：复旦大学出版社，2013.

3. 张丹丹. 幼儿教师的保育观要与时俱进[J]. 江苏高教. 2014(4).

4. 张丹丹. 学前儿童健康教育与游戏活动开发. 北京：中国书籍出版社. 2014.

5. 秋月枫幼儿园. 幼儿园一日活动中教师、保育员工作规范和操作要点的实践研究. 2012.

6. 中华人民共和国教育部. 幼儿园教育指导纲要(试行). 2001年7月教育部印发.

7. 吴伟俊. 幼儿园保育工作中存在的问题及对策[J]. 山东教育，2003，36(5).

单元五　教育实习：游戏活动

单元要点

本单元旨在介绍游戏活动实习的目的意义和组织方式。明确组织游戏活动应具备的观念，了解组织游戏活动应具备的基本知识，帮助学习者掌握组织游戏活动的基本技能，在了解游戏活动实习的实践任务清单的基础上，形成游戏活动的实践反思的策略和技巧。

本单元的内容可概括为如下六个部分：

1. 游戏活动实习的目的意义和组织方式；
2. 组织游戏活动应具备的观念；
3. 组织游戏活动应具备的基本知识；
4. 组织游戏活动应具备的基本技能；
5. 游戏活动实习的实践任务清单；
6. 游戏活动实习的反思性实践。

学习目标

通过本单元的学习，学习者应该达到以下目标：

1. 形成科学合理的儿童观、教师观和教育观；
2. 了解游戏及游戏活动组织的相关知识；
3. 具有反思和完善游戏活动组织的能力。

第一节　游戏活动实习的目的、意义

一、游戏活动实习的目的

第一，理解《幼儿园教育指导纲要（试行）》指出的幼儿园"以游戏为基本活动"的教育原则。

第二，能根据幼儿游戏活动，创设幼儿园游戏环境。

第三，熟悉各类游戏的特点，在科学的游戏观指导下，设计和组织幼儿园游戏活动。

第四，能对幼儿游戏活动的组织进行分析和反思，更好地实现幼儿游戏活动的价值。

二、游戏活动实习的意义

通过游戏活动实习，学生能明确游戏对幼儿发展的价值，在游戏中初步按《幼儿园工作规程》及《幼儿园教育指导纲要（试行）》精神对幼儿实施体、智、德、美全面发展的教育，促进幼儿情感、态度、能力、知识等方面的发展；学生在幼儿园领导和教师的指导下，熟悉幼儿，全面了解幼儿园的各类游戏特点，学会设计和组织各类游戏活动；能运用相关理论实事求是地分析幼儿游戏现象和问题，开展各类游戏活动，学习撰写游戏观察记录和游戏活动方案，并且通过实践和反思，提高幼儿游戏活动组织实效；了解幼教改革新动态，更好地贯彻《幼儿园教育指导纲要（试行）》和《3～6岁儿童学习与发展指南》。

第二节　组织游戏活动应具备的观念

一、游戏观

陈鹤琴先生认为"游戏是儿童的生命"，可以给小孩子快乐、经验、学识、思想和健康，它具有重要的教育价值，应该成为儿童教育的主要方式。美国心理学家埃里克森的理论指出，幼儿期的学习更多的是一种非正规的学习，幼儿更乐意按照自己的意愿去行动，因此，他们的学习大多发生在自发的活动和游戏中。

当前，幼儿教师应充分认识到游戏的教育价值，以游戏活动为主要方式，促进幼儿的发展。

二、儿童观

教师在指导游戏的过程中需要科学的儿童观。儿童观是成人看待儿童的观点的总和。现代儿童观认为：儿童是与成人平等的、独立的、发展中的个体，社会应当保障他们的生存和发展，应当尊重他们的人格尊严和权力，尊重他们的发展特点和规律，尊重他们的能力和个性，应当为他们创造参与社会生活的机会。因此，教师在与幼儿交往的过程中，需要平等对待每一位幼儿；充分尊重幼儿的意愿，按照"六个自由"的原则组织游戏，即尊重幼儿选择主题的自由、尊重幼儿选择同伴的自由、尊重幼儿选择情节的自由、尊重幼儿选择玩具的自由、尊重幼儿选择角色的自由、尊重幼儿讲评自己的游戏的自由。

三、教育观

现代教育观认为，教育应当充分尊重人的主动积极的精神，教育应当适合每个儿童，它具有民主性、多样性、开放性。教师在指导游戏时应从幼儿出发，避免单调、枯燥的游戏，避免教师的过多干预，以幼儿为主体来展开游戏。

第三节　组织游戏活动应具备的基本知识

一、游戏的基本概念

游戏是幼儿最喜爱的活动，是幼儿生活的主要内容。游戏是幼儿对生长的适应，符合幼儿身心发展的特点。游戏是幼儿的自发学习。《幼儿园工作规程》《幼儿园教育指导纲要(试行)》都指出，游戏是幼儿的基本活动，幼儿园应该将游戏作为基本活动。游戏对于幼儿不仅仅是一种娱乐，更是一种主动、积极的学习方式。

二、幼儿游戏的特点

(一)游戏是幼儿自愿、自主的活动

幼儿游戏是出于自己的兴趣，游戏中幼儿自由地活动，游戏的材料、内容、形式、开始、结束等都由幼儿自己掌握。

(二)游戏的趣味性

游戏是一种娱乐活动，趣味性是游戏的必要条件。对于幼儿来说，游戏因为具有趣味性，才会吸引幼儿主动参加。

(三)游戏的虚拟性

游戏是幼儿在"假想"的情境中，进行象征性的表现，对现实的生活赋予了自己的理解。比如，幼儿拿着圆环当做汽车的方向盘，戴着大檐帽假装成警察等。

(四)游戏的社会性

幼儿不是天生会玩游戏，当他们的身体和心理发展到一定水平，积累了一定的经验，才会游戏。地域、文化、习俗及人际关系都会影响幼儿的游戏。所以，幼儿的游戏具有社会性。

三、游戏的种类

根据不同的分类标准，有以下几种游戏的分类(参见表 5-1)。

表 5-1　幼儿游戏分类情况

分类的依据(标准)	类别
认知发展(皮亚杰)	感觉运动游戏，象征性游戏，结构游戏，规则游戏
社会性发展(帕顿)	偶然的行为，旁观，独自游戏，平等游戏、联合游戏、合作游戏
幼儿和教师的作用与地位	创造性游戏(包括角色游戏、结构游戏、表演游戏等)，规则游戏或称教学游戏(包括体育游戏、音乐游戏、智力游戏等)
游戏的性质(华爱华)	本体性游戏、手段性游戏

(一)角色游戏

角色游戏也称为"象征性"游戏，属于创造性游戏的一种。幼儿通过扮演角色，用语言、动作、表情等反映个人对生活的认识。

根据国内外的研究，角色游戏的特点可以概括如下。

1. 对角色的扮演

幼儿在游戏中扮演某一假想的角色。幼儿借助材料、动作、语言，以假想的方式扮演角色，反映社会生活。角色是游戏的中心。

2. 对物品的假想

在角色游戏中，幼儿常用一种物品代替另一种。如用纸团当点心，用盒子当帽子等。即通过实物提示，引起联想。

3. 对游戏动作和情景的假想

幼儿是借助动作、语言来扮演角色的。语言和动作可以表现假想的游戏情节，从而表达自己的认识和情感，并使游戏不断发展。

(二)结构游戏

结构游戏是幼儿运用各种结构材料(积木、积竹、积塑、金属、沙、土等)动手进行造型活动，反映现实生活的游戏。

根据国内外的研究，结构游戏的特点可以概括如下。

1. 是一种素材玩具游戏

结构游戏材料是由结构元件组成，在游戏前这些材料本身是没有意义的，通过儿童的操作，赋予了这些材料一定的意义。

2. 是一种操作构造活动

结构游戏的要领是动手操作，建构技巧非常重要，它要求幼儿借助空间想象力将材料排列组合，完成构造活动。

3. 是一种空间知觉和象征能力的体现，是造型艺术活动

结构游戏不仅需要一定的操作技能还需要空间知觉能力，以及想象力为基础的象征能力和一定的审美艺术水平。

(三)表演游戏

表演游戏是幼儿根据文艺作品，进行创造性表演的游戏。

根据国内外的研究，结构游戏的特点可以概括如下。

1. 结构性

表演游戏是"根据文艺作品内容"进行的游戏，因此它具有一定的文学作品的规范，也就表现出了它的结构性。

2. 兼具表演性和游戏性

表演游戏既是在表演中游戏，也是在游戏中表演，因此，它具有两种活动的特点。

3. 创造性

幼儿在进行表演游戏时，可以发挥充分的想象和创造，所以，表演游戏是具有创造性的活动。

(四)规则游戏

规则游戏是指为实现教育、教学目的，创编的有规则的游戏。包括智力游戏、音乐游戏和体育游戏等。

根据国内外的研究，规则游戏的特点可以概括如下。

1. 竞争性

幼儿参与规则游戏的过程，也是关注游戏结果，彼此竞争的过程。

2. 规则是游戏的前提条件

参与游戏者须按照传递下来的游戏规则或事先达成的协议进行游戏。

四、游戏对幼儿发展的价值

(一)发展幼儿的认知能力

认知能力是儿童心理品质的重要组成部分，包括感知觉、记忆、思维、想象、语言等方面。研究表明，象征性游戏能提高幼儿的智商，促进幼儿解决问题的能力。游戏过程中幼儿用眼、耳、鼻、口、手等多种感觉器官与事物相互作用，使感知觉得到了发展；幼儿要顺利地展开游戏，需要记忆很多词汇、事物、动作等，记忆力自然地得到了提高；幼儿的游戏不仅是对现实生活的简单模仿，而是对已有经验的重新组合和构思，促进了思维力和创造力的发展；游戏过程中幼儿运用游戏材料"以物代物""一物多玩"可以充分激发幼儿的想象力；此外，游戏更是发展幼儿语言的重要途径，游戏为幼儿提供了练习语言、学习语言的机会。

(二)发展幼儿的社会性

游戏一般都制订了游戏规则，幼儿可从中受到社会规范意识和伦理精神的最初启蒙。幼儿时期需要适应集体生活，积极的学习和遵守规则，教师采用游戏的形式，避免了枯燥的训练，幼儿可以在愉快的氛围中养成良好的习惯。

(三)增强幼儿的体能

游戏可使幼儿身体的各部分得到锻炼，促进血液循环和呼吸系统，加强神经系统的功能，使幼儿身心健康。

(四)培养审美意识

幼儿的游戏反映了生活中的美好事物和文艺作品中的美好形象，游戏中幼儿使用多种语言去发现美、表现美和创造美，有助于幼儿审美意识和审美能力的发展。

(五)培养幼儿良好的性格和个性

幼儿在游戏中扮演多种角色，扮演角色包含着模仿角色的榜样行为，这就需要他们根据角色的行为来调节自己的行为，从而受到潜移默化的影响。大量事实表明，幼儿在游戏中的心理活动的有意水平比平时要高。这有利于幼儿主动约束自己的行为，逐步塑造良好的性格和个性。

第四节　游戏活动组织应具备的能力

一、组织游戏活动应具备的基本技能

一是设置游戏环境，丰富幼儿游戏经验的能力；

二是观察记录和分析幼儿言行的能力；

三是游戏中与幼儿沟通的能力；

四是适时介入、组织指导幼儿游戏的能力；

五是评价和调整游戏活动的能力；

六是艺术技能。

二、游戏活动实践任务

表 5-2　游戏活动实践任务

游戏活动实践任务			
游戏活动的准备编写游戏活动方案（注：提前一周制订好游戏计划，交指导教师审阅）	内容准备	游戏主题	结合幼儿生活经验，满足幼儿自主选择需要来确定游戏主题
		游戏内容	选择有利于幼儿身心健康的游戏内容
	空间准备	场地的准备	创造条件，设置便于幼儿开展各类游戏的场地
			考虑各类游戏搭配，科学安排场地
		材料的准备	科学地投放材料的种类和数量
			根据幼儿年龄特点和游戏内容投放材料
			明确材料的更换周期和各种玩法
			师幼创造性地自制或利用玩具材料
			考虑到幼儿取放的方便，投放材料
		环境的设置	能结合美观、安全、卫生的要求设置环境
			能结合本班幼儿特点和当前活动布置环境
			引导幼儿参与环境布置
	经验准备	丰富相关经验	
游戏的组织	发挥幼儿游戏的自主性	幼儿自主选择主题	
		幼儿自主选择角色	
		幼儿自主选择材料	
		幼儿自主选择玩伴	
	观察记录幼儿的游戏	观察游戏内容	
		观察社会交往	
		观察语言交流	
		观察想象表征	
		观察材料使用	

续表

游戏活动实践任务		
游戏的组织	游戏的支持与指导	熟练地掌握游戏的组织环节
		控制游戏的时间、强度和密度
		养成幼儿良好的游戏常规
		把握时机，介入游戏
		以适当的方式介入游戏
游戏结束与讲评	采用多种形式开展游戏讲评	分享游戏经验和情感
		引导讨论和解决游戏中的问题
	对幼儿表现的评价	自主性
		积极性
		想象力
		合作性
		问题解决
		游戏讲评
		角色游戏中幼儿的表现：愉快地参与游戏，有明确的角色意识，按角色履行职责，情节丰富，乐于交往
		结构游戏中幼儿的表现：自主选择材料，乐于建构，建构作品能反映事物的主要特征
		表演游戏中幼儿的表现：积极装扮自己，与同伴合作布置场景，运用语言、动作、表情等表现文学作品
	游戏反思与推进	反思、调整
		丰富游戏情节

三、角色游戏实践任务

表 5-3　角色游戏实践任务

角色游戏实践任务		备注
游戏准备	丰富幼儿的生活经验	
	创设游戏环境，提供适宜的游戏材料	
	心理准备	

续表

角色游戏实践任务		备注
游戏组织	把握介入游戏的时机	注：重点放在促进角色扮演能力；促进言语交流能力和对社会规则与技能的掌握；促进使用材料的能力，能以物代物激发丰富的想象力和创造力
	采用恰当的方法介入游戏	
游戏结束	采用多样评价	

四、结构游戏实践任务

表 5-4　结构游戏实践任务

结构游戏实践任务		
游戏准备	丰富体验，生成有趣的结构游戏主题	
	结构游戏区的创设和材料的投放	
	引导幼儿观察，丰富生活印象，增强有关建筑方面的知识经验	
游戏组织	引导幼儿掌握建构技能	
	激发幼儿之间相互学习影响	
游戏结束	多元评价	

五、表演游戏实践任务

表 5-5　表演游戏实践任务

表演游戏实践任务		备注
游戏准备	师幼共同确定表演游戏主题	结合幼儿生活经验，满足幼儿自主选择需要来确定游戏主题
		选择有利于幼儿身心健康的游戏内容
		具有表演性
	创设游戏环境（场所和布景），提供适宜的游戏材料（造型、服饰、道具等）	
	丰富幼儿的生活经验及体验	
游戏组织	观察幼儿游戏	
	把握指导时机	
	介入指导幼儿的表演技能	
游戏结束	多元评价	

六、游戏周计划

表 5-6　室内自选游戏周(　　)计划①

本月/周教育重点　班别：_____　教师：_____　日期：_____

项目 ＼ 活动区域						
A. 教育目标及可提供的主要学习经验(针对本班幼儿实际制订和调整)、活动内容安排						
B. 设备、材料、空间位置的提供与安排						
C. 指导方式(注意与教育教学结合，考虑不同活动类型和不同儿童的特点，自填)						
D. 注意问题(考虑与家庭教育的配合及个别教育指导等问题)						
E. 备注：简要观察和效果记录						

七、游戏活动计划

表 5-7　游戏活动计划

游戏类别		时间	自　时　分 至　时　分			
游戏名称						
游戏目的						
游戏准备						

---

①　北京师范大学教育系自选游戏课题组. 幼儿园游戏指导——光明幼儿园自选游戏实验的思路与方法. 北京：北京师范大学出版社，1996.

续表

游戏过程	
开始部分	
基本部分	
结束部分	

成绩	满分		得分		指导教师签字	

第五节　游戏活动实习的反思性实践

一、反思与实践：游戏活动的准备

(一)阅读以下材料

【案例研讨】

你见到过以下这种或者与此类似的场景吗？

小朋友们正在玩结构游戏，有的小朋友在搭建小区内的停车场，有的小朋友在搭建小区内的游泳池，有的小朋友搭建了小区内的桌椅，老师看到这一情形后问："小朋友们，你们都搭建了那么多有趣的东西，接下来，我们一起来建设我们的社区，好吗？"小朋友都非常乐意建造自己生活的社区，他们和老师一起商量，小区里还有哪些东西，把小区建造好后，欢迎更多的人到小区来玩。由于前段时间刚好开展了"我们的小区"的主题教育活动，幼儿对于小区这个主题有很多的经验，他们兴高采烈地投入到了这个结构游戏中。

【反思研讨】

1. 游戏的主题怎样确定？

2. 由谁来确定？

【操作建议】

关于幼儿游戏的主题，主要由幼儿自己来确定，也可以由教师确定，还可以由教师和幼儿一起来确定。本案例中的老师通过对幼儿的观察，从幼儿的兴趣和发展水平出发，跟幼儿一起确定了游戏的主题，这样的主题可以生发出更多丰富的游戏内容。

主题名称	生成主题的主体
我们的小区	教师和幼儿

【实践锻炼】

(1)请记录下一次游戏主题形成的过程。

实践案例：

(2)请选择3个游戏主题，并思考生成主题的主体(教师、幼儿、教师和幼儿)，把结果记录到下面的表格中。

主题名称	生成主题的主体

【拓展思考】

1. 在你的工作实践中，还有哪些主题游戏？生成这些主题的主体是谁？

2. 你能尝试将很多主题游戏归类吗？归类后你能找出游戏的内容有什么样的规律？

(二)阅读以下材料

【案例研讨】

你见到过以下这种或者与此类似的场景吗？

小班的幼儿离开了熟悉的家庭环境，来到了幼儿园，教师尽量营造了"家"的环境，班级内创设了多个娃娃家。教师和幼儿一起用纸箱、积塑等制作了家具，用胶泥制作了蔬菜和餐具，用泡沫制作了电视机，娃娃家里有了孩子们熟悉的桌椅、梳妆台、电视、电话等物品。所有物品的摆放都考虑到小班幼儿的身体特点，便于幼儿拿取和收放。每种材料教师都会引导幼儿学习它的多种玩法，比如，洋娃娃，除了可以抱着娃娃玩之外，还可以玩给娃娃洗澡、穿衣、喂饭、带娃娃外出玩的游戏。而对于幼儿都很喜欢的厨房用具，教师更是投放了多套，保证孩子们更好地玩"烧饭"的游戏。

【反思研讨】

1. 教师应该如何投放游戏材料？

2. 依据是什么？

【操作建议】

小班的幼儿离开家庭来到幼儿园，教师为幼儿提供了娃娃家，幼儿在熟悉、温馨的环境中更乐意游戏，考虑到小班的幼儿在玩游戏的时候有从众的心理，他们常常进行平行游戏，所以，对于幼儿喜欢的厨房用具，教师投放了足够多的游戏材料，以满足幼儿游戏的需要。

游戏材料的投放	依据
教师投放了多套幼儿喜欢的厨房用具	科学地投放材料的种类和数量：小班幼儿常进行平行游戏，同一种游戏材料的数量足够多
创设贴近小班幼儿生活的"娃娃家"游戏区角	根据幼儿年龄特点和游戏内容投放材料：小班幼儿更喜欢与他们的生活联系紧密的游戏内容
每种材料教师都引导幼儿了解它的多种玩法	明确材料的各种玩法：材料是展开游戏的物质条件，幼儿只有明确了材料的各种玩法，才可能展开内容丰富的游戏
运用纸箱等废旧材料制作"娃娃家"的家具等游戏材料	师幼创造性地自制玩具材料：不仅经济、环保，而且能发展幼儿的想象力和创造力
娃娃家的材料都便于幼儿拿取	考虑幼儿取放材料方便：材料取放的方便是游戏顺利进行的保证

【实践锻炼】

1. 请选择幼儿园内的某个游戏区角，记录该区角投放材料的情况。

实践案例：

2. 将材料投放的分析结果记录在以下表格中。

游戏材料的投放	依据

【拓展思考】

除了上述内容以外，教师在投放幼儿游戏材料时，还可以遵循哪些依据？

（三）阅读以下材料

【案例研讨】

某班幼儿想要玩"美食街"的游戏。老师请小朋友观看了制作美食的视频，又请爸爸妈妈带领小朋友去亲身感受、在网上查阅相关资料等。在此基础上，老师和幼儿一起交流了"美食街"美食的种类、美食店的招牌和广告的特征、美食店的餐具及摆放、知道美食店职员的分工、美食的制作过程等。在幼儿具备相关经验后，他们迫不及待地开始了"美食街"的游戏。

【反思研讨】

教师在开展游戏前，需要丰富幼儿哪些相关经验？是通过哪些途径完成的？

【操作建议】

解读：初次接触"美食街"的游戏，幼儿的相关经验不是很丰富，为保证游戏内容的充实和过程的创造性，教师采用了多种途径引导幼儿观察、了解社会生活，为幼儿做好了经验的铺垫。

"美食街"游戏的相关经验	获取经验的途径
美食的种类、美食店的招牌和广告的特征、美食店的餐具及摆放、美食街的布局、美食店的餐具及摆放、美食店职员的分工、美食的制作过程等	实地感受、观看视频、查阅资料、相互交流等

【实践锻炼】

某班幼儿对"理发店"很感兴趣，想要玩"理发店"的游戏，作为教师你准备给幼儿丰富哪些相关经验？获取经验的途径有哪些？请将思考结果记录在下表中。

"理发店"游戏的相关经验	获取经验的途径

【拓展思考】

除了上述内容以外，教师在游戏前还可以丰富幼儿哪些相关经验？还可以通过哪些途径来完成？

二、反思与实践：游戏的组织

(一)阅读以下材料

【案例研讨】

一次表演游戏，孩子们自己选择了表演游戏"三只小猪"，孩子们一起商量给三只小猪和大灰狼等角色准备道具，他们给小猪制作了头饰，给大灰狼制作了毛茸茸的大尾巴，他们还用纸箱做地道、红色的绳子做成火苗……在确定角色时，幼儿自己用轮换的方式来表演。表演的时候孩子们发挥自己的想象来表演不同的角色，在教师的引导下，他们还大胆创编了不同的游戏结尾。

【反思研讨】

　　幼儿教师如何发挥幼儿在游戏中的自主性？

【操作建议】

　　游戏是幼儿充分自主的活动，教师应在游戏的方方面面发挥幼儿的自主性，本案例中，教师从游戏主题的确定、游戏材料的准备、同伴的选择、角色的确定、游戏的过程及结尾都为幼儿发挥自主性创造了机会。

【实践锻炼】

　　幼儿游戏中的自主性体现在多个方面，请在你做到的项目栏划上"√"，没有做到或做得还不足的项目栏划上"×"。

自主性的表现	划上"√"或"×"
幼儿自主选择主题	
幼儿自主选择角色	
幼儿自主选择材料	
幼儿自主选择玩伴	

【拓展思考】

　　除了上述提到的，教师在游戏中还可以怎样发挥幼儿的自主性？

　　(二)阅读以下材料

【案例研讨1】

　　教师在游戏开始后，开始观察幼儿主要选择了哪些游戏区域？哪些区域幼儿人数比较多？幼儿开展了哪些主题游戏？以便做到"心中有数"。

【反思研讨】

　　1. 教师可以用哪些方法观察幼儿的游戏？

　　2. 如何写观察记录？

【操作建议】

　　本案例教师使用是扫描观察法。

观察方法	含义	适用条件
扫描观察法	在相等时间单位里（如 5 分钟或 10 分钟为一个时间单位）对幼儿依次轮流观察	粗略掌握全班游戏情况（比如，游戏的主题、游戏兴趣等）

【案例研讨2】

观察线索提示 ／ 幼儿姓名	观察记录
1. 主题的确定 2. 游戏技能——该区典型游戏行为 3. 新颖性与创新性 4. 游戏常规的执行 5. 社会参与水平，与伙伴交往行为 6. 活动持续情况 7. 独立自主性表现	果果来到建构区，拿出了一盒积木，他做好一个底座，就将积木不断叠高，下面选择的是大而厚的积木，上面选的小而薄的积木，大约10多分钟后他搭出了一座高楼。搭建好后他请老师和小伙伴来参观，搭建过程中主动和周围的小朋友交流，后面一段时间注意力不是很集中
备注：该区材料的提供、环境设计与教师的影响	
游戏效果的简要评析	

【反思研讨】

本案例教师用的是什么观察法？

【操作建议】

本案例教师使用的是定点观察法。

观察方法	含义	适用条件
定点观察法	教师选择某一游戏区域对幼儿进行定点观察	适合着重描述幼儿各类游戏的行为特点。（比如，了解幼儿的现有经验以及兴趣点、同伴交往、游戏情节的发展等动态信息，较为系统地了解事件的全过程）

【案例研讨3】

观察内容线索提示 ／ 幼儿姓名	观察记录
1. 游戏前的表现 2. 能否发起活动 3. 主题的目的性 4. 使用材料情况 5. 专注程度与兴趣表现 6. 与成人或伙伴关系 7. 言语表现 8. 持续状况 9. 常规 10. 评价（幼儿对己、对人的评价）	军军来到积木区游戏，他东看看，西瞧瞧，不知道该玩什么好。过了一会儿，他选择了一块方形积木搭房子，几分钟后，他把玩具毁掉，与另一个小朋友合搭，过了一会儿，他又走开，无目的地去看别人玩，有时，递块积木，搭把手，自己始终没有专心搭出一样东西
当日游戏总体状况评析	

【反思研讨】

　　本案例教师用的是什么观察法？

【操作建议】

　　本案例教师用的是追踪观察法。

观察方法	含义	适用条件
追踪观察法	确定 1～2 个幼儿进行重点细致的观察，对幼儿在游戏中的行为表现作详细的观察记录的方法	教师有重点的个别观察（可以固定对象不固定地点；可以选择某一时段或某一事件；可多次观察）

【实践锻炼】

　　1. 请运用扫描观察法，对幼儿参与游戏情况进行观察，并记录在下表中。

游戏区域							
幼儿人数							
占总人数的百分比							

　　2. 请运用定点观察法，对幼儿参与游戏情况进行观察，并记录在下表中。

观察线索提示	观察记录
1. 主题的确定 2. 游戏技能——该区典型游戏行为 3. 新颖性与创新性 4. 游戏常规的执行 5. 社会参与水平，与伙伴交往行为 6. 活动持续情况 7. 独立自主性表现	
备注：该区材料的提供、环境设计与教师的影响	
游戏效果的简要评析	

（3）请运用追踪观察法，对幼儿的游戏情况进行观察，并记录在下表中。

观察内容线索提示	观察记录
1. 游戏前的表现	
2. 能否发起活动	
3. 主题的目的性	
4. 使用材料情况	
5. 专注程度与兴趣表现	
6. 与成人或伙伴关系	
7. 言语表现	
8. 持续状况	
9. 常规	
10. 评价（幼儿对己、对人的评价）	
当日游戏总体状况评析	

【拓展思考】

1. 除了上述观察方法，还有哪些适合幼儿游戏的观察方法？

2. 请查阅资料，观察记录表的格式有哪些？请自己设计一份观察记录表。

（三）阅读以下材料

【案例研讨】

参观完新建好的"天府广场"后，孩子们特别想用自己的双手再搭建一个"天府广场"，老师和孩子们开始准备建构材料，从纸、盒、罐、饮料瓶到行人、车辆、小旗等各种辅助材料，老师还给小朋友们看相关的图片和视频，加深印象。在孩子们搭建的过程中，老师用多种方式引导幼儿观察发现广场的细节，再不断完善自己的作品，最后，在评价游戏时，老师和孩子们分享了成功的喜悦，并交流了自己使用不同材料的体会。

【反思研讨】

游戏的组织一般有哪些环节？

【操作建议】

本案例是一次结构游戏，与其他几种类型的游戏一样，结构游戏的组织也需要前期的准备、游戏的组织过程及结束时的评价等几个主要环节，同时，又需要体现出不同类型游戏的特点。

游戏类型	游戏组织的主要环节
结构游戏	游戏活动的准备——游戏的组织：观察游戏、以多种方式介入游戏——评价和分享游戏体验

【实践锻炼】

1. 请记录你组织的一次游戏的过程。

实践案例：

2. 将游戏的类型和游戏组织的主要环节记录在下面的表格中。

游戏类型	游戏组织的主要环节

【拓展思考】

1. 请总结不同类型游戏组织的主要环节？
2. 你能否从中发现一定的规律？

(四)阅读以下材料

【案例研讨】

某幼儿在游戏中扮演的是站岗的士兵的角色，小士兵穿着笔挺的军装，背着钢枪，表情认真严肃地站在大门口。偶尔有人经过，士兵就敬个礼，之后又这样长时间地一动不动地站着。教师看到这个情形，对其他小朋友说："现在是换班时间了，我们这位小战士站岗很认真，请另一位小战士来接替他的工作。"于是，另一个小朋友过来接替了站岗的工作。

【反思研讨】

幼儿教师如何控制游戏的时间、强度和密度？

【操作建议】

尽管游戏是幼儿喜欢的活动，有时候他们会不顾身体的疲劳，长时间地投入到游戏中，作为教师需要考虑到幼儿的身心特点，在本案例中，小朋友长时间紧张地站立不利于身体的健康，教师关注到这一点后，通过游戏情节的设置，既没有影响幼儿的游戏，又达到了保证幼儿身体健康的目的。

调节方法	重新设置游戏情节

【实践锻炼】

下面罗列了一些控制游戏的时间、强度和密度的方法，请尝试运用这些方法，并将实际运用的情况记录到下面的表格中。

调节方法	运用实例
重新设置游戏情节	
角色转换	

调节方法	运用实例
语言提示法	
标记提示法	
控制人数、场地的方法	

【拓展思考】

在具体实践中，除了上述方法，请总结还有哪些控制游戏的时间、强度和密度的方法？

(五)阅读以下材料

【案例研讨 1】

小朋友们正在游戏，小刚在一旁大声叫喊，影响了医院等游戏的开展。积木区的小明为了搭建的方便拿了很多积木放在自己的周围，用完后又放在自己的旁边，给其他小朋友拿取结构材料造成了不方便。

【反思研讨】

1. 幼儿游戏常规有哪些类型？

2. 教师如何养成幼儿良好的游戏常规？

【操作建议】

本案例中涉及两种类型的游戏常规，前一种是一般性游戏常规，后一种是各类型游戏常规。游戏中需要一定的游戏常规，否则会影响到游戏的有序开展。

游戏常规类型	含义
一般性游戏常规	开展游戏的总的行为要求，从而建立良好的游戏活动的程序
各类型游戏常规	根据各类游戏的特点、功能、活动条件的不同，建立相应的游戏常规

【案例研讨 2】

刚入园的小班幼儿在玩结构游戏时，常发生争执，有的幼儿拿到积木，就随地而坐开始搭建；有的幼儿就在放积木的架子前搭建，影响了他人拿取材料，教师在地板上给幼儿作了标记，引导大家在作了标记的地方坐着搭建，慢慢地幼儿养成了在指定位置搭建积木的习惯，也减少了游戏中的冲突。

【反思研讨】

教师如何养成幼儿良好的游戏常规？

【操作建议】

本案例涉及结构游戏中的常规，当教师发现游戏中的问题后，用了标记法去帮助幼儿建立常规，标记具有直观形象的特点，能很好地起到提示幼儿的作用，这个方法很有效。

建立游戏常规的常用方法	1. 讨论法
	2. 暗示法
	3. 练习法
	4. 信号法
	5. 标记法
	6. 示范法

【实践锻炼】

1. 请列举一些一般性游戏常规和各类型游戏常规，并记录在下表中。

游戏常规类型	名称
一般性游戏常规	
各类型游戏常规(任选一种类型的游戏)	

2. 请运用一种建立游戏常规的常用方法（见前），来培养幼儿的一种游戏常规，将具体情况记录在下表中。

建立游戏常规的常用方法	运用的具体情况记录

【拓展思考】

请选择一种类型的游戏，总结需要建立的游戏常规。请思考，除了上述建立游戏常规的常用方法外，还有一些什么方法？

(六)阅读以下材料

【案例研讨1】

游戏区传来幼儿的吆喝声："三万""二条"。老师循声而去，发现几个小朋友在娃娃家玩打麻将的游戏。一个幼儿嘴里叼着香烟，跷着二郎腿，正得意洋洋地出牌。另一个孩子还在数"钱"。老师过去，告诉孩子们："我们小区的居民，都是文明小公民，都不打麻将的，我们小区还有更有趣的活动等着大家去参加呢！"

【反思研讨】

1. 教师如何把握介入幼儿游戏的时机？
2. 介入游戏的目的是什么？

【操作建议】

当幼儿游戏中出现消极内容时，是教师介入的时机。幼儿玩消极内容的游戏，如果没有得到老师及时的指导，会增强游戏的负面效应，此时教师的正面引导尤为重要。

介入幼儿游戏的时机	介入目的
游戏反映出不符合社会规则的消极内容时	引导游戏

【案例研讨2】

丁丁去娃娃家做客，"爸爸妈妈"拿出很多"糖果"来招待丁丁，丁丁剥开糖纸，就把橡皮泥做的糖果放到嘴巴里。老师见状，赶紧过来拿开糖果。

【操作建议】

当幼儿游戏中出现安全隐患时，是教师介入的时机。幼儿由于年龄特点的限制，有时难以察觉不安全的因素，需要教师细心观察，及时预见，及时制止不安全的行为。

介入幼儿游戏的时机	介入目的
游戏过程存在安全隐患时	保育

【案例研讨3】

"美食街"热闹非凡，各种美食摊点都在忙碌地接待顾客，一点心铺新推出了一种点心，他们邀请了很多路过的人参观点心的制作过程和点心的外观。教师拿着刚做好的点心，请教师作出评价。教师仔细地看了点心的颜色、形状和制作过程，作出了点评。

【操作建议】

当幼儿主动请老师干预自己的游戏时，是教师介入的时机。幼儿请老师评价自己点心的好坏，是想得到老师的鼓励和肯定，教师给予幼儿及时的回应，满足了幼儿的心理需求，促进了游戏的效果。

介入幼儿游戏的时机	介入目的
幼儿主动请老师干预自己的游戏时	回应幼儿

【案例研讨4】

医院的"小医生"们正在忙碌地抢救病人，一幼儿在抢救室边上大声地哼唱着歌曲，"小医生"们的抢救工作受到了影响，老师用手指指墙上的"禁止大声说话"标志，那个孩子不好意思地笑一笑，安静了下来。

【操作建议】

当幼儿在幼儿中出现负面行为或纠纷时，是教师介入的时机。比如，幼儿大声叫嚷，乱扔玩具等，教师就需要针对问题建立起游戏常规，保证游戏的秩序。

介入幼儿游戏的时机	介入目的
幼儿在游戏中出现负面行为或纠纷时	维持秩序

【案例研讨5】

超市里两个小朋友争执不下，一个小朋友把手中的小卡挥舞一下，说刷完卡，给完钱了，要拿东西。超市工作人员不给他东西，老师过去问工作人员："你知道刷卡也可以给钱吗？""知道，我妈妈也这样刷过卡付过钱。可是，我们没有刷卡的机器，他那样挥一下怎么算付钱呢？"老师启发他们说："对呀，得找个刷卡机呀。"一会儿，孩子找到了刷卡机，困难解决了，他们又开心地游戏。

【操作建议】

当幼儿游戏遇到困难时，是教师介入的时机。由于材料、空间、时间等因素都可能带来游戏的困难，给游戏造成阻碍，教师给予幼儿提供必要的支持不仅能化解困难，也能教会幼儿遇到困难想办法解决的态度。

介入幼儿游戏的时机	介入目的
幼儿游戏遇到困难时	提供支持

【实践锻炼】

1. 你是否观察到幼儿游戏中出现过消极内容？你是如何介入游戏的？请你将介入游戏的过程记录下来。

实践案例1：

2. 你是否观察到幼儿游戏中存在安全隐患？你是如何介入游戏的？请你将介入游戏的过程记录下来。

实践案例2：

3. 幼儿在游戏中是否邀请过你干预他们的游戏？你是如何介入游戏的？请你将介入游戏的过程记录下来。

实践案例3：

4. 当幼儿在游戏中出现负面行为或纠纷时，你是如何介入游戏的？请你将介入游戏的过程记录下来。

实践案例4：

5. 当幼儿在游戏中遇到困难时，你是如何介入游戏的？请你将介入游戏的过程记录下来。

实践案例5：

【拓展思考】

除了上述的介入游戏的时机，教师还可以选择哪些时机介入游戏？教师介入游戏的目的是什么？

(七)阅读以下材料

【案例研讨1】

悠悠在用积木搭"高楼"，她把小的积木放在下面，大的积木放在上面，结果，高楼搭不高，也立不稳。搭"高楼"的计划失败了，悠悠很失落。这时，老师也拿着一些积木，坐在她的旁边搭"高楼"，边搭边朝悠悠说："我要把大的积木放在下面，小的积木放在上面，这样我搭出的高楼就可以稳稳当当了，看，我成功了！"

【反思研讨】

教师介入指导游戏的方式用哪些？

【操作建议】

教师在游戏中采用了平行介入的指导方法，在关注幼儿的前提下，教师通过平行示范，便于幼儿掌握游戏的技能，也增强了对游戏的兴趣。

介入指导游戏的方式	含义
平行介入法	教师在幼儿附近和幼儿玩相同或不同材料的游戏，便于幼儿模仿，教师给予了幼儿一种隐性指导

【案例研讨 2】

孩子们在娃娃家玩"端午节"的游戏，他们用彩色纸作粽叶来包粽子，有小朋友提出："粽子有各种口味的，有馅吗？"他们找了一下，没找到合适的馅料，大家都很失望。游戏中断了，这时，老师拿了美工区的豆子、胶泥、小球、皱纹纸团等东西，放在盘子里叫卖："谁买粽子馅料？口味多多，红豆沙、大枣、咸蛋、瘦肉……"孩子们很高兴，买了粽子馅，他们又开始了刚才的游戏。

【操作建议】

教师在游戏中采用了交叉式介入法指导幼儿游戏，教师以角色身份参与游戏，不仅使游戏能继续进行，也教育了孩子们：游戏中碰到困难要动脑筋，并且要学会使用替代物开展游戏等。

介入指导游戏的方式	含义
交叉式介入法	当幼儿的游戏需要时，教师以角色身份介入游戏，通过与幼儿互动，达到指导游戏的作用

【案例研讨 3】

一幼儿扮演孙悟空的角色，他一会儿像孙悟空那样跳来跳去，一会儿又摆出了武打动作，玩兴奋后，他顺手拿起孙悟空的"金箍棒"在小朋友中间打来打去。老师看到此情况，意识到很危险。赶紧拿走了"金箍棒"，暂停了幼儿的游戏。

【操作建议】

教师在游戏中采用了垂直介入的方法指导游戏。在意识到游戏的危险性时，教师及时地进行了干预，暂停了游戏，教师的指导是显性的。

介入指导游戏的方式	含义
垂直介入法	是指幼儿游戏出现严重违反规则或情况危险时，教师直接介入游戏，进行干预，这种指导是显性的

【实践锻炼】

1. 请运用平行介入法指导幼儿的游戏，并将指导情况记录在下表中。

介入指导游戏的方式	指导过程
平行介入法	

2. 请运用交叉式介入法指导幼儿的游戏，并将指导情况记录在下表中。

介入指导游戏的方式	指导过程
交叉式介入法	

3. 请运用垂直介入法指导幼儿的游戏，并将指导情况记录在下表中。

介入指导游戏的方式	指导过程
垂直介入法	

【拓展思考】

根据组织幼儿游戏的实践，总结还有哪些指导游戏的方法？

（八）阅读以下案例

【案例研讨1】

孩子们看完动画片《喜羊羊与灰太狼》后，想开展"羊村运动会"为主题的游戏，教师根据孩子们的想法，和孩子们一起创设了相关的游戏区域：发展幼儿运动能力的"羊村体育馆"；发展幼儿语言交往能力为主的"羊村运动会新闻发布中心""羊村餐厅""羊村咖啡厅""羊村礼品屋"；发展幼儿绘画和手工能力的"喜羊羊手工坊""沸羊羊设计室""懒羊羊冲印部"；发展幼儿表演能力的"美羊羊舞台"；发展思维能力的"羊羊拼图馆""羊羊智慧城"等。多种游戏区域为幼儿提供了不同的选择，使得孩子们都能快乐地参与进来。

【反思研讨】

教师在游戏中应扮演哪些角色？

【操作建议】

在本案例中，幼儿教师能充分尊重幼儿对游戏的想法，积极地创设了多个游戏区角，在幼儿游戏中主要扮演了环境创设者的角色。

教师扮演的主要角色	组织的游戏	创设的游戏环境
游戏环境的创设者	幼儿想开展"羊村运动会"为主题的游戏	创设"羊村运动会"主题游戏的相关游戏区域

【案例研讨2】

幼儿们近段时间对"中国结"产生了浓厚的兴趣，看着老师提供的丰富的材料，他们尝试着自己去编织，大部分孩子不断努力，结果总是难以成功，孩子们逐渐开始灰心了。老师注意到编织"中国结"对孩子们来讲难度比较大，于是，在游戏区增加了一些简单的图纸，再次请几个喜欢手工的小朋友去尝试，结果，有几个小朋友成功了，他们的成功感染了其他孩子，孩子们相互学习，在编织"中国结"中感受到了成功和喜悦。

【操作建议】

幼儿编织"中国结"的过程，也是教师用心观察的过程，当教师观察到幼儿游戏当中的困难，也就为更好地支持幼儿游戏打下了基础，所以，教师扮演了游戏过程的观察者。

教师扮演的主要角色	组织的游戏	观察到的问题
游戏过程的观察者	编织"中国结"	编织的难度较大

【案例研讨 3】

今天，"小银行"开张了，孩子们对银行"取款"情有独钟，大家觉得能取钱的感觉真好，都想自己先取到钱。队伍里出现了小朋友推搡、吵闹的场面，尽管银行工作人员不断提醒，但是小顾客们都堵在窗口，谁也不让谁。银行的秩序非常混乱，大家都无法顺利取款了。这时，教师走过来在地上划了一道一米线，告诉小顾客，在银行都有一米线，每次取款只能一人到窗口，其余顾客要一个个按次序排在一米线外。这一次，小顾客重新排好了队，有了一米线的帮助，现在取款可真顺利呢！

【操作建议】

由于小顾客秩序混乱，小银行的游戏几乎无法开展下去，此时，教师用标志来规范了幼儿的秩序，同时，也对幼儿进行了很好的常规教育，教师扮演了游戏进展的支持者的角色。

教师扮演的主要角色	组织的游戏	提供的支持
游戏进展的支持者	小银行	保证了游戏的秩序

【案例研讨 4】

小美小朋友的个性很强，性格内向。她平时很少与教师和小朋友交流，针对这个情况，教师观察发现，小美特别爱玩娃娃家，并且在娃娃家不断跟娃娃说话。于是，教师以"客人"的身份来到小美家，小美在"洗衣服"，教师就帮她抱"孩子"，并试着跟她交谈："这是给谁洗衣服呢？""给娃娃""你真是个好妈妈""家里这么干净是谁收拾的？""是我""你真能干"……

【操作建议】

针对小美内向，不愿与人交流的问题，教师以角色的身份自然加入到幼儿游戏中，与幼儿有了良好的沟通，取得了意想不到的效果。

教师扮演的主要角色	组织的游戏	参与的方式
游戏过程的参与者	娃娃家	小客人

【实践锻炼】

1. 请为幼儿创设游戏环境，并把相关信息记录在下表中。

教师扮演的主要角色	组织的游戏	创设的游戏环境

2. 请观察一次幼儿的游戏，并把观察的相关信息记录在下表中。

教师扮演的主要角色	组织的游戏	观察到的问题

3. 请为幼儿游戏的进展扮演支持者的角色，并把相关信息记录在下表中。

教师扮演的主要角色	组织的游戏	提供的支持

4. 请将自己参与幼儿游戏过程的情况，记录在下表中。

教师扮演的主要角色	组织的游戏	参与的方式

【拓展思考】

除了上述提到的角色外，你认为幼儿教师在游戏中还可以扮演哪些角色？

三、反思与实践：游戏结束与讲评

(一)阅读以下材料

【案例研讨1】

几个伙伴一起开的游乐园开张了，在大家的努力下，游乐项目越来越丰富，从钓鱼、坐小火车到套圈、碰碰车，游客们都很喜欢。但是，游客们玩过多次后，对这些项目失去了兴趣。小小管理员开始着急了，看到教师拿的废旧纸箱，小伙伴们凑在一起商量用废旧纸箱做成坦克，推出了一个新的游乐项目"趣味坦克"，他们还制作了优惠券，分发给小游客，没过一会儿，来玩新项目的游客越来越多，排起了长长的队伍。游戏结束后，教师特意保留了小朋友们用纸箱制作的"趣味坦克"，邀请桃桃结合实物给大家详细介绍一下这个项目，以及它的产生过程，现场引发了很多幼儿对游戏过程的回忆，纷纷谈起了自己对游乐园各项目的体验，希望在下次游戏时多创造像"趣味坦克"这样的项目。

【反思研讨】

教师对游戏的评价可以采取哪些方式？

【操作建议】

教师采用了再现游戏情境的讲评方式：一方面展示了幼儿制作的游戏材料；另一方面也对其他幼儿的游戏有所启发。这样的讲评适合幼儿的直观形象思维，能加深幼儿的感受，引发幼儿的共鸣和思考，更能激发幼儿参与讨论和评价的兴趣。

评价方式	含义	辅助手段
情境再现	以重现游戏过程的方式引发现场评价	结合照片、游戏情况、实物等再现游戏情境

【案例研讨 2】

最近小朋友们对电影院的游戏很感兴趣，薇薇今天担任的是电影院的售票员，趁着观众还没来，她一上班就开始忙着做电影票，可是怎么做呢？旁边的小美说，你就画一个大银幕，就代表这是电影票吧。于是，薇薇就这样做好了电影票。可是，很多孩子对这样的电影票，提出了很多问题。到了游戏评价的时候，教师有意识地拿起了一张电影票，开始和孩子们进行互动评价。教师问薇薇："我捡到一张票，这是什么地方的票呢？"薇薇回答："这是我们电影院的票。"教师问："是吗？怎么证明是你们电影院的票呢？"薇薇："我在票上画了一个大银幕。"教师问其他小朋友："你们能看懂这张票的意思吗？"孩子们都觉得这个票面设计不太好，还会影响游戏进行。幼儿开始回想自己用过的电影票，觉得票上应该有影片名称、电影播放时间、座位号等。教师追问："真正的电影票是怎样的？如何验证呢？"有的幼儿说去网上查，有的幼儿说找一下用过的电影票。这时，教师拿起电影票说："如果让你们在电影票上创新，怎么设计更好呢？"幼儿开始相互讨论和动手制作起来。

【操作建议】

教师通过提问，引导幼儿参与了互动式的评价。把游戏中的关键问题抛出来。这个问题就是：电影票上应该有些什么要素？这对幼儿是一个挑战，教师用开放式提问，层层推进，促进了幼儿不断思考，解决问题。互动方式的评价，拓宽了幼儿的思维，帮助幼儿获取了新的经验。

评价方式		含义	辅助手段
互动评价	师幼互动的评价方式	以多主体参与的方式进行互动评价	重在教师的提问设计
	幼幼互动的评价方式		重在对幼儿的讨论进行梳理

【实践锻炼】

1. 请运用情境再现的方式进行一次游戏评价，并将评价过程写下来。

2. 请运用互动评价的方式进行一次游戏评价，并将评价过程写下来。

【拓展思考】

游戏评价的方式有很多种，除了上述两种评价方式外，请总结还有哪些游戏评价的方式？

(二)阅读以下材料

【案例研讨 1】

今天，大班的几个小朋友在玩"订阅报纸"的游戏。他们正在给小区里的住户们宣传自己的报纸，请居民们订阅。一些居民询问了一下，就走开了。之后来的人就更少了，这时候，一个小朋友提议："我们也进行一些促销活动吧，让订阅我们报纸的人，可以抽奖。"很快他们制作了抽奖箱，并且将这个消息发布给居民们，之后，报纸订阅点热闹起来，大家不仅纷纷订阅了报纸，还积极地参与了抽奖活动，大家都很关心自己是否中奖，中了什么奖，游戏继续进行着。教师在游戏结束后，特别点评了小朋友在碰到没有人来订阅报纸的时候，是如何动脑筋解决了这个问题，使得游戏顺利地进行了下去。

【反思研讨】

教师确定评价内容的依据有哪些？

【操作建议】

本案例中随着幼儿游戏情节的丰富，出现了一些需要解决的新问题，教师抓住这一时机，特别评价了大班幼儿解决问题的能力，符合了大班幼儿发展的需要。因此，是否能满足幼儿发展的需求可以作为评价内容选择的依据之一。

【案例研讨 2】

一次角色游戏中，优优是金沙博物馆的工作人员，她很热心地为游客们服务，有几个游客说："我们在电视上看到金沙遗址有很多演出，我们想要看表演！"优优说："你们可以到剧场看表演。"可是，游客们认为到剧场看表演，还得重新买门票，他们很不高兴。优优想了一下，赶紧去找剧场协商，希望两家可以合作，让游玩金沙博物馆的游客也能免费看到演出，一下子，游客高兴地回来了，两个地方的游戏氛围都热闹起来。在评价环节，老师让优优分享今天的"合作游戏"体验，教师请更多的幼儿参与到讨论中来，有小朋友说："我们剧场和博物馆合作了，但是我们都赚不到钱了。"优优补充说："剧场和金沙博物馆是一个地方了，赚到的钱，大家一起分！"更多幼儿提出了对于合作的更多的想法。

【操作建议】

为满足游客的需要，优优提出了"合作游戏"的新思路，教师选择了这个内容引导幼儿们评价，能帮助幼儿思考合作的重要性，如何面对合作中出现的问题，有助于增强幼儿之间的深层次合作，提高幼儿的游戏水平。可见是否有利于提高幼儿游戏水平也可作为评价内容的依据。

【案例研讨 3】

大班幼儿在假期旅行结束后，对乘坐飞机旅游产生了浓厚的兴趣，因为有一些出游的经验，孩子们到超市，采购了许多他们喜欢的"零食"，背上背包就出发了。在通过乘机安检口的时候，工作人员发现了很多不能带进去的瓶装饮料。在评价环节，教师引导幼儿思考乘飞机出游，不能带哪些东西。

【操作建议】

孩子们出去旅游所带的物品几乎都是家长准备的，当孩子们自己来准备物品时，往往能想到的就是带上喜欢的零食和玩具等，反映出的问题就是缺乏旅行的经验。教师选择乘飞机出游准备哪些物品合理，作为评价的内容，大大丰富了幼儿的知识经验，反映了游戏和生活的联系，实现了评价的教育价值。所以，是否能丰富幼儿的生活经验常常作为确定评价内容的依据。

选择的评价内容	确定评价内容的依据
关于大班幼儿解决问题的能力(见案例1)	评价内容是否能满足幼儿发展的需求
关于幼儿游戏中的合作(见案例2)	评价内容是否能提高幼儿的游戏水平
关于幼儿在游戏中的知识经验(见案例3)	评价内容是否能丰富幼儿的生活经验

【实践锻炼】

1. 请记录一次游戏后的评价。

案例：

2. 根据此次游戏评价，总结评价的内容以及确定评价内容的依据并记录在下面的表格中。

评价内容	确定评价内容的依据

【拓展思考】

除了上述内容以外，教师在游戏结束后还可以选择哪些评价内容？确定这些评价内容的依据是什么？

(三)阅读以下材料思考

【案例研讨】

今天的游戏孩子们选择了用多种材料来构建不同的房子，有的幼儿照着图片来搭建，有的幼儿完全不借助图纸来搭建，游戏结束后好多造型各异的房子产生了。在讲评的时候，教师看到小亮的房子，造型奇特，房子的下面安装了好几个轮子，可以自由地滑动。经过小亮的讲解，大家明白了，原来这是一所"会动的房子"，住户可以将房子很方便地移动到自己想去的地方。教师表扬了亮亮，能够发挥自己的想象力，创造出这么神奇的房子。

【反思研讨】

教师在游戏结束后可以评价幼儿的哪些表现？

【操作建议】

本案例中的老师，不仅能发现幼儿好的游戏作品，而且能发现作品背后幼儿丰富的想象力，老师的讲评内容从儿童的想象力入手，既对小亮是鼓励，也让其他幼儿从小亮的作品有所获得。可见，教师要善于挖掘幼儿在游戏中多方面的表现，这会使得讲评的内容更加丰富。

幼儿的表现	教师的讲评
想象力	表扬小亮，能够发挥想象力，创造出神奇的房子

【实践锻炼】

游戏评价可以选择幼儿不同的表现进行评价，下表列举了一些幼儿的表现，请把你对幼儿某一种表现的评价实例填写在下面表格的对应位置。

评价实例	幼儿的表现
	自主性
	积极性
	想象力
	合作性
	问题解决
	游戏讲评
	角色游戏中幼儿的表现：愉快地参与游戏，有明确的角色意识，按角色履行职责，情节丰富，乐于交往
	结构游戏中幼儿的表现：自主选择材料，乐于建构，建构作品能反映事物的主要特征
	表演游戏中幼儿的表现：积极装扮自己，与同伴合作布置场景，运用语言、动作、表情等表现文学作品

【拓展思考】

教师对幼儿游戏表现的评价是多方面的，除了上面表格提到的几个方面外，教师对幼儿在游戏中的哪些表现进行了评价？

(四)阅读以下材料

【案例研讨】

幼儿本阶段进行的是餐厅、花店、银行的游戏，在游戏中教师观察到有一部分花店的工作人员不知道自己该干什么，忘了自己的角色，常在银行和餐厅等别的地方打转。教师通过观察和了解发现，花店的员工都穿着统一的服装，孩子们认为花店员工就是进行插花这一工作。除了插花以外他们就不知道该做什么了。发现这一问题后，教师制作了小小的标志装饰在服装上，有助于提示花店员工的角色，比如，收银员、导购员等。在下一次游戏的时候，教师发现上次的调整对于增强幼儿的角色感很有效，更好地推动了游戏的开展。

【反思研讨】

教师可以从哪些方面反思游戏组织，更好地推进游戏？

【操作建议】

教师对游戏的反思，帮助她找到了问题即幼儿的角色感不强，找准问题后，教师提出了针对性的措施，使得游戏的效果得到了改善。

反思问题	改进措施
游戏角色感不强	制作标志，增强角色感

【实践锻炼】

游戏反思的关键是找出问题，请对你组织的一次游戏进行反思，并提出改进措施，将结果记录在下表中。

反思问题	改进措施

【拓展思考】

请总结游戏反思通常从哪些方面进行。针对常见的问题，相应的改进措施有哪些？

*　　*　　*　　*　　*　　*　　*　　*

要点回顾

反思与实践：游戏活动的准备；反思与实践：游戏的组织；反思与实践：游戏结束与讲评。

《幼儿园教育指导纲要（试行）》中指出，幼儿园教育应尊重幼儿的人格和权利，尊重幼儿身心发展的规律和学习特点，以游戏为基本活动。可见游戏在幼儿园教育中是非常重要的一部分。游戏是幼儿最喜欢的活动形式。游戏的自主性、趣味性、虚构性及社会性等最符合并能反映幼儿的身心特点和学习特点。幼儿教师应充分认识到游戏的价值，通过合理组织游戏，促进幼儿身心的全面发展。

幼儿教师需要树立科学的游戏观、儿童观和教育观去指导自己的实践工作。对于游戏的价值进行深入的了解和分析。在组织游戏的过程中合理地对待游戏中的儿童，并体现在教育行为上。用现代教育观念指导游戏活动的开展。

幼儿教师在了解游戏基本概念、游戏的特点、游戏的种类、游戏对幼儿的价值的基础上可不断加深对幼儿游戏的探究，在此基础上明确组织幼儿游戏活动应具备的能力，尤其是在角色游戏、结构游戏、表演游戏等不同游戏中教师的实践任务，在案例研讨、反思研讨、操作建议、实践锻炼等环节，加强游戏的各个组织环节的技能，保证游戏高质量地开展。

核心·概念

游戏观；儿童观；教育观；游戏；角色游戏；结构游戏；表演游戏；规则游戏。

成长档案

1. 可搜集与游戏有关的资料，对这些资料的研读成果可以写成简短的读书笔记，放入你自己的专业成长档案中。

2. 建立游戏活动教研团队，开展一些游戏教研活动，并把教研活动的相关资料，如照片、视频、文字等保存起来，放入自己的专业成长档案。

资源链接

1. 高谦民. 陈鹤琴的儿童教育观[J]. 学前教育研究. 2002(2).

2. 赵海燕. 教师对幼儿角色游戏的组织[J]. 遵义师范学院学报. 2004，6(3).

3. 李季湄. 幼儿教育学基础[M]. 北京：北京师范大学出版社，2006.

4. 北京师范大学教育系自选游戏课题组. 幼儿园游戏指导——光明幼儿园自选游戏实验的思路与方法. 北京：北京师范大学出版社，1996.

5. 李莉. 谈谈教师在结构游戏中的指导[J]. 课程教育研究. 2013(18).

6. 王雪琴. 表演游戏的特点及指导策略[J]. 都市家教. 2013(3).

7. 赵兴民. 儿童游戏与儿童自我效能感的发展[J]. 学前教育研究. 2007(3).

8. 李平. 幼儿教师如何在幼儿游戏活动中学会观察[J]. 教育导刊. 2012(12).

9. 北京师范大学教育系自选游戏课题组. 幼儿园游戏指导——光明幼儿园自选游戏实验的思路与方法[M]. 北京：北京师范大学出版社，1996.

10. 鲁叶. 浅谈教师正确指导幼儿游戏的策略[J]. 华章. 2013(11).

11. 四川省幼儿教育师资培训中心. 幼儿园活动设计与指导[M]. 成都：四川人民出版社，2003.

12. 教育部基础教育司. 幼儿园教育指导纲要(试行)，2001.

13. 杨文尧. 幼儿园活动设计与实践. 北京：高等教育出版社，1999.

单元六　教育实习：一日活动

单元要点

　　本单元旨在介绍幼儿园一日活动实习的目的意义和组织方式。明确组织一日活动应具备的观念和应具备的基本知识，帮助学习者掌握组织一日活动的基本技能，在了解一日活动实习的实践任务清单的基础上，形成一日活动实践反思的策略和技巧。

　　本单元的学习内容可从三个方面着眼：

　　1. 概念界定——什么是幼儿园一日活动；

　　2. 工作规范——教师在幼儿园一日生活中的角色任务；

　　3. 反思操作——如何组织好幼儿园一日活动。

学习目标

　　通过本单元的学习，学习者应该达到以下目标：

　　1. 深刻领会幼儿园保教结合的工作特性，进一步增强保教结合观念；

　　2. 熟练掌握幼儿园一日活动各环节工作内容、方法、相关的常规要求及保教措施；

　　3. 熟悉实习园所一日活动的各个环节中教师要完成的具体工作及其质量要求；

　　4. 能将课堂知识转化运用到幼儿园一日生活的组织实施中，并掌握一些组织开展好幼儿园教育教学的形式和方法；

　　5. 能配合指导教师或独立完成所在实习班一日生活各环节的各项工作，保障各环节连续、有效地进行。

第一节　一日活动实习的目的、意义和组织方式

幼儿园一日活动，即幼儿园一日活动，是指幼儿在园的所有活动，也就是幼儿园课程的全部内容，包含生活、运动、游戏、学习四大形态。

一、一日流动实习的目的和意义

一个好的课程方案要得到充分落实，取决于幼儿园班级高水平的一日活动；一个幼儿在园（班）的每一天的生活质量取决于班级教师一日活动中的保教水平。总之，幼儿的一日活动质量直接影响课程的实施和幼儿当前的快乐成长以及终身发展，幼儿的发展水平和快乐程度也体现了幼儿园一日活动的价值和重要意义。

幼儿园一日活动实习旨在：进一步熟悉幼儿园的全面工作，加深对幼儿园一日生活有效、有序开展的理解；在已有保育实习经验的基础上，获得进一步将所学的理论知识和技能运用于实践的机会，获得有效组织指导幼儿过好幼儿园一日生活的方法，提升从事幼教工作的实际能力；在实践中查找所学的知识和实际需要到底存在哪些不足，进而自觉地学习完善，弥补不足，避免"纸上谈兵"；通过接触幼儿、了解幼儿，逐步形成尊重幼儿、热爱幼儿、关心幼儿、理解幼儿的教育观念，领会教师要成为幼儿学习的支持者、合作者和引导者的真正意义。

一次成功的、有深度的一日活动实习有助于培养学生从事幼儿教育教学工作的初步能力，让学生有进一步深刻、全面了解幼儿教师职业的特殊性，提前感受投身这份工作所需要付出的艰辛和努力，做好充分的心理准备，进而对专业的理解和热爱，切实增强对幼儿教育工作的职业认同感。

二、一日活动实习的组织方式及要求

《幼儿园工作规程》指出：幼儿园一日活动的组织应动静交替，注重幼儿的实践活动，保证幼儿愉快的、有益的自由活动。

幼儿园一日生活作息制度的合理性及其管理的有效性，取决于各类活动交替安排的合理性。

幼儿园一日活动需要通过幼儿园一日作息安排将其固定下来，形成制度，作为园所常规教育工作的依据。幼儿园一日作息制度不只是对日常的教育工作内容进行时间上的简单安排，而是对儿童的发展需求和教育内容以及教育方法的全面安排。一个合理的幼儿园一日生活作息制度及其实施，能够保障幼儿的受教育权益，保证幼儿受到系统的、全面的教育。

幼儿园的一日活动具体应包括：晨间接待、早操、教育活动、间隙活动、自由游戏活动、进餐、睡眠、午点、离园、晚间活动、盥洗等。

(一)组织方式

1. 来园和晨间活动

幼儿园一日生活，从幼儿来园开始。当幼儿来到幼儿园，教师要做好接待幼儿入园，组织幼儿开展晨间活动。

(1)接待幼儿

接待幼儿入园，包括以下几项工作。

教师要以热情、亲切的态度接待幼儿，要相互问好。教师的情绪、态度对幼儿有很大的感染作用，要使幼儿感到亲切、温暖，感到教师喜欢他、等待他、欢迎他，由此他也会喜欢老师，喜欢上幼儿园。

教师应有礼貌地向家长问好，用简洁的语言向家长了解儿童在家的情况，听取家长的要求和意见。对双方需要及时商洽的问题交换意见，做好个别幼儿的药品交接工作。

教师应利用晨间接待的机会，与幼儿亲切交谈，了解幼儿在家的情况，有计划地进行个别教育，对不爱活动、性格孤僻的幼儿要具体关照，给予帮助，吸引幼儿参加集体生活。

【课堂研讨】

说一说：如何提前做好接待幼儿的准备工作？

(2)晨检

了解幼儿的健康状况，检查幼儿的个人清洁卫生，做到对疾病的早发现、早隔离、早预防和早治疗。

虽然晨间检查一般由专门的保健医生负责，但贴心的二次晨检也很有必要。

做好需要在幼儿园服药的幼儿的药品交接工作，包括问清楚药名、药的作用、服法与剂量，并和家长一起在记录本上签名。

【实习要点】

晨间检查的一般方法：

一看，看脸色，看皮肤，看眼神，看喉咙；

二摸，摸摸是否发烧，摸腮腺是否肿大；

三问，问幼儿在家吃饭情况，睡眠是否正常，大小便有无异常；

四查，检查幼儿是否携带不安全物品。

(3)组织幼儿进行晨间活动

值日生工作：引导幼儿学会保持活动室的整洁、有序、美观。要有计划地组织中、大班幼儿参加活动室的清洁工作，如擦桌椅、整理玩具、整理图书、照料自然角、更新观察日记等。让幼儿参加这样一些力所能及的劳动，既发展了动作，掌握了技能，又培养了幼儿热爱劳动和相互友爱的优良品质，促进了幼儿独立性与自信心的发展。

自由活动：引导幼儿根据自己的兴趣、爱好，自由选择各种不同类型的活动。如看图书、搭积木、下棋、折纸、画画等。

【实习要点】

让幼儿自由选择活动内容，自由选择玩具，自由选择伙伴，给幼儿自主权。在和幼儿的个别交谈过程中，要注意观察全班幼儿的活动情况。例如，有没有幼儿有异常的表现，如发呆、情绪不高等情况。要及时了解原因，并采取适宜的措施。

(4)晨间谈话

在晨间自由活动结束时，由教师组织全班幼儿进行活动。在中、大班，晨间谈话很有必要，内容可以多种多样，例如让幼儿报道"新闻"，对今天的活动提出建议，讨论与评价晨间活动时发生的事情等。

2. 早操活动

一般包括体操、韵律活动、自由游戏和器械活动等，目的在于活动与锻炼幼儿身体，培养团队意识与对体育活动的兴趣。

3. 教育教学活动

有组织的教育活动是教师从儿童的兴趣和实际水平出发，循序渐进地组织实施全面发展教育的活动。教育教学活动一般在 30 分钟左右，托班以 15～20 分钟为宜，小班以 20～25 分钟为宜。中班以 25～30 分钟为宜，大班以 30～35 分钟为宜。教育教学活动可以多种形式、多种方法进行。

【实习要点】

设计与组织教育活动应注意以下各点：

(1)每个教育活动应有明确的、适宜的教育目的要求；

(2)组织教育活动应充分利用周围环境的有利条件；

(3)灵活采用集体的、小组的或个别的活动形式及多样化的方法；

(4)教育活动中引导儿童运用各种感官积极参与活动过程；

(5)促进每个幼儿在原有水平上发展进步；

(6)每次教育活动的时间，可根据活动的内容、方式和儿童年龄而定，有长有短，以儿童不过度疲劳为限。

(7)每日均应安排有组织的教育活动。

4. 环节过渡(间隙活动)

环节过渡活动是使幼儿大脑获得休息、调节幼儿身心的有效方法。任何劳动都伴随着大脑皮层机能的消耗。经过一段时间有组织的教育活动后，幼儿会出现大脑皮层某区域机能活动性暂时降低的现象，产生疲劳。这时就需要休息，安排好环节过渡活动，就是为了让幼儿的大脑、身体得到充分的休息。活动内容应该丰富多彩，尽量安排在户外进行，让幼儿玩得愉快，休息得好。

环节过渡活动是在由上一个活动转入下一个活动之间进行的时间较短暂的活动，一般安排幼儿喝水、上厕所、户外自由活动、散步、室内游戏活动等。例如，户外集体活动结束后，进餐前组织幼儿进行1~2个室内安静游戏，如"请你猜猜我是谁""请你跟我这样做"等。

【实习要点】

在环节过渡时间里，要提醒幼儿上厕所、喝水，保证幼儿每天喝足够的水，这是因为幼儿正处在生长发育最迅速的时期，活动量大，消耗水分较多，儿童对水的生理需要相对比成人要多。

注意，不同年龄的儿童每日对水的需要量是不同的。

1~3岁：110~155毫升/公斤体重；

3~7岁：90~110毫升/公斤体重。

幼儿往往会忘了自己去补充水，所以必须适时地提醒幼儿喝水。在一天中，至少要组织幼儿饮水两次，还要允许幼儿根据自身需要随意喝水，特别是夏季，天气炎热，出汗多，应随时供应凉开水。剧烈活动结束时，应等幼儿身体恢复平静后，再让儿童喝水。夏季出汗多，汗液中带走了一定的盐分，应该给幼儿喝一些淡盐水。总之，应该为幼儿准备充足、清洁的开水，要教育幼儿勿暴饮、勿喝生水，讲究饮水卫生。

5. 游戏活动

上、下午都应专门安排时间较长的游戏活动，在幼儿的一日活动中，全天游戏和户外活动应占3~4小时以上。一次活动的时间约为1个小时，在这段时间里可由教师组织幼儿集体活动，也可由幼儿自由选择开展活动。教师要为幼儿准备好玩具、材料及活动场地，要让全班幼儿情绪愉快地参加各种活动。

(1)上午游戏时间

可以组织幼儿进行各种室内游戏，也可以组织户外自由活动或体育游戏。游戏活动应丰富多彩，尽量安排在户外进行，要注意动静交替。无论组织哪种活动，都要注意在饭前半小时转入安静活动，进行盥洗，而后进餐。

(2)午点后至离园前

可安排各种游戏、户外体育活动、自由活动、娱乐、实验操作活动、劳动和散步等。天气好时，应尽量让幼儿到户外参加各种活动。户外活动可充分利用自然因素(阳光、新鲜的空气和风)增强幼儿体质。

(3)日常生活中的劳动

早饭前可组织幼儿擦桌椅、床、柜等；下午一般可组织幼儿集体劳动。如大扫除、管理小菜园、修补图书、自制玩具等。

【实习要点】

要明确组织幼儿劳动是为了对幼儿进行教育，培养热爱劳动、克服困难、认真完成任务的好品德，不能把它作为惩罚幼儿的手段。幼儿劳动的内容、时间、劳动量和难易程度要符合幼儿身心发展水平，要注意安全、卫生。

《幼儿园工作规程》："要保证幼儿有充分的户外活动和游戏时间。整日制幼儿园每日不得少于 2 小时，寄宿制幼儿园每日不得少于 3 小时，其中包括每天 1 小时的户外体育活动。场地小的幼儿园在安排一日活动时，首先要保证各班至少 1 小时户外体育活动。上课及其他活动可尽量安排在户外。"

散步。带领幼儿到室外步行，可以锻炼幼儿的毅力、耐力和组织性，同时还可利用散步，引导幼儿观察社会和自然。大自然对幼儿来说是最丰富的教科书，以其富有生机的美吸引着幼儿，观察大自然可以使幼儿开阔视野，增长知识，丰富美的形象，可以培养幼儿热爱祖国的情感。要让儿童充分接触自然界，让幼儿在草地上打个滚，在雪地上走走，让幼儿捉昆虫、采野花，让幼儿尽情地走，尽情地玩，让幼儿通过多种感官立体地感受自然界的美。

【实习要点】

要和幼儿们一起谈话，描述散步中的见闻。儿童的感受是肤浅的，必须经过成人的引导才能深化。儿童的认识具有无意性和偶然性，教师的引导、描述可以加深幼儿的认识。教师的描述要充满感情，语言要生动形象，使幼儿产生情感共鸣，更充分地体会、认识自然之美。

(4)实验操作活动

儿童的聪明才智不是通过一天一节课就能发展的，儿童对世界的热爱、对知识的兴趣、对未知世界的探索是在大量的实验操作活动和劳动中发展起来的。应准备供幼儿使用的工具，按年龄的不同，分别指导工具用法，并鼓励他们多实践，逐步积累使用多种工具的经验。儿童手指的灵活性比较差，但在幼儿期，进步却相当迅速，应在没有危险的情况下，应该让幼儿多实践。

5 岁多的幼儿可以练习锯木条(或薄木板)，可以用小刀刻塑料或纸。试着让每个幼儿都能参加小实验，如用一只小杯子盛上水，放进木块、钉子、石块等，做沉浮的实验；喂养小动物或种植劳动，通过照料、观察、记录，人人动手，个个动脑，在实践中增长才干。

6. 生活活动

生活活动包括盥洗、进餐、睡眠等。

(1)盥洗

在饭前 10～15 分钟组织幼儿盥洗。盥洗应使用流动水，每个幼儿要用各自的毛巾。让幼儿按顺序或分组盥洗，同时，还要教会幼儿正确洗脸、洗手，正确使用肥皂、毛巾，教会小班幼儿漱口和中、大班幼儿刷牙。冬季要教幼儿使用润肤霜。

（2）进餐

包括早餐、午餐、晚餐和早、午点。根据幼儿身体发育的特点，要制定正确的饮食制度，幼儿进餐必须定时定量，开饭要准时，进餐间隔时间应为 3～4 小时。正确组织幼儿进餐应做好以下工作。

进餐的准备：由教师带领值日生布置好餐桌，准备好餐具，要为幼儿创设一个干净、安静的进餐环境。

进餐过程：要观察幼儿的食量，及时添饭，注意培养幼儿文明进餐的习惯；教师要教给幼儿正确的坐姿和使用餐具的方法；教育幼儿不挑食、不偏食；提醒幼儿细嚼慢咽，不撒饭菜，不弄脏衣服，不东张西望，不大声讲话；为保证幼儿吃饭时的良好情绪，教师在幼儿进餐前后不要处理问题或批评幼儿，例如，有的幼儿打了人，做了错事，教师一般等他吃完饭，再做处理，以免影响儿童的食欲；教师要保证幼儿心情愉快，绝对不能让幼儿哭、叫，以免将食物吸进气管，更不能用禁止吃饭作为体罚的手段。照顾幼儿吃好一顿饭的标志应是：吃饭过程中，幼儿情绪好；幼儿食欲好，食量够；饮食习惯好，吃得卫生。

进餐结束：幼儿吃完最后一口饭才能离开座位，并把餐具、椅子整齐地放在指定的地方；要养成饭后擦嘴、漱口的习惯；幼儿进餐期间，工作人员不应打扫活动室，以免污染吃饭的环境。

（3）睡眠

睡眠能恢复机体的活动能力，对保证健康有重大意义。保证幼儿充足的睡眠，使幼儿养成良好的睡眠习惯很重要。午餐后要组织幼儿午睡，寄宿制幼儿园则还要组织晚上睡觉。

①睡觉前要组织幼儿盥洗（午睡前洗手，晚间睡前洗手、脸、脚、屁股。夏季午睡前洗手脸、擦身、洗腿脚，晚间睡前洗澡）。

②睡眠室内空气要新鲜，夏天要开窗睡觉，但要避免风直吹幼儿的头部，冬季在幼儿入睡前要开窗通风换气，刮大风时例外。床上用品要清洁，被褥要固定、厚薄适宜。

③引导幼儿进入睡眠室，要保持睡眠室安静，立即上床睡觉，不能在室内随便走动或说话，并要提醒和检查幼儿不把玩具和其他东西带到睡眠室内。要逐步教会幼儿能独立地穿脱衣服、鞋袜，并会整齐地叠放在固定的地方。教给幼儿正确的睡姿（右侧卧或仰卧），并注意纠正幼儿不良的睡眠习惯。要掌握每个幼儿夜间小便的习惯，注意为他们盖好被子，对睡眠不安稳的幼儿要仔细观察，发现不适及时就医。

【实习要点】

照顾好幼儿睡眠的三个标志：

一是按时睡，睡得好，按时醒，醒后精神饱满愉快；

二是睡够应睡的时间，要以幼儿为主，不能任意减少或增加睡眠时间；

三是保持良好的睡眠姿势和习惯。

7. 离园

幼儿一日或一周的集体生活结束后，由家长接走回家，要暂时离开幼儿园转入分散的家庭生活。教师要做好离园准备工作与离园工作。

(1)离园准备工作

教师在幼儿离园前，应组织幼儿作好离园准备工作。包括环境的清洁整理工作、幼儿仪表的整理检查工作、提醒幼儿带好回家的物品、组织幼儿的活动，如讲故事、折纸、阅读、画画等，让幼儿一边做这些活动，一边等待家长来接，也可组织离园前的总结性谈话，对一日或一周生活进行简单小结，表扬鼓励幼儿的进步，提出回家的要求，以消除幼儿因等待而产生的不安情绪，让幼儿高高兴兴地回家。

(2)家长工作和幼儿离园

幼儿离园时，根据需要向家长介绍幼儿在园的情况，或需要家长支持帮助的工作，听取家长意见等；对暂时不能回家的幼儿要个别照顾、妥善安排；主动地向家长打招呼，向幼儿和家长话别。

8. 晚间活动

晚间活动是全托幼儿园一日活动的组成部分。晚间可以组织一些安静的、活动量小的活动。如看电视(看电视的时间每周以 1～2 次为宜，要注意保护幼儿的视力)、演木偶戏、组织幼儿欣赏音乐，以及自由游戏等。夏天可组织散步等活动。

(二)组织要求

一天当中幼儿要知道现在在做什么事、接下来该做什么事，这两件事的顺序应该是可预测的，以此给予幼儿以安全感。因此，幼儿园一日的生活安排在大的环节上保持相对的稳定，如教师指导的集体活动，其中就包含小组活动、幼儿的自选活动、户外活动、午餐、午睡，但又不要像小学生作息时间那样机械，幼儿的一日生活应当维持一个有序灵活的作息时间表。除此之外，还应该根据不同的季节和儿童的不同年龄，制订出不同的生活作息制度，以保证作息制度的科学性。在园所场地受到限制的情况下，还可以将作息制度在不同的时间段交叉使用，以保证作息制度的有效落实。为了确保幼儿园一日生活作息制度的教育价值，在制订时应该注意处理好以下各种关系。

1. 动态活动与静态活动的交替

在提供多样性的活动中，要注意幼儿活动步调的节奏，避免单调和疲劳，我们应遵循动静交替的原则，来规划幼儿的一日生活步调，同时也可以根据幼儿在活动中的反应，灵活地进行调整。

2. 室内活动与室外活动的交替

每天至少要保证 1 小时以上的户外活动时间，但是有时因为天气原因或教具的需要，会减少户外活动时间，因此，可以利用室内大型体能活动室来弥补户外活动时间的不足，帮助幼儿达到每天所需运动量，促进身体健康。

3. 集体活动与个体活动的交替

在幼儿园一日生活活动中，必须保证自主参与区域活动的时间，对于幼儿来说，游戏不仅是一种玩耍，也是一种学习、工作和生活，调整后的幼儿园一日生活作息时间的安排更趋于科学合理，真正成为快乐成长的乐园。

4. 稳定性和灵活性相结合

稳定性与灵活性相结合，注意课程的自然生成。冬夏两个季节可以根据气温季节做出一定的变化。

【操作建议】

随机调整原则：一日活动的内容计划制订好以后，并不是不能加以任何改动的。应当根据在实际活动中观察到的幼儿的学习需要与兴趣，或者事先没有预料的，但对幼儿的学习与发展有意义的突发事件要及时加以调整，使新的教育活动主题或内容，自然地在幼儿的实际生活和活动中显现、生成，致使"课程自然生成"。

第二节　幼儿园一日活动安排策略

一、集体活动策略

《幼儿园教育指导纲要（试行）》中指出，教师直接指导的集体活动要能保证幼儿的积极参与，避免时间的隐性浪费。集体活动作为幼儿园的基本活动，是幼儿获取知识和掌握技能的一个有效形式，如何让幼儿在这一活动时间段主动活动、充分活动，使幼儿得到有效的发展？

(一)充分做好课前准备

任何教育活动都离不开物质材料的准备。如果教师不精心做好这个准备，必将造成时间的隐性浪费。教师的教具、幼儿的学具，都应充分地考虑如何合理摆放，便于教师取放和幼儿的收放。

(二)挖掘幼儿真实兴趣

幼儿主动地活动是受需要兴趣驱使的。幼儿有求知的兴趣才能使幼儿主动有效地学习，经常看到教师在活动导入环节设置"虚构兴趣"导致拐弯抹角现象，如"今天老师带来了一个神秘的盒子，猜猜里面放着什么？""玩具？""不对。""糖果？""不对。"……教师在导入环节注意激发幼儿的兴趣是必要的。但我们经常看到许多"兴趣"却是虚构的、远离幼儿的生活经验和活动内容的。只有挖掘幼儿真实贴切的兴趣才能将学习活动步步深入，取得活动的最大效益。

(三)提炼浓缩教学语言

教师教学语言的准确性直接影响教学效果。启发性的语言，问题情境的创设都是一个很好的集体活动的亮点。提问应紧扣主题，减少不必要的废话，多问一些"你有什么不一样的想法""你有什么不同的意见"等开放性的问题。尽可能减少"是不是""好不好""行不行"等不需要幼儿思考就可以回答的问题。教师在组织语言时也要简洁少说废话，把握内容的主线，使幼儿得到有效的学习。

二、生活活动策略

幼儿一日中的生活活动如：洗漱、进餐、午睡……都被零星地散落在各个时间里。其实却占据了幼儿一日生活的大半时间，而事实上这些时间教师都没有合理、有效地安排或利用。

(一)教师观念要先行

既要高度重视和满足幼儿受保护受照顾的需要，又要尊重和满足他们不断增长的独立要求，避免过度保护和包办代替。鼓励并指导幼儿自理、自立的尝试。我们常常说家长有"怕麻烦"的心理，事事包办代替，而在教师中，虽然有了培养幼儿自我服务的意识，但也是"怕麻烦"的心理常常使这一思想没有落实到行动中，如"教这个幼儿穿裤子教这么久还不会，算了还是帮他穿得了"，"他怎么这么慢，我都准备清场了，还是我过去帮他吧"。这种重教而轻实践的思想往往扼杀了幼儿自理、自立的尝试。殊不知今天时间的浪费能提高今后生活活动的效率。

(二)有效地强化

生活活动中很多常规和技能技巧的掌握能提高幼儿自我服务的效率，而这些常规和技能技巧掌握需要通过我们不断的刺激和强化，使幼儿在充分的学习和尝试中得到发展。比如：小班入园不久，由于个别幼儿无法认自己的名字，经常拿错口杯，搬错椅子，这也使其他幼儿无法拿到自己的口杯或椅子，教室里一片混乱，时间在寻找口杯或椅子中慢慢流逝，这就需要教师通过不断强化个别幼儿认名字的敏感性来改变这一混乱局面。当然也可以用其他方法，如：贴标贴、找特殊的位置来变通，但这些也是需要一定的强化，而认名字强化不失为一个长期有效的方法。有效的强化可以通过游戏、竞争、区角活动(如：制作纽扣衣饰框、名字卡片等)这些幼儿喜闻乐见的形式融于幼儿的生活活动中，融于幼儿的学习中，融于教师日常的言谈举止态度情感中。

(三)适时诱导，有效调整

教师在幼儿一日生活中灵活的安排、适时的调整和有效策略的运用能大大减少不必要的时间浪费，比如：今天下午的点心是蛋糕，可以允许先起床的幼儿进区角活动，延迟吃点心的时间。又如：在婴、小班倒牛奶时，提醒幼儿统一把口杯放到自己所在桌子的标记上，将口杯集中放在一起，即减少了教师水壶的移动范围。中、大班幼儿喝牛奶、豆浆等点心时就可以要求幼儿拿口杯排队来倒，减少椅子搬来搬去时间的隐性浪费。当然这些活动灵活的安排、适时的调整和有效策略的运用都需要教师时时处处做个有心人。

三、过渡环节策略

如何采用幼儿喜闻乐见的形式，做好一日活动中一个活动向另一个活动的过渡，充分发挥一日活动的整体效益。

(一)重视组织好过渡环节的意义

当一个活动向另一个活动过渡时，教师总是以忽略的态度生硬地组织，大多数幼儿在活动中的表现是消极的、是被动的。这种只重局部利益的做法，忽略了各项活动的有机联系，使一日活动的整体效益得不到发挥。生硬、呆板的过渡环节还会直接影响到幼儿的一日生活情绪，使幼儿经常处于高控制状态，难于形成安全温馨的心理，而且还会直接影响到幼儿对下一活动的兴趣和下一活动的质量。

(二)尽量减少不必要的过渡环节

幼儿园要科学、合理地安排和组织好幼儿的一日生活，尽量减少不必要的集体活动和过渡环节、减少和消除消极等待现象，因此，教师应经常根据实际情况，改进活动的组织策略，变化教学形式，教师虽然是时间的安排者，但千万不能单向地、盲目地跟随原定计划成为时间的奴隶，一日活动的安排要有一定的"弹性"结构，可以宽松些，不必每个环节都"丝丝入扣"统一行动。而应该根据幼儿的发展目标合理安排一日活动，在相对稳定性的同时作灵活的调整，使之既不影响幼儿形成秩序，又能满足他们的合理需要。

(三)引导幼儿在过渡环节自发组织游戏

引导幼儿自发地组织各种小游戏，使消极等待变为积极等待，如：点心吃得快先吃好的，可以找个朋友玩手指游戏"剪刀、石头、布"。在中、大班幼儿排队等待教师分餐时大家可以玩一玩"我的飞机开始飞"，随即就把幼儿排队等待的时间变为游戏自由活动的时间，轻松实现幼儿独立自主、心情愉快。总之，让自由活动和游戏把幼儿从教师的束缚中解放出来，从单一的等待中解放出来，使幼儿在充实的游戏中不知不觉地进入下一环节。

【实习要点】

教师要善于根据实际情况随机调整一日活动安排，充分利用各环节之间的"时间差"打破以往整齐划一的时间安排，使一日活动安排既具有相对的稳定性又具有一定的灵活性。

四、不同类型一日活动安排

(一)美国幼儿园一日活动(以纽约市某幼儿园为例)

活动目标

• 激发儿童的好奇心，以儿童个体发展的水平为基础，充分发挥他们的潜力，鼓励他们在各方面都得到发展；

• 鼓励儿童与别人相互作用，帮助儿童学会友好地与同伴交往，能够相信成人，并能对成人的各种要求作出反应，拥有责任感；

• 帮助儿童理解并尊重他们的文化传统和其他儿童的种族文化；

• 鼓励儿童发现问题、解决问题，使他们能够表达自己的需要，学会与人分享和合作；

• 发展儿童的社会性和情感，培养儿童的艺术技能和认知技能；

• 提高儿童肢体运动的准确性、手眼动作的协调性，发展儿童的独立精神和探索精神；

• 培养儿童学习的技能，如学前读写算的技能，但不要强迫他们去学习，使儿童能够根据自己的成长速度来进行学习；

• 通过游戏丰富儿童的知识经验，并帮助儿童对知识经验进行总结、分类，增进儿童的友谊，发展儿童的自尊心、想象力和创造力。

表 6-1　美国纽约市某幼儿园一日活动表

上　午	活动内容	下　午	活动内容
8:00	儿童入园/自由活动	1:00	文学和故事
9:30	晨间谈话(如日期、天气、故事等)	1:30	休息
10:00	区角学习(如艺术、操作、游戏、积木等)	3:00	安静活动(如七巧板、操作、读书等)
10:45	早点	3:45	午点
11:00	室外游戏	4:00	圆圈活动(如唱歌、讲故事)
12:30	午餐	4:30	室外游戏
		5:00	儿童离园

(二)新加坡学前教育机构半日活动安排

幼儿园半日活动是新加坡实施学前教育课程的基本途径。幼儿在学前教育机构的时间多为半天，上午来园或下午来园，在园时间约为3小时。不同的学前教育机构为儿童安排的半日活动时间表虽有所差异，但都包含了一些基本环节，如聚会、音乐和律动、吃点心与休息、室内与室外活动、讲英语(包括拼音)活动、数学活动、书写活动、烹调活动、说汉语、谈论时事、念儿歌、讲故事、艺术和工艺活动。

活动目标

- 正确的道德观和价值观；
- 积极的自我意识；
- 对周围事物有强烈的好奇心；
- 调控身体的技能；
- 积极的家庭观和社区观。

表6-2　新加坡某学前教育机构(4~5岁阶段)半日(上午)活动安排表

时　间	活动安排
8:30—8:45	到园、聚会
8:45—9:25	英语(包括拼音)/数学/书写/烹调活动
9:25—9:45	点心/休息
9:45—10:30	汉语/谈论时事/诗歌/故事
10:30—11:00	计算机辅助教育/艺术和工艺/室内活动/室外活动
11:00—11:15	音乐和律动
11:15—11:30	阅读/谈论时事/诗歌/故事
11:30 以后	离园
注：同一学前教育机构的不同年龄班，在这些环节的时间分配上会稍有不同。	

(三)英国某幼儿园一日活动安排

活动目标

- 为全体儿童提供能发挥他们最大潜能的环境；
- 培养儿童的言语能力、独立性、创造性及社会技能；
- 发展幼儿聆听、观察、讨论、实验的能力；
- 为全体儿童提供广泛的、平衡的、连贯的和相关的课程，让每个儿童都得到发展。

表6-3　英国某幼儿园一日活动安排表

时　间	活动安排	时　间	活动安排
8:30—10:00	(来园)自由活动	12:45—13:15	安静时间
10:00—10:30	小组活动	13:15—14:45	自由活动
10:30—10:45	早点	14:45—15:30	室外游戏
10:45—11:30	室外游戏	15:30—15:50	午茶
11:30—12:00	音乐	15:50—16:15	小组活动
12:00—12:30	午餐	16:15—16:45	音乐
12:30—12:45	故事	16:45—17:00	故事(准备离园)

【案例研讨】

试分析你所了解的不同国家幼儿园一（半）日活动安排中各个时间段的设计思路。

第三节 一日活动实习的反思性实践任务清单

一、一日活动中保育实习的内容与要求

表 6-4 幼儿园一日活动作息制度暨保教人员职业道德要求

序号	项目	完成情况
1	幼儿园工作人员必须严格遵守幼儿作息制度。能根据天气变化、幼儿实际情况从幼儿身心发展特点出发，按一日生活各环节要求开展各项活动	
2	两餐之间的间隔不能少于 3.5 小时，除特殊情况外不得提前或推迟开饭，幼儿进餐时间不得少于 20 分钟，不催饭	
3	严格按幼儿园规定的幼儿午睡时间及晚间上床早晨起床时间安排幼儿按时上床、起床，不得提前上床，过时起床	
4	保证日托幼儿每天有 2 小时户外活动，其中 1 小时为体育活动	
5	保证幼儿有充分的游戏活动时间	
6	允许幼儿根据需要喝水和排便	
7	搜集并认真研究所在实习园的"幼儿园保育员一日工作细则"，并对照这些表格中的具体规定，观察所在实习班级一日活动的组织，在此过程中仔细体会幼儿园一日活动的各个环节中保育员需要完成哪些工作、流程及其质量要求	
8	与本班的保育员就此项内容进行必要的询问与讨论	
注：完成情况通过文字结合图片形式体现		

表6-5　一日活动中保育实习任务完成情况

环　节	×/√	分析
(一)入园环节		
1. 做好幼儿来园准备：开窗通风、打热水、拿水杯、做好扫除		
2. 指导中、大班幼儿自己洗手，摆放好口杯		
3. 做好漱口盐水及毛巾、肥皂、早餐用具的准备工作		
4. 对幼儿及家长热情，有礼貌		
5. 做好幼儿值日前准备，如：洗手、穿值日衣，幼儿依次值日顺序		
(二)晨间、早操活动环节		
1. 擦桌子，要坚持四遍消毒法 (1)肥皂水 (2)清水 (3)84消毒液用清水稀释后擦拭 (4)五分钟后再用清水第四遍擦桌子		
2. 擦桌子方法：将桌布对折一次铺平，双手按在桌布上从内向外推擦，擦完一组桌子后换清洁桌布再接着擦		
3. 发放餐具：按桌布、盘子、碗、勺子(筷子)的顺序发放，要求餐具摆放整齐，勺子(筷子)方向一致		
4. 帮助洗手幼儿把衣袖整理好 (1)提醒幼儿洗手后进餐 (2)秋冬季为洗完手的幼儿抹擦手油		
5. 做好晚到幼儿的接待工作，提示幼儿将衣物放好、送椅子、迅速去做早操		
(三)餐前盥洗环节		
1. 为幼儿创造安静、清洁的就餐环境		
2. 为洗完手的幼儿及时盛饭，不出现人等饭的现象		

续表

环　　节	×／√	分析
（四）幼儿进餐环节		
1．提前十五分钟到食堂取幼儿餐具，餐具上必须有盖布		
2．做好进餐准备及指导大、中班值日生工作，保证幼儿进餐量，教育幼儿正确使用餐具，养成文明进餐习惯		
3．指导幼儿进餐，掌握每位幼儿进餐量和注意照顾体弱幼儿；鼓励幼儿进餐，及时提醒进餐慢和精神不集中的幼儿，培养良好进餐习惯，随时为幼儿添饭，不吃汤泡饭，不催吃		
4．餐后指导值日生擦桌子，保育员送餐具		
5．对桌布、勺子、桌面进行消毒清洁		
6．在无幼儿进餐时，才能扫地擦地		
（五）区域游戏及集体教学环节		
1．早餐结束搞好卫生后，与教师一起参加活动区活动，参与幼儿游戏，配合教师组织幼儿收放玩具，指导幼儿将各区玩具按区分类摆放在固定位置，配合老师组织幼儿喝水、如厕，最后清洗厕所		
2．按时清洗和消毒毛巾		
3．主动了解活动内容和要求，准备好活动所需用品、玩具、学具、教具，配合教师组织活动		
4．配合教师指导幼儿参与活动，注意保护幼儿视力，轻声提醒及时纠正幼儿不正确的书写姿势		
5．活动中不离开班级，积极参与配合教师组织游戏活动		
（六）户外活动环节		
1．做好户外活动前的相关准备		
2．提前检查活动场地、器材的安全性		
3．必须取户外活动材料三筐以上，以保证幼儿人手两份以上		
4．户外活动中照顾体弱幼儿，注意幼儿活动安全，活动结束后，及时整理器材玩具，分类收好送回		
5．保育员必须参加教师组织的一切户外体育活动，做好配班工作，协助教师指导幼儿参加体育锻炼		
6．注意观察幼儿活动中情况，及时与教师联系，应对突发状况		

环　节	×/√	分析
7. 做好午睡前准备工作，冬季关好窗户，拉好窗帘，保持室内合适温度，指导大班幼儿拉好被角		
（七）午睡起床环节		
1. 做好幼儿起床后准备工作：取午点盘、打好热水		
2. 准备好消毒后的梳子		
3. 当幼儿全部离开睡眠室穿衣后，打开门窗通风		
4. 与教师一起组织幼儿起床，指导中、大班幼儿叠好自己的被褥 (1)起床后整理床铺：被子折叠方正有形，床单无杂物清扫平整，地面无尘土 (2)每天擦地消毒，保持空气流通，整个睡眠室整洁、有序、卫生		
5. 将幼儿梳子洗干净，放回固定位置		
（八）午点环节		
1. 配合教师培养幼儿良好卫生习惯：餐前洗手，不争抢食物		
2. 做好午点后的清洁卫生工作		
（九）离园环节		
1. 配合老师组织幼儿安全离园		
2. 有礼貌地和幼儿、家长道"再见"		
3. 幼儿离园后方可打扫室内卫生、检查室内安全		
（十）随机环节		
1. 如厕 (1)照顾小班幼儿如厕，指导小班幼儿便后擦屁股后成人再擦一次、穿裤子 (2)给幼儿提供卫生纸，培养幼儿如厕的能力；指导幼儿便后用肥皂洗手 (3)随时打扫厕所卫生，厕所无异味 (4)对幼儿进行节水教育，无常流水现象 (5)厕所物品用具摆放整齐		

环　节	×/√	分析
2. 喝水 (1)幼儿离园后清洗饮水桶，桶内干净无异物 (2)幼儿入园前、起床前及能根据幼儿饮水情况及时备足开水，水温适宜，保证幼儿按需按量地饮水 (3)督促幼儿多饮水，特别关注与照顾体弱幼儿 (4)幼儿饮水后，及时擦净地面水迹，避免幼儿滑倒		
提示：在中、大班，可邀请担任值日生的幼儿参与协助，指导幼儿做事细心，培养幼儿认真、有条理的生活习惯		

二、一日活动中教育实习的内容与要求

(一)一日活动中教育实习的内容与要求

1. 幼儿园教师一日工作常规深入掌握和领会实践

(1)热爱幼教事业，坚持贯彻党的教育方针，坚持教养并重，全面提高幼儿素质。

(2)热爱幼儿，尊重幼儿，面向全体幼儿，坚持正面教育，严禁体罚或变相体罚，使幼儿愉快、健康地成长。

(3)坚守岗位，尽职尽责，确保幼儿安全。

(4)勤奋学习，钻研业务，积极参加教育改革，不断探索科学育儿规律。

(5)以身作则，为人师表。仪表、服装、举止、谈吐符合幼教工作特点。

(6)尊重家长，热情服务，与家长密切配合。

(7)尊重社会公德，严守劳动纪律，团结协作，开展批评与自我批评。

2. 完成一日活动中教育实习的任务与方法

(1)在实习期的前两天对实习班所开展的几项主要的生活活动——就餐、盥洗及午睡进行重点观察。

(2)对所在班级的某一项生活活动(就餐、盥洗或午睡)的组织过程进行全程记录并与在同一班级实习的同学和指导教师进行讨论、分析。

(3)在讨论分析的基础上完成一份"幼儿园一日活动的观察记录与评析"的实习报告，包括对所在班级生活活动的观察记录和对其的评析两个部分，以评析为重点。

【操作建议】

• 评析可以来自自己在实习过程中的感悟和体会，也可以包括指导教师给予的相应指导及其在组织本班生活活动中所获得的独特经验，以及实习小组的共同讨论结果。

● 实习同学必须与指导教师进行必要的、主动的交流，这种交流可在组织生活活动的过程中进行，也可与指导教师约定一个专门的时间来进行。

● 对本科同学的特别要求：报告中的"评析"部分除了要对自己所重点观察的本次生活活动进行分析外，还要对"幼儿园生活活动的组织与开展"的方法与原则进行深入的讨论与分析，特别要避免泛泛而谈。

● 主动参与到本班生活活动的组织过程中，通过切身的体验来掌握幼儿园各项生活活动的组织与开展方法。

表6-6　幼儿园一日活动观察记录(样表)

班级		日期	
活动主要 内容			
观察实录	(活动区的布局图或者平面图简单绘制)		
特殊情况 记载			
分析与对策			
其他情况 补充说明			

【实习要点】

● 能作简单表述流程(如：来园→晨间户外活动→点心和自由活动→教学活动→游戏活动→午餐→餐后散步→午睡→午点→午后户外活动→午后游戏活动→离园)。

● 了解幼儿园各项生活活动的基本组织程序和主要方法。

● 能够配合所在班级的指导教师完成各项生活活动的组织，不给指导教师添麻烦。

● 实习第二周开始能够尝试着独立地完成所在班级各项生活活动的组织。

● 从实际工作和理论、概念两个方面真正掌握幼儿园生活活动组织与开展的方法和基本原则。

表 6-7 教师参与幼儿一日生活活动环节细则

环节	×/√	反思
入园环节 (1)在班门口热情迎接每位家长、幼儿，并做晨检，发现问题及时与家长联系； (2)指导幼儿将衣物叠好，放在固定位置、搬椅子 (3)按每日晨间活动计划组织活动 (4)做好早操前准备，检查幼儿衣着情况(冷、热)及鞋带是否系好 (5)在中、大班，按幼儿值日表提前安排好值日生		
餐前 (1)组织幼儿安静有序地盥洗，指导幼儿正确的洗手方法 (2)注意幼儿衣物和地面干净，教育幼儿不打斗、不玩水，洗后将水龙头关紧 (3)秋冬季节，为幼儿提供护手霜 (4)引导幼儿对别人的帮忙应主动表示谢意 (5)对做事认真的幼儿应给与鼓励		
三餐 (1)创造愉快、安静的进餐气氛，进餐时讲解有关食物营养知识，不处理与进餐无关的问题 (2)指导、鼓励幼儿养成良好文明的进餐习惯和正确的进餐姿势，要求幼儿不挑食、不剩饭 (3)提示幼儿送餐具时，轻拿轻放、慢走，将椅子搬到固定位置 (4)检查幼儿漱口情况 (5)注意关注每一位幼儿进餐情况，及时与保育员沟通		
两点 (1)将午/早点洗干净削皮，或饼干等餐点分装入盘后，用盖布盖好 (2)培养幼儿良好的饮食习惯，照顾个别幼儿 (3)注意观察幼儿起床后情绪状况		
如厕、盥洗 (1)饭前、外出、集体活动前应提前安排幼儿如厕 (2)引导幼儿养成便后要用肥皂洗手的良好习惯 (3)允许幼儿按需随时大小便 (4)指导幼儿整理好衣裤		

环节	×/√	反思
喝水 (1)鼓励幼儿多喝水 (2)照顾体弱幼儿，保证充足的饮水量 (3)组织幼儿有序地饮水，培养幼儿良好的饮水习惯		
午睡 (1)提醒幼儿如厕，指导幼儿将衣裤叠放整齐，安静入睡 (2)认真观察幼儿午睡情况，做到经常巡视 (3)及时做到为每个幼儿盖被子，纠正不正确的睡姿，养成良好的午睡习惯 (4)幼儿午睡时教师不能离开寝室 (5)为幼儿准备午点		
起床 (1)指导幼儿叠放被褥，小结午睡情况 (2)指导检查幼儿穿衣服，整理衣服情况 (3)为幼儿梳头，鼓励幼儿互相帮助		
离园 (1)组织幼儿安静游戏 (2)有礼貌地和幼儿、家长道"再见" (3)对有"问题"的幼儿，需向家长交换幼儿在园情况 (4)不能让陌生人带走幼儿		

(二)教学过渡环节的设计、组织与开展

1. 完成建议

(1)在实习期的前三天对所在实习班教师教学过渡环节的设计与组织工作进行重点观察，并进行适当的记录和评析。

(2)在参与班内日常工作的组织过程中，与指导教师就教学过渡环节的设计与组织进行随机交流与讨论；对见习的同学来说，这样的访谈与讨论更为重要，是不应该缺少或忽略的重要环节。

(3)在实习期的第三天对实习所在班级的教学过渡环节的设计与组织状况进行简要的分析与总结，并尝试自己设计一个教学过渡环节。时间可根据实际情况自定。

2. 完成标准

(1)初步了解幼儿园教学过渡环节常用的组织方法及程序，在力所能及的情况下，能够参与到所在班级教学过渡环节的组织过程中，积累初步的经验。

(2)熟悉和掌握幼儿园教学过渡环节常用的组织方法、程序及注意事项。

（3）能够独立地根据所在班级幼儿与教学的实际状况自行设计过渡环节。

（4）能够创设出具有新意的教学过渡环节。

表 6-8　过渡环节评价要点参考

过渡环节（要点）评价参考	自我评价
(1)一日活动的过渡环节具有多样性，能够为幼儿创设多种活动方式，使过渡环节丰富多彩	
(2)在过渡环节中给幼儿充分的自主权，幼儿有选择玩具、场地、玩伴等的自由	
(3)幼儿在过渡环节中情绪愉快，对这些过渡性的活动有兴趣	
(4)幼儿有良好的卫生习惯和常规	
(5)整个过渡环节的组织宽松、有序；无过多的等待	
(6)提供多种多样、便于幼儿取放的游戏材料，满足幼儿发展需要	
(7)为幼儿创设自选玩具、场地、同伴的自由空间，充分发挥幼儿的自主性	
(8)培养良好的卫生习惯和游戏常规，使过渡环节保持宽松而有序的氛围	
注：自我评价结合指导教师评价进行	

表 6-9　教学过渡环节设计（样表）

姓　　名		班级		学校指导老师	
实习园所					
实习班级		实习时间		幼儿园指导老师	
设计内容	设计原则与要求： 提供多种多样、便于幼儿取放的游戏材料，满足幼儿发展需要 为幼儿创设自选玩具、场地、同伴的自由空间，充分发挥幼儿的自主性 培养良好的卫生习惯和游戏常规，使过渡环节保持宽松而有序的氛围				
实施策略					
指导教师意见					
反思					

(三)活动区活动的组织与指导

1. 完成建议

"活动区活动的组织与指导"是考察幼儿教师教育教学技能的重要组成部分，也是幼儿教师见习、实习最为重要的内容之一。为了有效地完成该部分的见习、实习任务，请在下面"完成指导"所提供的框架基础上与实习所在班级的指导教师共同商议符合班内实际状况的具体学习计划。

(1)对班内活动区活动的开展状况进行重点观察，必要时对指导教师进行专门的访谈。(实习期的第一周内完成访谈记录)

(2)对活动区活动的专项观察一天必须有1～2次，可在晨间自选游戏和下午班内的活动区活动时进行。

(3)每次重点观察1～2个活动区的活动状况，在两天内完成全部活动区的观察，并完成一份"活动区活动的观察与评析"书面报告。

【实习要点】

此项任务主要针对的是实习同学，见习的同学对活动区的观察应该作为整个见习期(为期两周)，且应该是第二周的主要工作，所要求完成的观察记录至少要有一篇，但内容要求主要侧重于对活动状况的客观完整的记录，分析部分可以酌情减少，记录越详细，后期自己亲自设计活动区活动时才更能有的放矢。

2."关于活动区活动的观察与评析"报告包括两大方面的内容

(1)观察记录。要详细记录某一区域内幼儿的活动具体状况，然后是幼儿与教师所进行的对话的尽可能完整忠实地记录；再次是师幼互动的过程和效果(如幼儿对教师参与或语言的某种反应等)。总之，达到的最终效果是要让他人从文字中准确地再现该区域活动。

(2)对区域活动的整体评价与分析。可从幼儿活动的效果(是否投入活动，有一定的活动成果等)；教师指导是否及时、有效；教师参与各个区域的整体状况等方面进行逐项分析或整体分析，进而揭示其中存在的优缺点并对其各自的原因进行分析。

【实习要点】

• 从实习期开始的第三天，就应该积极参与到班内活动区活动的指导工作中，每天重点指导两个区域。在第一周内完成至少一次对各个区域的实际组织工作。

• 在实习第一周结束后，结合自己参与组织活动区活动的实际体会与经验，在与指导教师和班内实习同学进行专项讨论以及查阅文献资料的基础上完成一份感悟总结，尝试对活动区活动的组织与指导的基本原则、方法，以及容易出现的问题等进行看法表述或全面论述。

• 在实习的第二周，应该开始实施对班内每个区域活动的二次实际组织与指导。

表 6-10　完成(要点)评价标准

完成(要点)评价标准	完成情况
见习： (1)初步了解幼儿园班级活动区的设置，主要的活动区，及活动区内最为常见的幼儿活动； (2)初步了解幼儿园教师组织开展活动区活动的基本程序和主要的方法； (3)能够在指导教师的帮助下，尝试着积极参与到实习班级活动区活动的实际组织中去； (4)学习正确地与幼儿交往，获得师幼互动的初步经验。	
实习： (1)能够独立完成幼儿园班级活动区活动的组织与指导工作； (2)从实际工作和理论概念两个方面真正掌握活动区活动组织与开展的方法和基本原则。	
需要进一步达到的标准，非初次实习： (1)能够独立设置或重新安排班级内的各个活动区，使其更趋于合理或能够借此实现新的功能； (2)能够为各个活动区提供有层次、有教育价值的、丰富的材料； (3)能够在原有的各个活动区内帮助幼儿实现新的玩法或组织新的活动。	
注：完成详细情况说明，可添加附页。	

表 6-11　幼儿园一日活动之活动区活动观察记录表(样表)

观察区域		观察时间		观察者	
观察对象及目的					
活动过程描述	（图片、视频结合文字说明）				
分析					

续表

	活动本身教育价值	观察记录评价
指导教师意见		
反思		

(四)集体教育活动的组织与指导

1. 完成建议

(1)在见习期的第一周，开始对实习所在班级的集体教育活动的开展状况进行初步的、系统的观察，并做适当的记录，积累初步的感性经验。

(2)与班级指导教师就班内教学进度、内容等问题进行经常性的交流，以深入了解班内教学的实际进展状况和组织集体教学的思路和方法。

(3)学习与研究班级指导教师的教案设计或活动方案设计，并与教育活动的实际开展状况相对比，初步学习如何设计班级的集体教育活动。

(4)与班级指导教师和其他实习同学就集体教育活动的组织与开展进行经常性的交流。

(5)熟悉集体教育活动组织过程的基本环节和其中所涉及的师幼互动的主要方法。

(6)在实习期第一周内对实习班级集体教育活动的开展状况进行重点观察，并就班内教学进度、内容等问题与指导教师进行交流，以真正了解班内教学的实际进展状况。

(7)在实习期首周末完成一篇对实习班级"集体教育活动开展状况的观察与分析"报告。

【实习要点】

幼儿园一日活动中"集体教育活动的观察与分析"报告应包括以下内容。

• 观察记录。要详细记录本次集体教育活动的整个过程，包括教师的引导语，主要的提问，幼儿对这些提问的回答或其他反应，幼儿的兴趣程度，最终取得的效果等，尽可能地详细，以备自己组织集体教育活动时有据可查。

• 对教育活动进行整体评价与分析。可从活动目标的设计(目标是否有效，活动结束后目标是否完成)，教师对玩教具、幼儿活动材料的准备，指导语和提问的有效性，活动过程的组织，整个教育活动的开展效果，幼儿的兴趣和学习收获等多方面进行逐项分析或整体分析，要揭示其中存在的优缺点并对其各自的原因进行分析，避免自己实践时再次出现类似的不足。

2. 参与集体教育活动的组织

(1)从实习的第二周开始独立进行集体教育活动的准备工作：

- 与指导教师讨论确定集体教育活动内容、时间；
- 撰写详细教案，交所在实习班级指导老师审校；
- 教案审校通过，准备所需教具等。

【操作建议】

非初次参与幼儿园教育实习的同学可以将上述三个步骤根据实际情况自行调整时间，安排进度，如：可以在能力允许的情况下在第一周就开始独立进行集体教育活动准备和开展工作，或直接独立带班(通常是毕业实习)，但仍建议要完成《关于实习所在班级"集体教育活动开展情况的观察与分析"报告》，且质量的要求应该更高。

(2)执行自己撰写、由指导教师审核后的集体教育活动计划，并在活动结束后与指导教师讨论其实际效果和存在的问题，征求指导教师的修改意见，或与同班实习的同学进行互评讨论。讨论后，进一步整理教案并对本次集体教育活动的实际开展效果进行书面的自我评价和分析，记录在案，见证成长。分析部分应尽可能有条理、详细，切忌一笔带过，不清不楚。

表 6-12　对集体教育活动的分析可从如下方面进行综合分析(撰写参考)

活动目标的适当性与完成情况阐述	
活动计划的设计情况阐述	
玩教具的选择与制作情况的如实阐述	
幼儿活动材料的提供阐述	
幼儿在教育活动中的反应文字描述	
教育活动设计及开展过程中存在的问题或优缺点逐条分析	
注：结合指导老师意见进行自我评价，可以×/√表示	

(3)非首次实习或是参与毕业教育(科研)实习的同学可以在实习期的第二周开始进行多次独立集体教育活动组织或直接独立带班，但每次完成公开课教学或一日的带班工作后，都应主动与指导教师讨论自己教育活动设计及开展的实际效果和存在的问题，征求指导教师的修改意见。进而根据指导教师的意见有意识的整理一周内的各个活动方案，并对自己本周的实习工作进行经常性的反思。

【操作建议】

实习生可主动请指导教师在不影响班内活动的前提下，为自己安排时间到其他班观摩实习同学或其他班教师的集体教育活动，以借鉴学习丰富经验。

非首次参与幼儿园教育实习的同学有必要酌情适当增加一些观摩其他班级集体教育活动的次数，以更好地完成自己的幼儿园一日活动中集体教育活动组织和指导的经验积累。

表 6-13 完成（要点）评价标准

完成（要点）评价标准	完成情况
见习： (1)逐步熟悉幼儿园教师组织集体教学活动的基本环节和程序 (2)初步了解幼儿园教师组织与开展集体教学活动的基本方法和思路 (3)通过针对性的访谈，初步了解幼儿园教师设计集体教学活动需要考虑的主要因素和基本的思路 (4)对集体教学活动中，教师与幼儿的互动方式形成初步的认识	
首次教育（科研）实习： (1)能够准确地、多角度地尝试分析其他教师或实习同学集体教学活动的开展状况 (2)能够正确撰写集体教育活动计划（教案） (3)初步掌握集体教学活动设计的基本程序与原则 (4)能够独立设计出一次具有较好实际教学效果的集体教育活动	
非首次教育（科研）实习： (1)能够深入地分析其他教师或实习同学集体教学活动的开展状况 (2)能够根据班内幼儿的实际发展状况和教学进度，设计出具有新意的集体教学活动方案	
注：结合指导教师意见完成自我评价	

表 6-14 集体/户外活动观察表（样表）

日期：	执教教师：	班级：
活动名称：		
活动流程： （附图片、视频）		指导教师意见：
自我分析与评价：		
反思		

表 6-15　幼儿园一体活动中教师参与集体教育活动(室内/室外)工作注意要点

环　节	×/√	反思不足	改进思路
早操环节 (1)精神饱满的带领幼儿做操，动作规范有力，做操时有重点指导及要求 (2)锻炼中渗透爱集体、守纪律、不怕冷、勇敢、积极主动参加体育活动等教育 (3)每周一升旗仪式时，组织幼儿立正站好，提示幼儿向国旗行注目礼，培养幼儿爱祖国尊重国旗 (4)有针对性的小结，组织幼儿安静进楼。引导幼儿做到不打扰他人、上楼有次序			
室内集体教育环节 (1)按活动计划或实际情况开展活动 (2)教师参与幼儿活动之中，了解幼儿需求，投放活动材料，充分发挥幼儿在活动中的自主性 (3)指导并与幼儿共同建立游戏规则，使幼儿养成良好的行为规范 (4)引导幼儿一起对游戏活动有针对性的评议 (5)用生动、活泼、有趣的教育方法和手段，充分调动起幼儿的积极性，培养幼儿的学习兴趣 (6)鼓励幼儿探索，满足幼儿求知欲望 (7)培养幼儿正确的学习、行为规范，活动中注重面向整体及个别幼儿教育			
户外集体活动环节 (1)组织幼儿做好户外活动前的准备，检查幼儿衣着、鞋带是否安全 (2)观察幼儿活动情况，参与幼儿活动 (3)掌握幼儿的活动量、密度，注意幼儿动静交替，引导幼儿学会自我保护的能力 (4)保证每日 2 小时的户外活动时间			

(五)幼儿一日活动的安排与组织指导

1. 幼儿园师幼互动要领

幼儿园师幼互动十项行为准则	幼儿园实习与见习教师对待幼儿十忌
教师的理解使幼儿学会宽容； 教师的赞扬使幼儿学会自赏； 给幼儿自由使幼儿学会创造； 教师的微笑使幼儿感到舒心； 教师的支持使幼儿体会信任； 教师的赞同使幼儿学会自爱； 教师的信任使幼儿学会诚实； 教师的平等使幼儿学会自信； 教师的公平使幼儿学会正直； 教师要珍惜幼儿的每一次实践。	忌恶语：不要说"你这个傻瓜"…… 忌污蔑：不要说"你简直是个废物"…… 忌责备：不要说"你又做错了，真是糟透了"…… 忌压抑：不要说"住嘴，不要再说了"…… 忌强迫：不要说"我说不行，就是不行"…… 忌威胁：不要说"我不再管你了，你走吧"…… 忌哀求：不要说"我的小祖宗，求求你好吗"…… 忌抱怨：不要说"你这孩子真叫人伤心"…… 忌许愿：不要说"你'如何如何做得好'，我就给你什么东西"…… 忌讽刺：不要说"你可真行，还能做这事儿"……
注：要知道幼儿需要你经常的赏识，要常蹲下身来多和幼儿平视	

2. 一日活动计划的制订的依据

(1)班级学期工作计划。

(2)本班幼儿当前身心发展的情况，包括学习需要与兴趣等。

3. 一日活动计划的主要内容与写作格式

(1)一日活动计划的主要内容

①一日生活各个环节需要注意的特殊问题和教育工作的重点。

②一日生活各个环节需要重点观察、指导的幼儿。

③需要特别准备的材料和活动室、户外场地安排。

(2)一日活动计划的格式

一日活动计划的写作可用表格式，按一日活动的主要环节列出，如表 6-16 所示。该表可印制成现成的表，教师每日按需要填写即可。该表既可用作计划表，也可用作记录表。

表 6-16　一日活动计划/记录表(样表)

班级：　　　　　　　　　　时间：　　　　　　　　　　记录人：

时间	活动	教育工作重点	重点观察对象	环境布置与材料	效果分析
7:30—8:30	晨间活动				
8:40—9:00	早操活动				
9:10—9:40	教育教学活动				
9:50—10:20	户外活动				

时间	活动	教育工作重点	重点观察对象	环境布置与材料	效果分析
11:00—12:00	盥洗、午餐				
12:00—14:30	午睡				
14:30—15:00	起床、盥洗				
15:00—15:30	教育活动				
15:30—16:00	分区活动				
16:00—16:20	如厕、午点				
16:20—17:10	户外活动				
17:10—17:30	盥洗、离园				

4. 幼儿园半日活动计划的撰写与计划实施

根据对当前中国幼儿园普遍使用的一日活动组织模式的分析，国内幼儿园的班级教职人员构成形式多为两教一保或两教两保（在幼儿年龄较小的婴班或小班，多采用该形式），幼儿园的一日活动计划，也由两位教师各承担半日计划组成，两个半日计划相互配合和补充，最终形成完整的幼儿园一日活动计划。

（1）活动计划的意义

计划是提高工作效率的有效手段。工作有两种形式：一是消极式的工作（救火式的工作：灾难和错误已经发生后再赶快处理）；二是积极式的工作（防火式的工作：预见灾难和错误，提前计划，消除错误）。写一份完整详细的一日活动计划实际上就是对我们自己工作的一次盘点，让自己做到清清楚楚、明明白白。计划是我们走向积极式工作的起点。

（2）半日活动的计划撰写的原则

一个半日活动，通常由一日生活环节、幼儿自由活动环节和集体教育活动环节组成，其间还包括活动过渡环节，关于四个环节的组织要点和方法，前文已作详细讲解，在此不再重复阐述。现在要阐述得是如何撰写一份完整的半日活动计划，并按计划组织和实施活动。

【实习要点】

- 保持幼儿一日活动各个环节的连续性，不要让幼儿等待。
- 保持幼儿一日活动各个环节的有效性，不做无用功。

表 6-17　幼儿园半日活动计划(上午/下午)

班级		日期			执教人		
时间安排	环节		活动内容		要点		
					教师	保育员	幼儿
指导教师建议							
自我反思							

表 6-18　第(　　)周活动计划

日期:(　　)至(　　)

本周工作要点					
星期	一	二	三	四	五
来园活动					
体育锻炼					
教学活动					
游　戏					
户外活动					
区域活动					
日常生活					
环　境					
家长工作					
本周小结					
指导教师建议					
自我反思					

（六）对幼儿一日活动的观察与评价指导

教师组织与指导幼儿活动的过程，是教师与幼儿相互作用的过程。掌握组织与指导幼儿活动的基本方法，是幼儿教师必须具备的教育技能。

1. 评价内容

评价是建立在观察结果上的，主要是对观察到的各方面信息加以分析，读懂幼儿的行为表现，对幼儿的发展状况做出合理的评价。重点是评价幼儿在一日活动活动中表现出的情绪与情感体验兴趣爱好、交往能力、态度倾向、意志品质等作客观评价，不注重对幼儿知识技能的评价，如：

（1）在午睡起床环节评价幼儿自主穿衣的主动性和能力；

（2）在午餐环节评价幼儿进餐的习惯和态度；

（3）在早操环节评价幼儿参与的主动性、动作的连贯性和准确性；

（4）在活动区中，在宽松、民主的氛围下，让幼儿自由展露天性，在自然放松的活动情境中对幼儿展现出的多元智能进行观察、分析、记录和评价。

2. 幼儿一日活动的观察与评价重点

（1）是否体现一日活动保教合一原则。幼儿园根据《3～6岁儿童学习与发展指南》和《幼儿园教育指导纲要（试行）》设置课程开展教学活动，同时，幼儿尚无独立生活能力、需要成人精心照顾和保护，因此在幼儿园一日活动中教师忽视保教其中任何一方面都将影响幼儿的健康发展。

（2）是否以游戏为基本活动。基本活动是指在幼儿年龄段对其生存发展最有价值、最适合、最主要的活动。游戏最符合幼儿的心理特点、认知水平和活动能力，在幼儿发展中有不可替代的教育价值。游戏既是幼儿一日活动中各种教育活动的手段，又是一日活动的主要内容。

（3）是否突出了幼儿的主动性和体现了活动的多样性。幼儿园一日活动是幼儿心理发展的基础和源泉，离开活动就没有幼儿的发展。幼儿是在积极主动与人、物的相互作用中去体验、观察、发现、思考、积累和整理自己的经验的，不同的活动类型和活动内容在幼儿发展中有不同的价值，因此决定了幼儿园一日活动的丰富多样性。

（4）整体性和计划的具体性是否得到体现。一日活动中各类型活动有不同的教育价值，各类型的活动又是不断转换和过渡的。只有一日活动的教育目标、内容、手段有机融为一体，体现"动静结合、室内户外结合、集体自由结合、游戏学习结合"等整体性，才能使幼儿一日活动达到"愉快、充实、自主、有序"的标准。

【实习要点】

务必对每日各类活动作出认真详细的计划，同时对各类活动的过渡环节进行具体的安排，才能避免幼儿一日活动的枯燥单一和组织失控。

3. 如何对幼儿的一日活动进行观察与评价

对于学龄前儿童的教育，其核心目标是培养幼儿的良好习惯，落实的具体载体就是幼儿的一日活动。通过对幼儿一日活动的观察与分析评价，使新到岗的实习教师能够较快明确一日活动各个环节的流程、意义与作用，进而充分挖掘并运用一日活动中出现的各种教育资源，树立"一日生活皆教育，时时事事皆教育"的理念，并落实到一日活动之中；协调各类活动的时间比例，保证各类活动的有效开展，让幼儿每一天的生活"自主、有序、愉快、充实、提高、发展"。

(1)评价前的观察

①明确幼儿一日活动的组成部分

从家长把幼儿送进幼儿园的那一刻起，幼儿的幼儿园一日生活即开始直到其离园。按国内大多数幼儿园的幼儿园一日活动的组成方式，将幼儿一日活动细分为晨间活动、户外体育游戏活动、自主活动(区角活动、角色游戏、自由活动)、一日生活活动、集体和小组活动五大类进行观察与评价。

②对幼儿一日活动的观察方法

根据观察目的的不同，观察幼儿一日活动的方法多种多样，作为一名在园实习的准幼儿教师，建议使用最简单易操作的观察方式，即在自然的状态下观察幼儿一日活动中的行为表现，以表格、轶事、案例的方式进行随机记录和即时记录，为合理评价幼儿的发展，提供最便捷的第一手材料。

【操作建议】

观察记录过程中要注意的几个问题

★ 作为观察者，要去培养观察幼儿的强烈意愿。只有带着这种热情才能在工作中有去观察的激情和细致敏锐的目光。

★ 观察者的距离不宜离幼儿太近或太远。太近容易影响幼儿正常的活动，太远又无法细致的地观察幼儿的行为表现。

★ 为配合记录的完整性，必要时可采取录音、录像、拍照等记录方法。可以生动及时的记录观察内容。

★ 幼儿的基本资料每次都要记录。

★ 避免以幼儿先入为主的印象行为的判断。

★ 要及时地将观察原始资料进行文字整理。

★ 记录资料不足或不确定的行为，不要轻易作结论。

(2)评价原则与要领

①要特别注意营造民主、和谐、宽松的良好评价氛围。

例如，在评价结构区中积木的拼摆情况时，教师注意用商量、探讨的口吻引导幼儿互评，即找找谁的作品搭得好、谁的作品和别人不一样、谁还会搭出别的作品等，这就将评价置于有意义的、真实世界的活动中，使幼儿自然而然地展开相互评价，在自然、轻松的氛围中，更加积极、大胆地展露自己的所思所想，使教师了解幼儿的认知水平，从而有利于教师进行必要的指导或引导。

②对幼儿的评价，应不止局限在主题活动、领域课程活动、区域活动中，在其他

生活活动中，在教师没有参与、没有组织的自由活动中，都可以适时、适当地引入评价。

③对于活动的过程、活动的结果，也可以进行评价，不可因为新的教育理念强调"重过程"而视"结果"为洪水猛兽，避而不谈，如生活活动。

【操作建议】

作为一名准幼儿教师，在参与幼儿园实习时，如果有机会参与对幼儿一日生活的观察与评价，应尝试在班级指导教师的帮助下，着眼于关注幼儿在活动过程中的发展和变化，善于把握教育的契机加以引导、加以评价，以更好地体现教育的教育性和发展性功能。

(3)评价的方式方法

①言语评价

直接运用语言对幼儿进行评价，这是教师教育观、适宜教育行为最直接的流露。在对幼儿一日日常生活活动的观察中，建议直接就观察结果即兴、即时地对幼儿进行评价。

可根据不同发展水平的幼儿的情况进行不同的适当评价。能力强的幼儿，评价是为了下次更高层次的活动。能力弱的幼儿，评价是为了其自信心与积极性的建立与提高。

②行为评价

评价是观察、记录和说明幼儿做了些什么以及他们是怎样做的一个过程，记录的方式可以是多种多样的。如：

纪实性评价——幼儿谈话的原始记录；

图案示意——以幼儿看得懂的图形(如星星的个数、不同表情的脸谱)来记录，使幼儿在没有成人的指导下，仍能看懂评价结果；

实物操作记录——教师选择了一个适宜幼儿操作的地方，作为"好宝宝自评栏"，有序贴上幼儿的名字卡片，这一行为马上引起了幼儿的关注和兴趣，通过猜一猜，认名字、找名字等方法，引起了幼儿的好奇心与兴趣，同时可以复习幼儿对自己名字的认识，为自评做准备。而直观的小图片等半成品的提供，有助于幼儿对其直观形象的兴趣，因为小班幼儿思维具有直观形象性，也有助于对其自己行为的理解，自己制作评价材料，有助于提高幼儿对自我评价的兴趣，激发其参与的主动性。

【操作建议】

教师要积极关注幼儿一日活动的评价，不管是学习活动中的正规性的评价还是其他活动环节中的随时性的评价，在评价过程中都要善于发现幼儿的闪光点和影响幼儿发展的因素，全面了解幼儿，趋利避害，巧妙利用评价引导幼儿发展，有助于幼儿各方面能力与习惯的养成，促进幼儿的自我评价。

(4)评价记录

以下是分别采用案例记录观察法、轶事记录法、表格记录法对一组幼儿或单名幼儿参与区域活动情况进行观察评价的记录，常用于个案研究与评价。

表 6-19　幼儿参与区域活动记录表(案例记录观察法例表)

班级	小班	观察日期		观察者	×××
观察对象	×××	年龄段	3 岁	性别	男
材料投放	娃娃家：小推车、娃娃、娃娃家餐具 超市：各种塑料玩具、货架				
区域活动记录	A 从超市里拿来了很多菜，有胡萝卜、青菜、鸡腿、南瓜(塑料玩具)，B 将这些菜放到盘子里后说："烧好了。"A 便拿起鸡腿放入嘴里，我见此景，连忙进入娃娃家，对 A 说："A，我看见你肚子里有很多细菌，我要带你去医院打针、吃药。"来到医院打完针，我对他说："这个鸡腿是假的，不能吃，吃了肚子里会生细菌的"				
活动分析与评价	小班幼儿在沉溺于游戏情境时，往往会将假想与现实混淆，以假乱真，特别是当游戏情节中出现假想的食物，幼儿便会真的放入口中咀嚼。此时，教师应作为幼儿游戏伙伴，以平等身份参与游戏，与幼儿共同探索操作，从而营造一种宽松和谐的气氛，唤起幼儿装扮意识				

表 6-20　区角活动记录(轶事记录法例表)

观察时间：10 月 15 日／10 月 26 日

观察班级：中班

观察者：××××

观察对象情况：中班全体幼儿(4～5 岁)

观察内容：我们班的"手机店"

观察记录：

开学至今，班级幼儿的角色游戏已经开展了一段时间了，通过对幼儿们的观察，发现小朋友对一些游戏慢慢地失去了热情，比如说：理发店。针对这一现象，今天(10 月 15 日)，我和幼儿们展开了讨论：我们还可以开设一些什么店？通过和幼儿们的共同商议，大家决定在原来开设理发店的地方开设一个手机专卖店，起了一个名称叫：彩虹手机专卖店。接着还和幼儿们继续讨论：彩虹手机专卖店可以卖些什么？应该有一些什么工作人员？如果客人想要的手机店里没有，应该怎么办？有哪些材料可以制作成手机的？手机店的营业员应该说些什么话？等等，一系列的问题。在幼儿们的共同商讨下，今天彩虹手机专卖店终于开张了(10 月 26 日)，幼儿们的兴趣特别的高，店里的手机一会儿就卖光了，加工厂都来不及加工和生产，在游戏讲评时，让幼儿们自己说一说今天的手机店有什么问题，在下一次的游戏中应该注意些什么？

幼儿行为分析与评价

中班上学期的幼儿已经有了一定的角色意识和自我的主见，在游戏中，教师不需要一味地为幼儿们解决问题，而是可以把一些简单的问题抛给幼儿，让他们自己动脑筋解决，这样做既提高了幼儿们的游戏能力，又可以丰富游戏的情节，让幼儿们玩起来更加的有劲。教师在游戏中发现问题，创设情境让幼儿展开讨论，支持了幼儿游戏的发展。

续表

备注	（其他需要说明的问题，如调整策略，下次游戏的思路……）

表 6-21　幼儿一日活动环节参与情况评价（表格记录法例表）

	环节	评价（×/√）	分析
游戏活动	1. 能按自己的意愿选择游戏，积极参与，专注投入		
	2. 同伴间能积极主动交往，相互合作		
	3. 能遵守游戏规则，角色意识强		
	4. 能创造性地开展游戏，拓展游戏经验		
	5. 能正确使用、爱护、整理玩具材料		
自由活动	1. 友好结伴，不打闹拥挤		
	2. 轻声游戏，不大声喧哗		
	3. 不在地上滚爬		
	4. 不随意进入午睡室		
	5. 不在楼梯上玩耍		
	6. 不进入其他班级		
来园	1. 衣着整洁、带好手绢愉快来园接受晨检		
	2. 有礼貌向老师、小朋友问早，与家长再见		
	3. 将衣物叠放整齐，并放在固定地方		
	4. 自由选择桌面游戏，爱护玩具，友爱谦让，轻声交谈		
	5. 值日生做好值日工作，中、大班做好气象、自然角的观察记录		
晨间/户外活动	1. 活动前整齐走出教室，不随意离开集体，有事与老师打招呼		
	2. 自由选择玩具，积极投入活动，活动后能迅速整理归放玩具		
	3. 遵守游戏规则，与同伴友爱、谦让		
	4. 学会自我保护的方法、懂得基本常识		
	5. 操节精神饱满，动作有力到位、注意力集中		

* * * * * * * *

📖 **要点回顾**

一日生活是实现幼儿全面发展教育的重要一环。幼儿的学习和发展特点，以及幼儿园课程特点决定了幼儿园课程整合的基点就是一日活动，合理安排幼儿的一日生活是幼儿学习与发展的基本保证，有序的一日生活能帮助幼儿建立安全感与秩序感，而在每天反复的各项活动中，幼儿就建立了常规，就能进行有效地学习。幼儿园一日活动中各环节的合理组织和实施对于提升幼儿园工作效率，更是意义重大。

有价值的一日活动实习包括：了解实习园所基本情况和对教师的常规要求；熟悉实习所在班级教育、教学及幼儿的一日生活各环节等情况；熟悉并掌握幼儿的一日生活护理及教育措施及手段；编写带班教育工作计划、教案、教育记录（如：体现一日生活具体安排及教育要求的教育工作计划、课前制订的教育活动具体方案等）；尝试有效组织和指导幼儿的各项活动；有对幼儿的个性化追踪记录，能进行有针对性的个别教育，并形成教育活动案例、观察记录等；有机会参与实习幼儿园所在班的备课、讨论等教研活动经历；有大胆与家长进行有关幼儿教育的交流和沟通经历。

在"发现儿童"的基础上，不断反思，尝试转变以教师预设为主，较为封闭、高控、整齐划一的幼儿园一日活动组织与实施方式，让幼儿在一日活动中有更多的自主畅游空间，充分享受自己选择、构想、体验、表达的权利；让幼儿在更为低结构的一日活动中，有充分享受自由穿梭于现实与想象之间的权利；让幼儿在更具差异性的一日活动中，有自然"游离"与"伸展"的权利，让一日活动更富价值！

📑 **核心概念**

幼儿园一日活动；晨间活动；晨间谈话；早操活动；教育教学活动；区域活动；游戏活动；间隙活动；生活活动；离园活动；家长工作；幼儿园教师一日工作常规；半日活动计划；一日活动观察与评价。

📖 **成长档案**

1. 认真完成本单元实践任务清单中的各项任务，并将其整齐放入自己的成长档案当中以备随时查询。

2. 梳理自己在幼儿园实践操作时保存的相关影像资料，如照片、视频、文字等，做好与同学、师长交流准备，反思总结丰富个人专业成长档案。

3. 多渠道收集与幼儿园一日活动有关的文献、理论资料，并对这些资料的研读成果形成梳理总结，形成简短的读书笔记，充实完善个人专业成长档案。

📚 **资源链接**

1. 李季湄，冯晓霞.《3～6岁儿童学习与发展指南》解读[M]. 北京：人民教育出版社，2013.

2. 蔡春美，等. 幼儿行为观察与记录[M]. 上海：华东师范大学出版社，2013.

3. 步社民，主编. 幼儿园教育实习指导[M]. 北京：高等教育出版社，2010.

4. 张燕编著. 幼儿园管理[M]. 北京：人民教育出版社，2008.

5. [美]帕特丽夏·F. 荷尔瑞恩，弗娜·希尔德布兰德. 幼儿园管理[M]. 上海：华东师范大学出版社，2011.

6. 宋文霞，编. 幼儿园一日生活环节的组织策略[M]. 北京：中国轻工业出版社，2012.

7. 吴文艳，主编. 幼儿园一日生活过渡环节的组织策略[M]. 北京：中国轻工业出版社，2014.

8. 施燕，主编. 幼儿园新教师上岗手册[M]. 上海：华东师范大学出版社，2012.

9. [美]克斯特尔尼克，等，著. 儿童社会性发展指南理论到实践[M]. 北京：人民教育出版社，2009.

10. 周裕芬，鲁艳. 幼儿园一日生活过渡环节的优化策略[J]. 成功，2013(8).

11. 冯慧. 外面的世界很精彩：英国森林幼儿园一日生活[J]. 河南教育，2013(2).

12. 侯叶萍. 一日生活皆教育：浅谈幼儿园一日生活中的养成教育[J]. 学周刊，2013(4).

13. 彭解华. 幼儿园一日过渡环节中教师与保育员的合作与分工[J]. 当代学前教育，2013(4).

14. 季蕴霞. 在幼儿园一日生活各环节流程中落实精细管理[J]. 天津教育，2012(11).

15. 王莉. 关于幼儿园一日活动实施的研究[J]. 都市家教(上半月)，2012(12).

16. 梁文玉. 幼儿园一日生活管理中的问题分析及策略研究[J]. 家教世界，2013(7).

17. 李建丽，刘峰峰. 从管理的角度谈幼儿一日活动的优化[J]. 幼儿教育，2011(16).

18. 王丽. 教育之路　幸福相伴：半日活动流程的设计与思考[J]. 早期教育(教师版)，2012(3).

19. 鄢超云，郑梅. 基于儿童朴素物理理论的半日活动[J]. 学前教育研究，2003(11).

20. 孟中芳. 有效利用一日生活中的过渡环节[C]. 2012年幼儿教师专业与发展论坛论文集，2013.

单元七　教育实习：集体教学

单元要点

　　本单元旨在介绍集体教学活动的一些理论观点，帮助学习者反思幼儿园集体教学活动的利与弊，同时，掌握集体教学活动在具体实践中的策略和技巧，提升集体教学活动实施的有效性。

学习目标

　　通过本单元的学习，学习者应该达到以下目标：

　　1. 进一步理解集体教学活动的意义，学习一些关于集体教学活动的基本理论，能认识到集体教学活动只是幼儿园教育活动的一种教育形式，而非儿童学习的主要学习方式；

　　2. 掌握集体教学活动设计与组织的具体方法和技能，包括活动目标、活动导入、提问、活动结束等；

　　3. 以各领域活动特点为例，进一步掌握不同领域集体活动设计和组织的策略。

第一节　对集体教学的反思

一、集体教学活动的产生和发展

幼儿园集体教学活动一般是由教师按照一定的活动目标，依据一定原则，选择活动内容，设计活动过程，面对全班幼儿实施教育过程的活动。

集体教学活动是我国幼儿园的传统教育组织形式，源于苏联学前教育学的影响。20世纪50年代，苏联幼教研究工作者把"学前教学"这一概念引入幼儿园，并定义为"发展儿童的认识能力，用系统的基本知识武装他们，按《幼儿园教育大纲》所规定的范围培养他们的技能和技巧的有系统、有计划和有目的的过程。"[①]在集体教学中，教师主要通过直接控制的方式对幼儿施加教育影响，即用较为直接、明确的方式传递教育意图，也是一种有系统性和经济快捷的教育方式。

随着现代心理学和教育学研究的深入，人们逐渐认识到：教育不是简单的知识传递过程，而是知识的处理和转换过程。由于学习者原有认知结构与经验的影响，同样的事物与现象对于不同的学习者会有不同的意义。因此，这就要求我们在教育活动设计和组织过程中，不要把注意力放在教师的"教"上面，而是注意发挥幼儿学习的主动性，并承认和尊重幼儿学习中的个体差异。20世纪80年代以来，人们对个别差异的理解发生了变化，由过去认为的能力大小、强弱的差异及个性差异，发展为发展速度、认知结构特点的差异。这使教育者认识到，要发挥幼儿学习主动性，就必须使内容、进度和方式方法，适合每一个学习者的身心发展水平、进度和特点。

新的教学观、个别差异观，使我们认识到了集体教学对幼儿学习主动性发挥的局限性。集体教学是全班幼儿在同一时间内以同样方式与速度学习同样内容的组织形式。在集体教学活动中，教师较难顾及幼儿发展的个别差异，无法真正实现对每个幼儿学习需要的满足，因而不利于每个幼儿学习主动性的发挥。

尽管如此，作为一种教学组织形式，集体教学仍然具有它特殊的意义，"作业教学的引入幼儿园，对培养儿童有组织的行为、发展他们的认识活动、教他们学会遵从成人的指示，从而做好儿童的入学准备，的确起过良好影响，作业教学在历史上的这一进步作用是应予以肯定的"。[②] 我们不能因其局限性，而全盘否定其存在的价值。尤其是我国的幼儿教师大多有着比较丰富的集体教学经验，让她们用其他教学形式来完全代替集体教学，是短时期内不可能实现的，而且也是没必要的，因为集体教学有

---

① 亚德什科，索欣，主编. 学前教育学[M]. 北京：人民教育出版社，1981：213~214.

② 邓鲁萍. 乌索娃和苏联学前教学理论的发展[J]. 外国教育资料，1987(5).

其独特的教育功能。我们应该在认清其局限性的同时，更加注意发挥其优越性，以适应新时代的需要。

二、集体教学活动的功能定位

(一)适宜范围

我们在前面的叙述中已知道，幼儿园集体教学活动一般是由教师按照一定的活动目标，面对全班幼儿实施教育过程的活动。

【回顾】

你在幼儿园的见习活动中，观察到哪些内容教师常采用集体教学的形式来进行？是否适宜？为什么？

【提示】

李季湄、肖湘宁曾总结出教师常采用集体教学形式进行活动的内容，包括：人类优秀文化传统；社会的观念、行为规范、约定俗成的规则；必需的社会知识或概念，与健康生活有关的安全、卫生等常识，周围环境的有关信息的传递；某些技能的传授，如工具、物品的使用方法等。

这些内容主要是从社会的角度要求全体幼儿都应该掌握的。既然是要求全班幼儿掌握，那么采用集体教学的形式就是最经济有效的。另外，从儿童发展的角度出发，凡是全班幼儿共同感兴趣的或有着共同经验基础的内容，采用集体教学的方式也是适宜的。

(二)独特功能

苏联学前教育专家乌索娃把要求儿童掌握的知识分为简单知识和复杂知识两类。对于简单知识，儿童在与成人的日常交往中，在游戏、劳动和观察中就可以获得，无须专门教学。但是儿童获得的知识多是零散的。要使儿童掌握复杂知识，则必须经过专门的作业教学(即集体教学)，这一类知识在儿童的知识总量中虽然只占很小的一部分，但对他们的智力发展却具有决定性影响。因此，集体教学就发挥着帮助幼儿组织、提升简单知识的独特功能。

"现代心理学和教育学的研究表明，能够引起儿童智力发展重大飞跃的，一是掌握反映事物和现象之间内在联系和关系的一定的知识体系，二是掌握与此相应的认识活动的一般方式。"①有研究表明，在良好的教学影响下，学前儿童在直观的形象中也能够反映事物的共性，也能够发现事物的本质联系和相互依存关系。由此可知，集体教学的主要功能应是将幼儿自发获取的简单知识，转化为能够引起儿童智力发展重大飞跃的知识体系。知识的系统化，将使幼儿的旧经验在新的理解上得以重构。而重构

---

① 邓鲁萍. 苏联学前教学论的进展[J]. 外国教育，1998(5).

后的知识体系，对儿童发展具有重大的价值：能生成新知识，促进知识的迁移和应用，提高幼儿的思维水平，从而促进智力的发展。

(三)改善思路

集体教学活动，作为面对全班幼儿进行的活动方式，其对幼儿的指导方式、组织形式等方面并不是刻板固定的。针对目前集体教学活动存在的问题，为使幼儿的学习主动性得到更好的发挥、发展，应着力在以下两个方面加以改善。

1. 教育方式的变化：从直接传授为主转向引导发现为主

直接传授的方式至今还为为数不少的幼儿教师所采用，活动中，教师的言语活动成为幼儿获得知识的主要途径。以言语讲解为主要教学方式的接受学习，要求学习者具有较高的思维活动的调节与概括机能。但幼儿的语言发展还处于第一信号系统占优势的水平，其第二信号系统的概括机能还很差，言语讲解对他们而言是不适宜的。所以，对幼儿直接传授学习的某些内容虽然是必要的，但不应该成为教学的主要方式。

幼儿主要通过感知、动作、表象认识世界，这就使得他们很难脱离具体的材料操作和直接经验进行学习。因此，发现学习是更适合幼儿的学习方式，引导发现就应该成为教学的主要方式。

奥苏伯尔认为："发现法……更适合于在学前和小学低年级的儿童中使用，因为这时概念形成多于概念同化，而且不具备学习大量知识的先决条件(在认知结构中还缺乏可以利用的大量高级抽象观念和关联词，还不具备同化概念的抽象方式)。"[①]

近年来，我国也有学者认为，在幼儿期，发现学习是比接受学习更适合幼儿的一种学习方式。特别在发挥幼儿的主体性，如激发幼儿的学习动机、发展其分析和解决问题的能力、培养主动参与的积极态度等方面。这些对幼儿的发展和终身学习都有重要意义的东西，在很大程度上被认为是可学而不可教的，即不能由教师像传授知识那样"教会"，只能通过潜移默化地培养，通过幼儿自己的实践活动"学会"。

在集体教学活动中，强调以幼儿发现学习为主，并不是不要教师的指导，只是教师的作用由直接指导变为间接指导。教师的主导作用还是非常重要的。教师的间接指导作用主要表现为：为幼儿创设发现学习的环境，敏锐地感知幼儿发现学习中遇到的困难，启发幼儿寻找克服困难的方法，等等。因此，集体教学方式应以引导发现为主要方式。

集体教学中幼儿主动学习的实现，其实质就是教师的主导作用和幼儿学习主动性协调作用的问题。要解决好这一问题，支架式教学是一种很值得借鉴的模式。支架式(Scaffolding)教学是以维果茨基理论为基础而发展起来的一种教学模式。在这种模式中，儿童被看做一座建筑，积极地建构自身。教师作为社会文化的代表引导着教学，

---

① 　D. P. 奥苏伯尔，等. 教育心理学——认知观点[M]. 余星南，宋钧，译. 北京：人民教育出版社，1994.

使得儿童能够前进，继续建造新的能力。有效的支架包括如下成分：共同解决问题，内在一致性，温暖和敏感，在最近发展区内看管好儿童，促进自我调节。总之，支架的意思就是在共同的问题解决活动中，教师和学习者之间愉快地合作。在这种合作过程中，成人通过提供敏感、适当的帮助，促进儿童思考。当儿童技能增长时，使他们对任务承担更多的责任，从而支持儿童的自立、自治、自主。简言之，是通过支架（教师的帮助）把管理调控学习的任务逐渐由教师转移给学生自己，最后撤去支架。由此可知，这种教学模式使教师的主导作用和学生的学习主动性结合得较好。支架教学模式中，有效的支架包括的成分，对教师主导作用发挥的具体形式问题，有着重要的借鉴意义。

2. 教育组织形式的变化：突破全班活动一统天下的局面，增加小组活动、个别活动的机会

辩证唯物主义哲学告诉我们：内容决定形式，形式反作用于内容。因此，教学组织形式应取决于教学的内容。幼儿园教学由于受幼儿身心发展水平的影响，其教学内容带有广泛性、启蒙性等特点，故相应的教学组织形式也应该是灵活多样的。在充分发挥集体教学优越性的同时，也应该吸收分组教学、个别教学等其他教学组织形式中对儿童发展有益的成分，改变集体教学一统天下的局面，增加幼儿分组活动、个别活动的机会，使教学组织形式真正能够更好地为教学目标的实现服务。

第二节　幼儿园集体教学活动设计及组织的基本技能

一、目标制订的技能

(一)确定表述的角度

表 7-1　课程目标表述的两个角度

表述角度	该角度表述的意义	常用词汇	举例
教师	比较明确地指明了教师应该做的工作与应该努力达到的教育效果，对于教师明确自己在教育活动中的角色与作用有很大的帮助	"鼓励""引导""帮助""使"等	1. 鼓励幼儿在公开场合大胆表达个人见解 2. 引导幼儿区分男孩、女孩明显的外貌特征 3. 帮助幼儿学会与他人友好相处，学会与同伴知道游戏和活动规则

续表

表述角度	该角度表述的意义	常用词汇	举例
幼儿	在基于对幼儿当前的发展水平和需要的基础上，更多去考虑幼儿通过学习后应该达到的发展程度	"体验""感受""喜欢""能够""愿 意""理解"等	1. 喜欢听别人讲述图书；能根据画面展开联想，并用连贯的语言表达出来 2. 能在看一看、摸一摸、玩一玩的过程中发现石头的有趣之处

反思

结合已有经验，你对活动目标表述角度的看法是什么？你觉得应该从哪个角度出发？为什么？

【提示】

从教师角度出发表述活动目标容易促使教师过多地关注自己的"教"，考虑"教什么""怎么教"，而忽略幼儿的"学"，因此多数人主张从幼儿角度表述课程目标。

从幼儿角度表述课程目标可以促使教师更多地关注幼儿"学什么"与"怎么学"，关注幼儿的学习方式，关注幼儿学习的效果，促使教师更多地"以学定教"，避免单纯地"以教定学"。

应注意的是，无论从哪个角度出发进行表述，都应做到活动目标的主体保持一致，不能在一组目标中同时从教师和幼儿两个角度进行表述。

（二）目标内容要全面

幼儿园教育的目标是促进幼儿全面和谐地发展，因此教育活动目标一般应包括以下三个方面，即情感态度目标、能力培养目标、知识技能目标。情感态度目标是指在活动过程中幼儿情绪情感的体验或形成某种积极的态度；能力培养目标是指活动过程中某种能力的形成；知识技能目标是指本次活动要完成的具体任务或要达到的水平。

【案例】

科学教育活动：分类（中班）

活动目标：

1. 愿意参与分类活动，对分类活动有兴趣。（情感目标）

2. 在观察比较中，能发展思维的敏捷性。（能力目标）

3. 学会按照物体的某一特征进行分类；初步学习按物体的二维特征进行分类。（技能目标）

（三）目标制订要具体，具有操作性、针对性和可量化性

比较以下两类目标，反思：为什么目标制订要具体？

手印画：螃蟹	
表述一： 　　1. 体验用手掌印画螃蟹，尝试运用色笔添画来表现螃蟹的不同动态 　　2. 乐意介绍自己的作品，能独立创编出有趣的故事情节	表述二： 　　1. 发展幼儿的观察力、想象力、语言表达力 　　2. 提高幼儿的感受力、表现力 　　3. 培养良好的行为习惯
你的思考： 	

【提示】

　　教学活动目标是教学目的和任务在活动中的具体化，应该具体、明确、有针对性，易评估，若目标过于笼统则无法评估目标的达成度。

(四)目标制订要注意各领域目标之间的整合

　　在实际教育过程中，各领域的内容是相互渗透的，一种主要的领域教学中也贯穿着其他领域的活动。因此它的教育目标也不是孤立的，而应该成为一系列教育活动目标群中的有机组成部分，和其他领域教育目标的相互联系。

【案例】

社会教育活动：中国丝绸(大班)

　　活动目标：

　　1. 了解丝绸的产生，知道丝绸是中国的特产，增强民族自豪感。(科学和社会领域教育)

　　2. 感受丝绸的柔软、光滑、漂亮等特点，体验服装表演的乐趣。(社会和艺术领域教育)

(五)目标制订既要面向全体，又要适应个别差异

　　教育活动中，幼儿的学习经验和学习能力之间存在着各种各样的差异，制订一个适合全班幼儿水平的目标几乎是不可能的，但是作为班级的教育活动又必须围绕着一个统一的活动目标进行，那么我们如何使教育活动目标既有统一要求，又能适应不同幼儿的需要呢？我们可以在充分了解幼儿的基础上制订最低标准，这样有助于保证学习者的学习质量，必要时也可规定目标的上限，以鼓励学有余力的幼儿精益求精，使他们的学习潜力得以充分发挥。

(六)目标制订要因时因地

　　地理位置、风俗习惯等差异导致幼儿园所在地区的气候环境、风土人情、动植物都有很大不同。教育者还要要根据本地的气候与文化资源来制订具体的目标。如大班语言活动《家乡的冬天》，北方冬天最显著的标志是有雪花飞舞，而南方则很少下雪，

甚至有些地方还的是鲜花盛开；由于气温的不同，穿着也有些不同。所以在制定目标时，就要根据本地的时间与条件来制订，而不能简单照搬教材。

(七)目标中行为动词的使用

在教育活动目标的编写中，行为的表述是最基本的成分。我们常常运用一些动词来表达。在幼儿教师设定的目标中多见到"理解、掌握、欣赏、培养"等词，甚至还在"理解"前加上"深刻"——深刻理解、充分掌握……以反映活动要求的提高。

其实，这些词的含义较广，不同的人有着不同的理解，使得目标表述不清楚、不明确。所以，行为动词的选择和表达很重要。为帮助学习者更准确地使用目标动词，我们给出下列参考列表，学习者可以细细琢磨，并增加自己再实践中运用到的动词。

表 7-2　目标表述动词列举

教育活动目标	动词列举
认知	知识(对信息的回忆)：列举、说出……的名称、复述、排列、背诵、回忆、选择、描述、辨认、标明
	领会(用自己的语言解释信息)：分类、叙述、解释、选择、归纳、猜测、举例说明、区别
	应用(将知识应用到新的情境)：运用、计算、示范、说明、解释、解答、改变
	分析(讲知识分解，找出各部分之间的联系)：图示、指出、创编、设计、提出、归纳、总结
	评价(根据一定的标准进行判断)：比较、评定、判断、证明、说出……的价值
情感	接受和注意(愿意注意某事件或活动)：知道、注意、接受、赞同、选择
	反映(乐意以某种方式加入，以示作出反应)：陈述、回答、列举、遵守、完成、听从、承认、参加、完成、解释
	评价(对现象或行为作出价值判断，标志接受)：区别、判别、支持、评价、判断、比较、下定义
	组织(将不同的价值标准组成一个体系，并确定它们之间的相互关系)：讨论、确定
	价值或价值体系个别化(具有个别化的价值体系，以指导自己的行为)：相信、拒绝、改变、判断、解决
技能	知觉能力(根据环境刺激作出调节)：旋转、接住、移动、踢、保持平衡
	体能(基本素质的提高)：有耐力、反应敏捷
	技能动作(进行复杂的动作)：演奏、使用、操作
	有意的沟通(传递情感的动作)：用动作表达感情、改变脸部表情、舞蹈

教育活动目标的设计要在活动过程的设计之前完成。活动过程的设计围绕它的活动目标展开的，因此要注意活动目标和活动过程的统一。此外，活动目标的设定一定

要符合幼儿的经验水平，避免脱离幼儿实际。参见以下案例。

表7-3 活动设计案例

题目	活动目标	反思	修改
"春游"（小班）	通过春游活动，观察春天的景象	将活动内容等同于活动目标，这一目标是对整个活动内容的描述，只提出了让幼儿干什么。无法明确幼儿要通过此次活动，获得什么经验，得到什么发展	(1)能愉快地参加春游活动，对春天的景色表现出好奇 (2)能在教师指导下学习观察春天花草树木的明显特征 (3)学习用语言表达对春天的感受
"参观农贸市场"（大班）	(1)了解农贸市场里人们的工作 (2)知道农贸市场是人们购买农副产品的地方 (3)认识一些常见的蔬菜、家禽等	目标表述不注意依次递进。一个教学活动的几个活动目标往往是有难易程度之分的，所以目标表述时的先后顺序很重要。在这个活动中，幼儿最容易达到的目标是"知道农贸市场是人们购买农副产品的地方"，然后才可能了解市场里人们的工作	把"知道农贸市场是人们购买农副产品的地方"放在目标的第一条
"春天里的节日"（大班）	知道春天里几个节日的名称及其含义	目标模糊不具有可评价性。"几个"到底是多少呢？幼儿能懂得几个或几个以上算是达到了目标呢？使得评价目标是否达成产生了困难	知道春天里有春节、清明、植树节等节日……
"学习5的分解"（大班）	(1)通过操作玩教具让幼儿学会5的分解 (2)培养幼儿的观察能力	目标1是从幼儿角度表述，目标2则是从教师角度表述，表述角度不一致	目标2改为"学习观察事物之间的变化规律，提高观察水平"
"画国旗"（小班）	理解国旗的含义，爱国旗	该目标的要求是小班幼儿无法达到的。目标难度过大，不符合幼儿的年龄特点	目标1改为"知道我们国家的国旗是五星红旗"

二、导入技能

导入是活动开始时，教师引导幼儿进入活动过程的组织方式，是活动的起始环节，时间一般不宜过长，通常在 3～5 分钟，一般不超过 10 分钟，否则就会挤占基本部分的教育活动时间，冲淡主体的活动任务。良好的导入可以有效吸引幼儿注意力，激活其思维，激发其学习兴趣、求知和探索的愿望，同时引出活动内容，营造良好的活动情境。幼儿园教育活动导入因活动内容、教育对象和教师风格各异及手段的作用不同而表现出多种多样的方式方法。

表 7-4　导入类型及其特征、实例

导入类型	特征	实例
直观导入	在活动开始时，通过让幼儿观看实物、图片、标本或播放投影、电视录像片等方式来引起幼儿的兴趣，从中提出问题，创设活动情境	科学活动"毛毛虫找妈妈"（大班）：教师先让幼儿观看蝴蝶生长过程的图片，然后询问幼儿"毛毛虫是怎么长大的？""毛毛虫的妈妈是谁？"鼓励幼儿讲述蝴蝶的生长过程
演示导入	通过演示实验、操作玩教具和表演的方法来激发幼儿的好奇心，使幼儿产生想要了解演示中出现的各种现象、变化及原因的强烈愿望	科学活动"磁铁"：教师在桌子上放上一些回形针、小钉子、钥匙，然后把磁铁放在这些物品上方，让这些物品站了起来。这时候，教师提问："为什么我能让这些小东西站起来？"
作品导入	用儿歌、故事、谜语等文学作品对幼儿具有的特殊吸引力，来引出活动的内容，引发幼儿联想的方法	科学活动"春天来了"（中班）：教师在优美的音乐中给幼儿阅读《春天是什么》的儿歌，启发幼儿思考春天来了周围环境发生了什么样的变化。环境要注意儿歌、故事和谜语的科学性、趣味性和思想性
游戏导入	游戏活动或用游戏的口吻来导入	体育活动中活动上肢、下肢、身体的准备部分有趣地寓于故事中，如小猫睡觉了——做睡觉状，醒来后伸伸懒腰——上肢运动，洗洗小花脸，看看小尾巴在不在——体转，跑跑跳跳真开心——跳跃
音乐导入	利用歌曲、乐曲或组织简短的音乐活动来导入	社会活动"喜欢和你在一起"（中、大班）：教师播放欢快的《和你在一起》的音乐，请小朋友们一起做韵律活动，在音乐活动中让幼儿相互交朋友
经验导入	教师利用幼儿已有的知识经验，在引导幼儿探索、联想的基础上导出活动的内容	"鸡蛋变变变"（小班）：教师询问幼儿："小朋友们知道鸡蛋能做出哪些吃法吗？我们生活中吃的东西有哪些是鸡蛋做的？"

各种导入方法都要体现出启发性、针对性、趣味性、简洁性等特点。此外"教学

有法，但无定法，贵在得法"，实际运用时，常常是多种方法相结合。例：社会教育活动"欢度圣诞节"（大班）。

导入方式：教师出示由自己和幼儿共同收集的有关"圣诞"主题的图片、饰品，引起幼儿对"圣诞节"的关注。

【练习1】

社会教育活动：我们都是好朋友

主要目标：通过活动，幼儿能学习使用适当的人际交往技能更好地分享玩具。

请你为中班社会教育活动"我们都是好朋友"设计两种不同的导入方法。

【练习2】

科学教育活动：食物到哪里去了

主要目标：通过观察、操作，知道食物旅行的过程，并初步了解各种器官的作用。

请你为大班设计两种不同的导入方法。

三、提问技能

提问技能是指在活动进行过程中通过设置问题，启发幼儿回忆、思考、观察、操作、探索，以寻求问题答案的行为方式。教师通过提问、解答问题、检查反馈，与幼儿相互作用，从而实现活动目标。提问是教师促进幼儿思维，评价教育活动效果，推进和发展教育活动、实现活动目标的基本手段。在幼儿园日常教学活动中，提问是必不可少的重要环节，好的提问能调动幼儿的学习积极性，激发幼儿主动参与的欲望，培养幼儿的想象力和创造性。

好的提问要从两个方面来看：第一从幼儿方面看，能激发其求知欲，促进思考，调动课堂气氛，培养幼儿的口头表达能力；第二从教师方面看，能促进师幼有效互动，帮助教师及时反馈教学信息，帮助教师将教学活动逐步引向深入，最终促进教学目标的达成。

表 7-5　提问技能类型、适用范围及实例

类型	适用范围	实例
回忆式	要求幼儿回忆所听、所记内容的提问类型。主要用于建立新旧知识的联系，一般在各教学活动的初期阶段进行	在幼儿听完了故事后，教师一般都提出这样的问题：刚才讲的故事里有谁？他们发生了什么事？最后怎么样了？
描述式	要求幼儿在细致地观察图片、实物后作出描述。主要帮助幼儿能够有针对性地观察教师需要幼儿观察的形状、颜色、表情、动作等	"看看小兔子、小猴、小松鼠的尾巴分别是什么样的呢？"

续表

类型	适用范围	实例
判断式	教师列举一些容易搞错的、似是而非的问题，让幼儿比较、辨别，进而确定是非对错。或列举很多可能的情形、条件、结果，让幼儿做出选择、判断	对于自己坐在桌前吃饭的毛毛和一边吃一边玩玩具，饭撒满地的涛涛，教师提问："这两个小朋友的行为你认为谁做得对？为什么？"
比较式	要求幼儿通过对图片、物品的进一步观察来比较事物的异同，从而把握事物的细节或物体间的本质差异	"长方形和正方形有什么不同？"
理解式	要求幼儿通过对已有知识经验进行思考后，用自己的语言把对事物的看法、操作的结果进行描述或回答。这类问题的主要目的是教师检查幼儿对某些知识概念、动作原理的理解情况，属于对事物本质的一种提问类型	在沉浮的试验后，教师提问："为什么有些物体可以浮在水面上，有些却沉在水面下？这和什么有关系？"
递进式	对幼儿的提问层层递进，由浅入深，有助于幼儿思考事物间深层次的联系，抓住事物的本质特征，提高幼儿的认知水平	"这是什么？"幼儿回答："自动伞。""自动伞的哪个部分设计有弹簧？"答："在伞的柄架上有弹簧。""为什么要在这儿装上弹簧，设计成有弹性的呢？"答："不要用两个手去打开，它自己会打开，更加方便。"
评价式	在教育活动中，教师引导幼儿对生活中的现象或文学作品中的人物、行为给予评价，提出自己的见解	你认为《小猫钓鱼》中的小猫怎么样？它为什么钓不到鱼？小朋友应该向谁学习？
反诘式	对幼儿在观察、感知过程中初步得出的判断进行反问，可以促使幼儿进一步仔细观察，从而形成正确的结论，也避免幼儿人云亦云，在思考的基础上回答问题	你怎么知道小宝是个爱帮助人的好孩子呢？

表 7-6   语言活动《彩虹色的花》案例研讨

【案例研讨】	
以下是同学们在语言活动《彩虹色的花》的教案中的提问，你觉得这些提问是否恰当？是否起到了作用？	
1. 师：小朋友们，你们见过彩虹色的花吗？ 幼：没有。 师：你们想听听关于彩虹色的花的故事吗？ 幼：想。	
2. 师：小朋友们，看着彩虹色的花这样，你们心痛吗？难过吗？	
3. 师：小朋友们，你们听了彩虹色的花的故事后，应当去学习她的什么精神呢？在生活中，我们是不是也应该向彩虹色的花学习呢？	

【提示】

在运用提问技能时应注意：首先，选点要准确。提问要有针对性，克服随意性。教师要针对教育活动的目标、重点、难点多设问，并注意问题之间的逻辑性、顺序性。其次，难度要适宜。提出的问题要符合不同年龄幼儿的理解能力。提问的主要目的是不断启发幼儿观察、思考、讨论、探索等，所以问题出得过易，不能达到启发幼儿的目的；过难，幼儿"跳起来也够不着"，有可能会放弃，从而失去学习的兴趣。尽量少问幼儿"是不是""对不对""好不好"，这类问题起不到激励和启发幼儿的作用，一些开放性的问题会更有助于开启幼儿的思维。

四、结束部分设计技能

幼儿园教育活动应是一个前有导入、后有结束的完整过程。在结束环节，教师通过回顾、总结、概括、归纳、评价等行为，帮助幼儿将所学知识、技能、体验等归纳、系统化并进行迁移。此外，结束并不意味着结果，好的结束环节还能让幼儿引发新的思索，让幼儿带着问题走出课堂，进行进一步的探索。有效的结束环节对教学活动能起到画龙点睛的关键作用。结束环节可以用以下方式进行。

表 7-7　结束部分设计技能的类型、作用及实例

类型	作用	实例
总结归纳式	在活动结束时，教师用准确凝练的语言，紧扣活动目标，对幼儿所学内容加以总结概括和归纳，使幼儿加深对所学知识、技能的印象；并通过师幼互动讨论，促进幼儿已有经验的提升	大班科学活动"影子"的结束环节，教师引导幼儿回顾和总结："大家刚才说到的影子是在什么情况下出现的？"幼儿回答："彩笔和小手是在手电筒的光下有影子，人、大树和楼房是在太阳光下有影子……"教师接着总结："太阳光、月光、灯光、烛光、路灯下……都能产生影子。"抓住了教学活动的关键知识点"影子如何产生"逐步帮助幼儿对主要学习内容进行回忆和巩固
比较分析式	在归纳总结的基础上引导幼儿进一步思考	上例中归纳总结后，教师可以引导幼儿继续思考："同样在手电筒的光下，为什么有时候彩笔的影子很长，有时候很短？"幼儿不仅可以巩固对"光能产生影子"的认知，还能带着问题走出课堂，进行深层次思考
操作练习式	既可巩固幼儿所学知识，也可帮助幼儿形成操作技能技巧	中班制作活动——"好玩的风车"，结束时，老师让幼儿互换风车玩耍，幼儿在玩耍中了解他人的制作方法，掌握了风车的多种制作样式，巩固了制作的方法和技能
延伸扩展式	以本次活动作为导线，将幼儿的学习引入下面活动的方式结束，便是教学活动的延伸与扩展	"认识时钟"，可设计这样的延伸活动，要求幼儿用数字记下自己几点钟睡觉，几点钟起床，几点钟上幼儿园
游戏表演式	幼儿在活动末期表现出疲劳，通过游戏表演调动其积极性	中班音乐活动——"表情歌"，结束时，老师说出"难过、高兴、生气、着急"等表情名称，幼儿即兴创编歌词及相关动作，并进行表演

总之，活动结束部分应紧扣教学内容，使其成为整个课堂教学艺术的有机组成部分，做到与活动导入遥相呼应，或是对导入设疑的回答，或是导入内容的延续和升华。

第三节　幼儿园各领域集体教学活动设计实践

一、集体教学活动方案的设计

在教育目标和活动内容确定后，教师要充分准备实施教育活动的具体方案，一份

完整的集体教育活动教案，一般包括活动名称、活动目标、活动准备、活动过程和活动延伸五个部分。

(一)活动名称

活动名称一般是对活动目标和内容的反映，要写清楚社会教育活动的类型，适用于各种年龄班。活动名称定位最好简洁明了，直接切入主题，并且富有趣味性。

(二)活动目标

活动目标要写清楚本次活动要达到的目的，如要形成学前儿童怎样的认识、培养学前儿童怎样的态度和情感、提高学前儿童哪些能力等。

(三)活动准备

活动准备是指在活动之前，教师和幼儿应做好的准备。一般包括两个方面：一是物质准备，如有的活动需要录音机、磁带、投影仪、flash 课件，有的活动要布置场景，有的活动需要挂图、图片、实物等；二是知识经验准备，这是针对学前儿童而言。有些活动需要幼儿有一定的认识、知识方面的基础，如果幼儿对活动内容比较生疏，教学活动就很难顺利开展，教学目标也难以完成。

(四)活动过程

活动过程一般按照活动环节的先后顺序写出几个步骤。

1. 开始部分

也就是我们所说的导入，这是引导幼儿活动的第一个步骤，写清楚导入的方式。

2. 基本部分

这是整个活动的重点和难点所在，主要是教师引导幼儿进行感知学习和练习，活动的大部分时间应该放在这一部分。

在进行这一部分活动设计时，要注意思考以下几点：

(1)这个活动大体分哪几个步骤？

(2)每个步骤必须完成哪些内容？采用什么方式方法？

(3)哪一个步骤是重点？哪一个步骤是难点？应如何突破？

(4)每个步骤的时间大体应怎样分配？

(5)每个步骤具体如何进行？

在具体表述时，注意教师的陈述句、提问句、操作过程的说明，对幼儿的要求、小结语、简明的转换语都应清晰地写明。

3. 结束部分

教师可以改变原来的活动方式，在整个教学环节中，注意动静结合，引导幼儿自然过渡到下一个活动方式(音乐、美术或身体活动等)，让幼儿在轻松愉快的情绪中自然地结束活动。如果要在结束部分对活动进行小结，应做到精炼，对幼儿在活动中的表现以宽容积极的态度进行评价，对问题本身应留有一些思考的余地，使活动能够有效地延伸，也使幼儿能够保留对活动的兴趣，体验到活动带来的快乐。以期盼的心情和态度等待下次活动的到来。

(五)活动延伸

活动延伸是指在活动结束后，教师准备通过哪些途径使幼儿在活动中获得的经验得以延续和巩固。如《雪花》这一语言教育活动，教师可以组织幼儿在延伸活动中进行美术活动，要求幼儿将散文的内容用图画、剪贴等形式进行表现，加深和巩固儿童对散文的理解。

实习生应在集体教学活动计划中详细填写各部分内容，并根据实施状况对教学效果进行评价。

二、各领域集体教学活动设计

(一)幼儿园健康教育活动设计

1. 幼儿园健康活动设计的内容

幼儿园健康教育是根据幼儿身心发展的特点，提高幼儿对健康的认识，改善幼儿的健康态度，培养幼儿的健康行为，是保持和促进幼儿健康发展的系统教育活动。

从内容上看，幼儿园健康教育分为日常健康行为教育、饮食营养教育、身体生长教育、安全生活教育和体育锻炼五个方面。因此幼儿园健康教育活动不但要通过专门的单一学科的教学进行，更要注意渗透在幼儿一日的生活常规中，同时也要关注健康教育活动与其他教育活动的整合，包括科目的整合、主题的整合和方案的整合。此外，心理健康也是幼儿健康的重要组成部分。

2. 幼儿园健康教育活动设计和实施的注意事项

对学前儿童来说，健康是最重要的，作为具有保育和教育双重任务的学前教育机构，健康在幼儿园教育中占有特别重要的地位。通过幼儿园的健康教育能使幼儿获得与自身、他人和社会健康有关的知识和态度，形成良好的行为和习惯，对幼儿一生的发展具有举足轻重的影响。

表7-8 "好玩的圈"案例研讨

【案例研讨】	
好玩的圈(大班)	
活动过程	反思
开始部分 　　做准备活动"圈操",重点活动下肢和腰部 　　幼儿听音乐身挎圈随老师进入活动场做准备活动 　　师:孩子们!今天天气真好,小动物们要举行森林运动会啦,你们想不想参加啊?那我们先来练习一下本领吧!	1. 体育活动前一定要有必要的热身运动,根据此次活动的主要目标,除了全身活动外,还有针对性的热身 2. 采用了游戏式导入,激发幼儿兴趣
基本部分 1. 探索学习单人玩圈的多种方法(幼儿分散探索) (1)教师巡回指导,确定示范对象(注意发现值得幼儿模仿学习的玩法,老师做标记为幼儿示范做准备) (2)幼儿集合,分享圈的不同玩法(分别请3~4名小朋友来示范展示,老师用精炼的语言说一下动作要领) (3)分散练习并再次探索单人玩圈的多种方法 幼儿集合,教师总结单人玩圈的多种方法	1. 整个活动过程体现出幼儿的主体性,训练了幼儿跳、钻等动作,但以游戏的形式进行,在教师指导和自主探索的结合中,避免了单纯动作技能训练的枯燥。对不同玩法的探索有助于发挥幼儿的创造性
2. 探索学习多人合作玩圈的多种方法 教师巡视,指导幼儿练习"钻圈""跳圈""行进跳圈"等方法 (1)幼儿集合,观察各种玩圈的方法 (2)示范讲解各种玩圈方法的动作要领 (3)幼儿分成两组练习 3."行进跳圈"比赛 (1)教师示范讲解比赛方法,并请排头幼儿示范练习 (2)正式比赛 (3)小结比赛过程,提出问题,解决问题,表扬胜利一方(放颁奖音乐为获胜队发奖牌)	2. 教师在动作技能的教学上注意语言指导和示范的结合 3. 个别练习时间保证了幼儿技能的巩固 4. 教师对圈的玩法要求注重从简单动作到复杂动作,从模仿动作到自创动作的逐层递进,活动层次清晰 5. 活动后期通过比赛加重了游戏的成分,同时促进幼儿间的合作
结束部分 1. 小结活动过程中幼儿的表现 2. 共同收拾器械离开场地。做放松活动,重点放松下肢和腰部肌肉、关节	1. 收拾器械培养幼儿整理的习惯 2. 放松运动缓解幼儿肌肉紧张

【提示】

1. 健康教育活动组织遵循安全性原则，包括：教学活动内容有安全知识的习得，指导幼儿学会保护自己；活动中保证环境、材料、设计过程的安全性，防止幼儿撞伤、刺伤、肌肉拉伤等伤害。

2. 健康教育活动内容考虑实效性，结合幼儿身心发展的阶段进行教育（如大班幼儿换牙时组织"如何保护牙齿"的活动）。

3. 卫生知识的教学避免过于抽象，可通过现代教育技术给幼儿提供生动画面。注意选择与幼儿生活密切联系的内容。

4. 体育教学的组织遵循高密度低强度的原则，防止幼儿超负荷活动。

5. 体育教学过程中注意做好保健工作，照顾好体弱幼儿和病患幼儿，在活动开始时提醒幼儿适当减衣，活动结束或强度减小时及时增衣。活动结束后适量补充水分。避免在高温天气下进行户外体育教学。

6. 在组织户外体育教学时开始应有热身，结束时有放松活动。

7. 动作技能教学与幼儿兴趣相结合，可以用游戏的形式进行。但要避免为了让幼儿"玩得高兴"而弱化技能练习。

8. 对于幼儿难以达到的动作要求要将动作分解，语言提示动作要领，同时辅以示范。

9. 户外分组活动最好在室内先做好分组工作，避免因室外吵闹或幼儿注意力受活动材料干扰而无法听清分组要求。竞赛性分组可以采用强弱搭配或男女生搭配。

(二)幼儿园语言教育活动的设计

幼儿园语言教育活动是有目的、有计划、有组织地对幼儿进行语言教育的过程。集体教学中的语言教育活动形式主要包括谈话、讲述、文学作品欣赏、听说游戏和早期阅读几类。

1. 谈话活动与讲述活动

谈话活动一般是指幼儿围绕中心话题与周围的人进行交谈的活动，而讲述活动是指幼儿能独立构思并用较清楚完整的语言表达主题的活动，因两类活动容易混淆，所以我们作以下比较来学习。

表 7-9　谈话活动与讲述活动的比较

类型	谈话活动	讲述活动
活动目标	1. 知道交流中的听说轮换 2. 知道将围绕中心话题用语言同同伴进行交谈 3. 乐意参与到谈话活动中去 4. 能够耐心倾听他人的谈话，能清楚地同他人交谈	1. 学会仔细观察、理解讲述对象 2. 能够独立构思，清楚完整并按照一定顺序表达对观察对象的认识 3. 能够学会按一定方式讲述(比如学会某种句式)，并能创造性地运用新获得的讲述经验进行讲述
例	快乐的五一长假 1. 乐意参与到围绕"快乐的五一长假"的谈话活动中去，能按老师的要求，围绕中心话题绘画并交流 2. 能耐心倾听他人谈话，能清楚与他人交谈自己"五一"去的地方的特色及感受 3. 通过交流，使幼儿了解更多的旅游景点，丰富幼儿的地理知识	快乐的假日 1. 学会按照一定的顺序(由上到下、由下到上、由整体到局部等)观察并完整、连贯描述图片上的内容 2. 学习使用"有的……有的……"句式 3. 愿意在集体面前大方表达对图片内容的理解
凭借物的作用	1. 可以没有凭借物 2. 凭借物为引出幼儿谈话活动服务，为幼儿谈话设置情境和中心话题，旨在避免幼儿跑题	1. 必须要有凭借物 2. 凭借物是幼儿讲述的依据和限定物，幼儿必须用语言再现凭借物，而不能任意修改
例	教师出示"夏天"的图片，幼儿围绕"夏天"话题谈论夏天天气的炎热、游泳、吃冰淇淋、小狗吐着舌头喘着气等有关夏天的各种现象	教师出示"夏天"的图片，幼儿围绕图片讲述图片上呈现的内容
对幼儿语言的要求	1. 谈话语境宽松自由，不强求规范 2. 要求幼儿的对白语言或交流语言，侧重师生、同伴间信息交流与补充	1. 讲述有相对正式的语境，要求用语规范 2. 要求幼儿的独白语言幼儿须独立构思，用完整、连贯的语言表达内心感受。
例	我觉得那盆鹅黄色的菊花有点好看它的花瓣一卷一卷的，真好玩，很像我妈妈烫的头发	我喜欢那盆鹅黄色的菊花，它的花瓣上有很多卷，像公主的金色卷发，它的叶子很有精神。这盆花发出淡淡的香味，放在我们教室里美极了

类型	谈话活动	讲述活动
对教师组织活动的要求	1. 帮助幼儿积累感性经验，丰富谈话素材 2. 创设宽松语境，不对幼儿表达方式横加指责，鼓励幼儿"说" 3. 引导幼儿围绕中心话题，不跑题 4. 隐形示范新的谈话方式	1. 引导幼儿准确感知讲述对象（即凭借物） 2. 给幼儿提供足够的时间和空间组织语言 3. 隐形示范新的讲述经验，为幼儿提供巩固和迁移新经验的机会

【案例研讨】

以"我的爸爸"为题，分别组织谈话活动和讲述活动，试分析在教学目标、活动准备和教学过程上有什么差异？

2. 早期阅读的指导

早期阅读是指幼儿以自身经验为基础，在适当情境中，对文字、符号、标记、图片、影像等材料的认读、理解和运用。在早期阅读活动中，要帮助幼儿发展起前阅读、前识字和前书写经验。

（1）前阅读

①掌握翻阅图书的经验。（指导幼儿将书从右边翻到左边，翻书时不蘸唾沫）

②读懂图书内容的经验。（会看画面，能看懂画面背景、人物表情、动作、并能串起来理解情节）

③理解画面、文字和口语对应关系的经验。（会用口语讲出画面内容，或听老师念图书知道是在讲画面上的内容）

④图书制作经验。（知道书上的故事是作家用文字写出来，画家用图画表现出来，最后印刷装订成书。幼儿可以尝试在教师或家长帮助下自己制作图书）

（2）前识字

①知道文字有具体的意义，可以念出来，可以把文字、语音与概念对应起来。（如看到"太阳"字知道读"tàiyáng"，并知道什么是太阳）

②理解文字的功能。

③粗晓文字来源。

④知道文字是一种符号并与其他符号系统可以转化的经验。（如认识各种公共图形标志，知道标志代表的含义）

⑤知道文字和语言的多样性。（知道世界上有各种语言和文字，知道同一个含义可以用不同的语言和文字来表达）

⑥了解识字规律。（让幼儿明白一些文字的构成规律，如"木"字旁的字大多与木有关，如森林、树、桌、椅等）

（3）前书写

①认识汉字的独特写作风格，能将汉字与其他文字区别开来。

②知道汉字的基本间架结构。（上下、左右结构等）

③初步了解书写规则。（如从左写到右、从上写到下，学习笔画的正确写法）

④知道书写汉字的工具。

⑤学会正确的书写姿势。（学会书写时的正确坐姿、握笔姿势等）

(三)幼儿园社会教育活动设计

幼儿园社会性教育是以促进幼儿的自我意识、幼儿的社会认知、激发幼儿的社会情感、引导幼儿的社会行为、提高幼儿社会适应能力，培养幼儿良好的道德品质为主要内容的教育。

我们通过一些案例来看看社会教育活动设计和实施中的一些关键元素。

【案例研讨】

案例一：无声的爱(大班)

教师为了让幼儿关爱聋哑人，设计了本次活动，主要过程包括以下几个方面。

1. 游戏：教师做手语，请幼儿猜。

2. 引导幼儿尝试用手势来表达(请个别幼儿展示)。

3. 观看关于聋哑学生学习的课件。

4. 学习简单的手语：你好、早上好、我爱你、谢谢等。

5. 用学到的手语和客人、老师交流。

6. 看课件，引导幼儿进一步了解聋哑人的生活，激发幼儿关爱聋哑人的情感。

问题：

(1)内容选择上，不切合幼儿生活实际，聋哑人与幼儿日常生活经验相去甚远，在学习上无法产生兴趣；

(2)活动设计上，做手语、看课件都不能让幼儿体会聋哑人的生活，因而很难体会到聋哑人的艰难。"知之深，爱之切"，社会情感的获得建立在社会认知上，没有对聋哑人的认识，就无法产生关爱之情。没有对聋哑人生活不便的体会，也就无法产生移情体验。

建议：运用移情训练法比如让幼儿假扮聋哑人，不能说话，只能用手势和他人交谈)，让幼儿学会设身处地站在聋哑人立场上考虑他们生活的不便。

案例二：祖国的名胜古迹(大班)

该活动旨在让孩子认知一些祖国的名胜古迹，初步萌发热爱祖国的情感。当教师出示兵马俑、天安门的图片时，孩子们不认识是哪个地方，教师只能一一告诉孩子图片上地方的名称，造成了教师灌输、孩子机械记忆的结果。

问题：幼儿缺乏感性经验，没有对相关内容的前期知识，造成教师只能以讲解的方式完成活动，激发幼儿热爱祖国的情感这条目标没有办法达到。

建议：教师通过与幼儿讨论本地的人文、自然风光，激发幼儿热爱家乡的情感。

案例三：讲故事萝卜回来了(中班)

本次活动设计，教师希望通过故事向幼儿传达"助人为乐"的思想，但再具体实施中，教师却不断围绕故事情节展开提问，如"故事发生在什么时候？""故事中都有些谁？""故事中发生了什么事？"最后，教师问孩子们"通过《萝卜回来了》这个故事，大家懂得了什么"的时候，幼儿多数是瞠目结舌，摇摇头，只有少数孩子回答，如果下雪，他也会把自己的食物分给其他的小朋友。

问题：教师把社会课上成了单纯的语言课，没有引导幼儿理解和挖掘"分享、助人给自己带来快乐"，使得故事没有发挥其应有的作用。

建议：加入情境表演或让幼儿迁移分享、助人经验。

《幼儿园教育指导纲要(试行)》中指出，社会领域的教育具有潜移默化的特点，幼儿社会态度和社会情感的培养应渗透在多种活动和一日生活的各环节中……避免单一呆板的言语说教。因而在教学内容上应考虑幼儿的易理解性，教学方法上应注意幼儿的易接受性。

【提示】

1. 教学内容应选择贴近幼儿生活的，他们熟悉、感兴趣的事物，容易引起幼儿的共鸣。

2. 在教学活动前通过参观、观看视频资料、情境表演等方式帮助幼儿积累感性经验(注意充分利用家长资源)。

3. 教学活动中少一些直接的讲述或道理的说教，多采用移情训练法、角色扮演法、情境讨论法等实践法，使其产生社会情感，获得行为技能。

4. 注意社会教育渗透性的特点，应将其很好地融入其他领域教学和日常生活中。

(四)幼儿园科学教育活动设计与组织指导

幼儿园科学教育是教师引发、支持和引导学前儿童对周围物质世界进行主动探究，以帮助他们形成科学情感和态度，掌握科学方法，获得有关物质世界及其关系的科学经验的活动。科学教育所追求的核心价值是"探究"，即为幼儿提供有效地支持，引导幼儿用各种方法去寻求答案(解决问题)。

【案例研讨】

案例一：神奇的力[①]

试分析以下的活动设计是否能实现科学教育的核心价值。

活动目标：

1. 幼儿能发现物体由于地球引力的作用，各种物体在空中会自由下落。

---

① 王东兰，郎和. 幼儿园科学教育中的科学性问题分析[J]. 幼儿教育，2009(6).

2. 幼儿通过各种操作活动，初步感知不同物体下落的速度不同。

3. 幼儿通过尝试改变物体下落速度，发挥创造性，培养观察能力和动手能力。

活动准备：

糖纸、彩色纸、插塑、小雪花片、小藤球、小沙包、手绢、月饼盒、积木、小夹子、毛线等多种材料。

活动过程：

1. 玩一玩（引导幼儿感知物体自由下落的现象）。

教师准备了糖纸、彩色纸、小雪花片、小沙包、手绢、积木、小盒子、小夹子、毛线等多种材料让幼儿往上抛，观察其下落。

教师：为什么物体都会往下落？（引出地心引力的概念）

2. 比一比（让物体自由下落，发现物体下落速度有快有慢）。

（1）教师两手拿不同材料做演示，暗示幼儿应在相同高度同时放手。

（2）教师引导幼儿任选两样物体让它们同时下落，发现物体下落速度有快有慢。

（最后，和孩子们得出结论，重的东西落得更快）

反思：

在本活动中，教师是否能有效地引发、支持和引导学前儿童对周围物质世界进行主动探究，以帮助他们形成科学情感和态度，掌握科学方法，并获得有关物质世界及其关系的科学经验？

【提示】

1. 教师在活动过程中对知识和概念的强调多于对幼儿在"自我探究、寻求答案"上的支持。

2. 教师不了解阻力对自由落体的影响，也导致活动设计过程的失误和结论的错误。

我们再来看一个案例，你可以从"问题"和"反思"两个方面进行细致的分析。

表 7-10　认识天气

案例二：认识天气（大班）①		
过程	问题	反思
教师从"天气预报"出发，引出各种天气现象。在对天气现象的介绍中，我们截取了教师和学生的如下互动。 （1）师：为什么天气晴朗、为什么下雨呢？幼：沉默。		

---

① 王月莲. 从一则教学案例看幼儿园科学教育活动存在的问题[J]. 大庆师范学院学报，2012(1).

续表

过程	问题	反思
(2)师：为什么有春夏秋冬呢？(拿地球仪简单演示)地球离太阳远近会出现四季……地球外有大气层，有水、空气、灰尘等包裹着地球……云没有那么多的水分时，就是多云。雨从空中高高落下时，就会变成雪花、冰。 (3)师：风是从哪里来的？幼：沉默。 师：地球转，大气层也转，总有一面的大气层是被太阳照，一面是黑夜，所以一半暖，一半冷，有的空气暖，有的空气冷，地球转时带动大气层转，在转动中冷空气和暖空气互相碰撞，会形成不同的风。如春天吹东南风，冬天吹西北风。 (4)师：那小朋友们知道为什么会刮沙尘暴？为什么会刮龙卷风呢？幼：沉默。 师：如果湖里都没水了会怎样？幼：干旱。师：为什么湖里没水了？幼：沉默。 师：地球上原来有植物，像被子盖在地球上，叫植被，能保存水分，释放空气，但人们砍树……被子没了，就露出土、沙等，也不下雨了，天气就生气了，就刮风了。		

(参考意见见附录1)

【提示】

1. 教师提供给幼儿的知识是科学的、启蒙性的：①知识本身的科学性；②不能过分强调准确性而忽略了幼儿的可接受性，尽量用浅显的方式介绍知识。

2. 教学内容上注意教师预设和幼儿生成相结合，选择与幼儿生活贴近的，或能引起他们兴趣的事物为内容。

3. 适当提供学习材料。根据活动需要为幼儿提供适量材料，有些材料需人手一份，有些则只需一小组一份；材料种类紧扣活动目标，过多的材料反而干扰幼儿掌握概念和原理；创造性地使用生活中的常见物作为活动材料。

4. 鼓励幼儿的探索行为，将动手与动脑相结合，通过比较、分类、实验等方法发展技能，开启智慧。

5. 科学实验演示和操作保证材料和手段的安全性，避免给幼儿造成伤害。

6. 正规科学探索活动时间安排上，小班不超过20分钟，中、大班不超过30分钟。

(五)幼儿园艺术教育活动设计

幼儿园艺术教育是指幼儿园感受美、表现美和创造美的活动，是幼儿表达自己对周围世界认识和情绪态度的独特方式，包括了幼儿美术教育和幼儿音乐教育。

我们通过一些案例对艺术活动的实施进行探讨。

1. 音乐教育

音乐教育主要包括有欣赏活动、歌唱活动、韵律活动和和操作活动(歌唱、韵律、游戏、节奏乐活动)。

【案例研讨】

案例一：歌唱活动"小石猴"(大班)①

过程：

1. 幼儿欣赏动画片《西游记》，引出孙悟空。

2. 幼儿讲述有关孙悟空的故事。(幼儿争先恐后地讲，讲到精彩处还会加上表演)

3. 幼儿欣赏录音歌曲《小石猴》，并提问：歌名叫什么? 歌里唱了谁?

4. 第二遍，教师边表演边清唱，并提问：小石猴都有哪些本领?

5. 第三遍，教师弹奏钢琴，请幼儿给歌曲配动作进行表演。

6. 第四遍，播放录音，教师带着幼儿边表演边唱。表演完后，教师出示白纸，请幼儿自制孙悟空面具。

7. 面具制作后，教师和幼儿在音乐声中进行表演。

活动结束，幼儿最熟悉的两句是简单的说白："金箍棒，转一转。"

问题：过分强调整合，讲述和手工制作活动时间分配过多，音乐活动相对减少；强调了发展幼儿积极情绪和对音乐的兴趣，忽略了音乐活动对幼儿歌唱能力的培养和歌唱技能的训练。

反思："凸显整合、淡化学科"并非是让教师丢弃音乐的基本能力，而是倡导两者之间充分融合，避免枯燥的技能训练，把音乐基本技能建立在幼儿对音乐积极的态度和兴趣上，运用幼儿感兴趣的方式进行音乐素养的培养。

案例二：音乐欣赏活动"卖报歌"(大班)②

老师出示《卖报歌》的图片，问幼儿图画里讲了什么故事。一幼儿看图说话，说了一个感人的小朋友离家出走的故事。老师没有做出任何实质性的回应，继续问还有没有别的故事，幼儿没有响应。

老师自己将《卖报歌》的歌词说成了旧社会一群小朋友为了解决温饱问题去卖报的故事。然后叫幼儿用不同的方式打出黑板上的节拍(《卖报歌》里主要的节奏形式)，最后放歌曲，老师先唱一遍。大部分幼儿都能跟唱，第二遍放歌曲的时候，老师做出要求，要全体幼儿在唱的同时，学她的动作(这些动作是教参上按照歌词内容和节奏形式要求的动作参考)。

问题：教师一味按教参内容进行教学，既没对幼儿的回答有任何回应也没引领幼

---

① 周霞，王琳. 试谈处理音乐教学中的几种关系[J]. 早期教育(教师版)，2009(2).

② 郭倩汝. 幼儿园艺术教育对幼儿生活的背离与回归[D]. 湖南师范大学，2009.

儿去欣赏歌曲中所蕴含的内在情感，只是让幼儿机械模仿动作，欣赏活动成了技能训练活动。

反思：(1)音乐欣赏是幼儿倾听音乐，充分感受音乐的美妙，并在音乐中产生遐想的过程，是对音乐感受、体验、理解、创造与表现的过程。教师没有考虑音乐欣赏的特殊要求。(2)旧社会儿童的生活无法与学习活动中的幼儿生活发生直接联系，无法让幼儿产生感动。教参只供参考，而不能成为限制教学活动的枷锁。

考虑到幼儿学习音乐的特殊性，在音乐活动中有一些思路值得实习生借鉴。

(1)活动内容的选择

幼儿的知识范围和生活经验有限，思维方式以形象思维为主，活动内容必须十分有趣，才能吸引幼儿。如"灰老鼠，吱吱吱，小小眼睛咕噜咕噜转得快，一到晚上跑出来，偷吃粮食最最坏。小花猫，喵喵喵，看见了……气得胡子根根往上翘，追上去，抓住老鼠使劲咬"。这首歌曲的歌词形象地描绘了小老鼠、小花猫的主要特征，生动有趣，孩子易学、易懂、易记。

(2)歌曲音域的选择

各年龄的幼儿的音域的音阶数是：4岁9个，5岁10个，6岁13个。所唱的歌的曲调超出了幼儿音域的发展水平，就会造成高音在吼叫，低音在说话，既无美感也会造成对幼儿声带的伤害。

(3)对幼儿唱歌能力的训练

歌唱训练的首要任务是让幼儿做到基本正确地运用嗓音歌唱。幼儿在歌唱时应做到：气息通畅，不憋气，不喊叫，嗓音要柔和圆润。

有教师[1]采用了游戏的方法来训练幼儿正确使用气息进行呼吸。

①让幼儿比赛吹蜡烛，看谁一口气吹灭的蜡烛多。开始小朋友都用劲去吹，这时我就告诉小朋友要把气集中起来，气吹得长一点，这样可以吹灭更多的蜡烛。这实际上就是让幼儿体会和使用正确的呼气方法。

②拿几朵白兰花放在口袋里，让小朋友们闻闻，问小朋友今天老师带来了什么花，幼儿通过闻花，掌握了正确的吸气方法。

③设计"魔盒"。练习前，我拿出这只小盒子(盒子上有一小孔，露出线头，可以拉)，我告诉小朋友这只魔盒里面藏着小朋友的歌声，每人可以把自己的声音拉出来。我请一位幼儿捏住线头，边唱边拉，唱得时间越长，线就拉得越长。结束时，我就将线头剪断，告诉她："这是你的歌声的长度。"每个孩子都希望自己拉出来的一段线比别人长些，为此幼儿就必须深吸气缓呼气，这正是练声的需要。

2. 美术教育

集中教学中的美术教育包括美术欣赏活动和操作活动(绘画、手工)，不能简单把美术活动等同于绘画。

---

[1]　任秀娟. 浅谈幼儿园音乐教学的几点体会[J]. 科教文汇(下旬刊)，2009(12).

【案例研讨】

案例：手工活动"汽车"（大班）

活动过程：

师：汽车的窗户用什么做的？

幼儿：玻璃。

师：真的汽车是用玻璃做的，这个假的汽车我们不可能用玻璃做。

幼儿：用透明胶。

师：换一个东西。（由于透明胶和玻璃的相似性，让幼儿联想到用透明胶做汽车的玻璃窗，老师不但没有肯定这种朴实想法和创意，一口否定幼儿的提议）

师：这里有各式各样颜色剪好的小纸片，我们可以贴上去，画方向盘，还可以画个司机。

师：看谁想的和老师想的一样。（老师将自己所想的东西当做标准化的评价，幼儿的想法只要是符合老师预设的，就是正确的。）

师：这个纸不行，立不起来，你去拿矿泉水瓶盖子。（有幼儿要用圆形的纸做汽车轮子，老师完全不给幼儿自己尝试的机会，直接指出她所谓的错误。）

师：双面胶用手撕，不用剪刀。（连双面胶的使用都要有所限制）师：你发现没？这个是抖的，要贴上去点，就不抖了，是不是？（不让幼儿自己发现问题，解决问题）

师：这个像红旗，这个像汽车排气管。（老师没问幼儿的想法，直接把幼儿做的东西冠以自己想当然的名称。）

师：注意间隔多距离，要对齐，轮胎和轮胎之间要对齐。

师：后面还有个排气管。

师：你发现没？这个轮胎太大了，这个轮胎太小了，你找一个样大的。（同样直截了当指出幼儿的问题，提出解决方案，不给其发现的机会）

反思：

在美术活动中，幼儿对自己动手的"过程"的兴趣超过了动手的"成果"。做的过程给他们带来了无比的满足和愉悦，他们的情感体验和一些有创意的想法、行为都是从尝试的过程中表现出来的，而教师把作品接近实物的相似度和是否与自己的预设一致作为评价标准，不断用语言对幼儿进行高度控制，抹杀了幼儿的想象力。

教师在开展幼儿园艺术教育活动中容易出现的问题有以下几个方面。

(1)过分强调技能而忽略了艺术活动对幼儿情感、态度和想象力的发展的作用，使幼儿无法在艺术中获得快乐和对美的体会。

(2)过分强调课程的整合，忽略了艺术活动区别与其他领域活动的独特作用——幼儿音乐、美术素养的培养，为了强调活动内容的丰富性而偏离了活动目标。

(3)音乐游戏强调的是幼儿在游戏中发展对音乐的感受力和表现力，部分教师却强调了游戏，忽略了音乐。

(4)美术活动过分强调作品与实物的相似性而忽略了幼儿的创造性和表现力的发展。

(5)较多的教师由于自身缺乏必要的艺术修养，导致艺术欣赏活动在整个艺术活动中的所占比例小。

【总结】

无论是哪个领域的教学活动，都有一些需要共同遵循的要求。

1. 都需要教师具有相当水平的知识经验。

2. 各种活动都要把促进幼儿身心发展放在首位，从考虑幼儿需要入手，让幼儿充满兴趣地实现发展的各目标。

3. 活动内容、方法和手段的选取依据各年龄幼儿段身心发展规律。选择熟悉的、感兴趣的内容，以能开启幼儿思维的方法和促进其理解活动内容的手段进行教学。

4. 处理好教师预设和幼儿生成之间的关系，不死记硬背教材、不生搬硬套教参，灵活开展教学。

5. 保证教学各环节的教育性和安全性。

附录

表 7-11　附录 1：认识天气(大班)参考

过程	问题	反思
教师从"天气预报"出发，引出各种天气现象。在对天气现象的介绍中，我们截取了教师和学生的如下互动。 (1)师：为什么天气晴朗、为什么下雨呢？　幼：沉默。 (2)师：为什么有春夏秋冬呢？(拿地球仪简单演示)地球离太阳远近会出现四季……地球外有大气层，有水、空气、灰尘等包裹着地球……云没有那么多的水分时，就是多云。雨从空中高高落下时，就会变成雪花、冰。 (3)师：风是从哪里来的？幼：沉默。 师：地球转，大气层也转，总有一面的大气层是被太阳照，一面是黑夜，所以一半暖、一半冷，有的空气暖，有的空气冷，地球转时带动大气层转，在转动中冷空气和暖空气互相碰撞，会形成不同的风。如春天吹东南风，冬天吹西北风。 (4)师：那小朋友们知道为什么会刮沙尘暴？为什么会刮龙卷风呢？幼：沉默。 师：如果湖里都没水了会怎样？幼：干旱。师：为什么湖里没水了？幼：沉默。 师：地球上原来有植物，像被子盖在地球上，叫植被，能保存水分，释放空气，但人们砍树……被子没了，就露出土、沙等，也不下雨了，天气就生气了，就刮风了。	(1)教师提供的知识容量过大，难度过大，在30分钟左右的活动中，出现了季节和几乎全部的天气现象 (2)教师为了完成预设任务，忽略了幼儿的主体性。整个活动中，教师只出示了一个地球仪，没有用更多的感性材料或操作活动来调动幼儿的积极性，使得整个活动过程没有猜想、没有验证、没有合作、没有交流。机械的教学方法导致幼儿只能机械记忆知识 (3)教师混淆了"沙尘暴""龙卷风"等概念，缺乏对活动内容所蕴含的科学知识的准确把握，误导幼儿，直接影响科学教育效果	(1)科学教育并非只是学习科学知识，科学方法、技能与科学情感、态度的培养也很重要 (2)要创设情境，提供适当材料鼓励幼儿通过观察、动手操作、比较等认知手段来获取科学知识 (3)幼儿园科学教育有启蒙性和科学性的特点，要求教给幼儿粗浅但是科学的知识，即使不具备也应整合多种可利用资源充分备课

表 7-12　附录 2：集体教学活动计划　　　　年　月　日（星期　）

领　域		题　目	
活动目标		方　法	
活动准备			
教育过程			
开始部分			
基本部分			
结束部分			

教育效果简析	简析要点	简　析
	活动目标、内容	
	活动方式、方法	
	教育活动程序与结构	
	教育效果	
	优点或不足	

计划部分	满分	得分	简析部分	满分	得分	总分	
	10			10			

＊　　＊　　＊　　＊　　＊　　＊　　＊　　＊

要点回顾

集体教学活动是我国幼儿园的传统教育组织形式，它能最经济有效地向全班儿童传授人类的优秀文化，但随着心理学、教育学相关理论的发展，研究者们意识在教育活动中要充分发挥幼儿的主动性，应尊重幼儿的个体差异，使教学内容、进度和方式方法，适合每一个学习者的身心发展水平、进度和特点。这恰恰是集体教学无法实现的。目前，我们既要承认集体教学在某些内容的教育活动中存在的独特价值，也要转变思路，使幼儿的主动性得到发挥，具体而言，应在两方面加以改善：第一是转变教育方式，从直接传授为主转向引导发现为主；第二是多种教育组织形式相结合，除了集体教学外，也增加小组教学和个别教学的机会。为了使幼儿园的集体教学活动能充分发挥其作用，有一些相关的技能需要掌握。首先，重视活动目标的制订，活动目标是根据教育目的和教育规律而提出的活动的具体价值和任务指标，《幼儿园教育指导纲要(试行)》中把幼儿园课程分为健康、社会、语言、科学和艺术五大领域，各领域都有明确目标。为了促进幼儿的全面和谐发展，细化到每次课活动目标的制订上，应注意既要考虑到幼儿心理发展结构，即认知、情感态度、动作技能三方面的发展，也要考虑到幼儿园课程的内容和结构，体现出五大领域教育活动的整合性。其次，良好的导入可以有效吸引幼儿注意力，激活其思维，激发其学习兴趣、求知和探索的愿望，同时引出活动内容，营造良好的活动情境。再次，良好的提问技能有助于照顾幼儿个体差异，开启幼儿思维，同时帮助教师评价教育活动效果，推进和发展教育活动、实现活动目标。最后，是活动结束部分技能，有启发性的结束不仅能帮助幼儿将所学知识、技能、体验等归纳、系统化并进行迁移，还能引发幼儿新的探索愿望和行为。

五大领域集体教学活动应以教育目标为依据和出发点，结合不同年龄班幼儿的发展规律和课程特点的进行具体组织和实施。但不管是哪种领域的集体教育活动，都要注重幼儿主体性的充分发挥。在幼儿园五大领域教育实践存在一些具体问题，应充分反思，以提高自己的教育教学水平。

核心概念

幼儿园集体教学活动；支架教学；提问技能；幼儿园健康教育；幼儿园语言教育；幼儿园社会教育；幼儿园科学教育；幼儿园艺术教育。

成长档案

结合本章学习内容，回顾自己在学习设计的集体教学活动方案，同时也在实习观摩中不断反思幼儿园教师的集体教学活动过程，发现里面存在的问题，尝试进行修改；也可搜寻一些优秀教案进行进一步学习，努力获得教师专业化发展。

资源链接

1. 教育部基础教育司.《幼儿园教育指导纲要(试行)》解读[M]. 南京：江苏教育出版社，2002.

2. 李季湄，冯晓霞.《3～6岁儿童学习与发展指南》解读[M]. 北京：人民教育出版社，2013.

3. 王春霞. 幼儿园课程概论(第2版)[M]. 北京：高等教育出版社，2014.

4. 鄢超云. 学前教育评价[M]. 北京：高等教育出版社，2010.

5. 卢伟. 学前儿童语言教育活动指导(第三版)[M]. 上海：复旦大学出版社，2013.

6. 黄曦. 幼儿园语言教育[M]. 海南：海南出版社，2008.

7. 夏力. 学前儿童科学教育活动指导(第三版)[M]. 上海：复旦大学出版社，2014.

8. 郭亦勤，王麟. 学前儿童艺术教育活动指导(第三版)[M]. 上海：复旦大学出版社，2014.

9. 周梅林. 学前儿童社会教育活动指导(第二版)[M]. 上海：复旦大学出版社，2012.

10. 麦少美，孙树珍. 学前儿童健康教育活动指导(第二版)[M]. 上海：复旦大学出版社，2012.

11. 董旭花. 学前教育专业实训教育指导[M]. 北京：科学出版社，2009.

12.[美]鲁普纳林，约翰逊. 学前教育课程[M]. 上海：华东师范大学出版社，2011.

13. 李季湄. 关于幼儿园课程的几个问题——幼儿园教育目标、课程目标及其课程模式[J]. 学前教育研究，2001(1).

14. 虞永平. 生命、生活与幼儿园课程[J]. 教育导刊(下半月)，2010(5).

15.[苏]维果茨基. 维果茨基教育论著选[M]. 北京：人民教育出版社，2005.

16. 上海学前教育网. http://www.age06.com/Age06.Web/.

17. 中国学前教育网. http://web.preschool.net.cn/index.html.

单元八　教育实习：教育科研

单元要点

　　本单元从教育科研实习的目的意义入手，探讨教育科研实习组织形式，结合不同类型教育科研实习的特点，对分散式专项教育科研实践（观察研究实践、调查研究实践、个案研究实践）、融入型教育科研实习（教学研究活动实习、科研课题研究实习）和独立型教育科研实习的实习任务进行分解。

　　本单元的内容可概括为如下三个部分：

　　1. 教育科研实习的目的、意义；

　　2. 教育科研实习的组织方式；

　　3. 教育科研实习任务分解。

学习目标

　　通过本单元的学习，学习者应该达到以下目标：

　　1. 知道教育科研实习对幼儿教师专业发展的意义，了解教育科研实习的不同组织形式及存在的困难；

　　2. 熟悉幼儿园教育科研常用方法，掌握不同类型教育科研实习的具体任务，在实习（实践）过程中能有针对性地进行专业反思，提高实习（实践）效果。

第一节　教育科研实习的目的、意义和组织方式

一、教育科研实习的目的、意义

《幼儿园教师专业标准(试行)》明确提出,幼儿教师应具有"针对保教工作中的现实需要与问题,进行探索和研究"的能力。在接受《学前教育科学研究方法》课程学习的基础上开展教育科研实习是在具体实践过程中培养"进行探索和研究"能力的重要途径。

(一)教育科研实习的目的

1. 通过实习,学生能了解幼儿园教育科研的常见类型(教学研究与科学研究)、组织方式及存在的困难与问题。

2. 通过教育科研实习使学生掌握幼儿园教育科学研究的基本步骤和具体方法,形成独立进行科学研究的能力,为学生能采用科学研究解决实际问题做好铺垫,同时为学生开展研究性学习,完成毕业论文打下坚实的基础。

(二)教育科研实习的意义

从 2010 年《国务院关于当前发展学前教育的若干意见》的出台,到 2011 年的《幼儿园教师专业标准(试行)》与 2012 年《3～6 岁儿童学习与发展指南》的颁布,我国学前教育事业迎来了前所未有的高速发展时期,社会对学前教育的质量观也不断变化且有了更高期盼。如何提高学前教育质量没有现成的、千篇一律的经验可以模仿,而从事教育科研是幼儿教师提高教育质量的必然要求。

1966 年联合国教科文组织《关于教师地位的建议》明确指出:"教师职业是一种专业。"而要实现教师的专业化成长,从事教育科研工作是一个重要且有效地途径。"教师及研究者"是时代对幼儿教师专业化的要求,教师以研究者的心态置身于教育教学情境中,以研究者的眼光去审视和分析教育理论与教育实践中的各种问题,从研究者的角度对自身的教育行为进行反思,对教育中出现的问题进行探究。这样,必将在教育过程中积累经验、形成规律性的认识,最终完成专业化发展。

苏霍姆林斯基曾说:"如果你想让教师的劳动能给教师带来乐趣,使天天上课不至于变成一种单调乏味的义务,那你就应该引导每一位教师走上从事研究的这条幸福的道路上来。"因此,教育科研实习也将让我们的工作不再乏味,在研究中体验教育的幸福。

二、教育科研实习的组织方式

(一)分散式专项教育科研实践与集中式综合教育科研实习

根据实习时间及实习任务要求的不同，教育科研实习的组织方式可分为分散式专项教育科研实践与集中式综合教育科研实习。

分散式教育科研实践是根据《学前教育科学研究方法》课程教学的需要，由该课程任课教师布置专项实践任务给学生，学生个人或小组按实践任务要求，自行安排课余时间到幼儿园/幼教机构进行相关实践。例如，在讲授完问卷调查法后，可布置类似"选择一个感兴趣的学前教育领域的问题，并设计一个调查问卷以收集资料"的实践任务给学生，由学生在规定的时间内完成。分散式专项教育科研实践的好处在于实践任务是课堂理论学习的延伸，有利于学生将理论与实践紧密结合；同时，学生每次到幼儿园均是带着一个具体的实践任务，不会被幼儿园的其他工作所干扰，可使学生的教育科研很单纯地进行；另外，教师也可以通过对学生实践情况的分析，及时把握学生对理论学习的效果，有效地进行查漏补缺。该实习组织方式的不足在于学生的实践时间与课堂学习之间容易发生冲突，幼儿园在接纳学生进行相关研究上也许存在一定的阻碍，这些将可能导致实践难以落到实处。

【课堂研讨】

当你需到幼儿园进行教育科研专项实践时，如何不吃闭门羹？

集中式综合教育科研实习是根据教学计划安排，将教育科研实习集中在一段时间内(一般为四周)进行。在集中实习的时间内，学生需完成选题论证、资料收集、整理总结及初步成果表达等一整套较完整的研究任务。集中式综合教育科研实习的好处在于学生通过实习任务后，能较清晰地把握学前教育科研的基本步骤与方法，为自己的毕业论文工作做好铺垫。该实习组织方式的不足在于要在比较有限的时间内完成教育科研的整个过程显得困难，尤其是当学生进入幼儿园实习后，往往会被实习班级的环境创设、保育工作、教学工作等缠身，不能单纯地进行教育科研方面的工作，从而使教育科研实习的实效大打折扣。

集中式综合教育科研实习又可分为融入型教育科研实习与独立型教育科研实习。

【案例研讨】

为期1个月的教育科研实习开始了，王同学带着自己的实习计划信心满满地来到了学校安排的实习幼儿园，她准备做一个关于中班幼儿学习习惯的调查研究。园长根据她的实习计划将其安排到了中1班，可到班上的第一天，班主任老师如释重负地对王同学说"我们正在为环境创设缺少人手犯愁，正好你来了，帮我们一起做环创"。于是，接下来的一周，王同学都在环创中度过。请问，如果是你，如何妥善处理环境创设工作与自己的教育科研实习任务之间的矛盾？

(二)融入型教育科研实习与独立型教育科研实习

根据实习内容与实习单位已有的教育科研课题之间的关系，可将集中式综合教育科研实习分为融入型教育科研实习与独立型教育科研实习。

融入型教育科研实习指学生的实习内容根据幼儿园（或实习所在班级）教育科研课题确定，实习期间全程参与到幼儿园的教育科研活动过程中。融入型教育科研实习的好处在于学生可通过实习，对当前幼儿园教育科研的热点问题有较深入的认知，对幼儿园教育科研的现状有全面真实的了解；同时，由于实习生作为第三只眼的介入，有利于幼儿园更全面的反思自己正在进行的教育科研活动，促进幼儿园教育科研的发展。该实习组织方式的不足在于学生到园实习的时间与幼儿园教育科研课题开展的时间是否契合，如果学生到园实习时幼儿园的教育科研课题已接近尾声，则实习效果将受到影响；同时，幼儿园是否有开放的心态接纳学生参与到其教育科研课题中也是一个问题；另外，由于实习内容为幼儿园的教育科研课题，不一定是学生的兴趣所在或熟悉的内容，难免会使学生被动参与，缺乏积极性。

独立型教育科研实习指学生的实习内容根据自己的研究兴趣确定，研究课题的开展独立于幼儿园教育科研活动进行。独立型教育科研实习的好处在于有利于学生将自己感兴趣的问题（或已有的学习思考）付诸实践，实习更具主动性；同时该实习组织方式更简单易行，可操作性强。该实习组织方式的不足在于学生的选题可能与现实脱节；选题涉及范围较宽，不利于教师（尤其是幼儿园教师）对学生的指导。

第二节　教育科研实习任务分解

为了更清晰地把握各类实习的具体要求，根据上一节对教育科研实习组织方式的分类，在本节我们将对分散式专项教育科研实践、融入型教育科研实习及独立型教育科研实习的任务进行分解阐述。

一、分散式专项教育科研实践任务分解

分散式专项教育科研实践是根据《学前教育科学研究方法》课程要求进行，因此其实践的总体任务要求是通过在幼儿园/幼教机构的专项实践，对幼儿园教育科研常用方法有深刻的认知，能较好地掌握各种研究方法的基本要求，从而促进对《学前教育科学研究方法》理论的理解与掌握。

幼儿园教育科研常用方法一般有观察法、调查法、个案研究法、行动研究法及教育实验法等。由于分散式专项教育科研实践的时间均分散安排在学生正常行课的课余时间进行，且给予学生到幼儿园实践的总体时间不多，而其中的行动研究法需在教育一线较长时间的进行实践行动，教育实验法涉及实验条件控制、实验伦理道德问题等

系列因素，可操作性都存在问题，因此分散式专项教育科研实践主要分解为观察研究实践、调查研究实践、个案研究实践三个具体实践任务。

（一）观察研究实践

观察法就是有计划地用自己的感官或者借助于科学的观察仪器与装备，对所要研究的对象进行系统的观察和探究，从而获取资料并得出结论的研究方法，观察法是学前教育研究中最基本的方法。

作为分散式专项教育科研实践的观察研究实践，主要是通过一个到两个半天的幼儿园/幼教机构观察，让学生掌握观察法的基本步骤及实施过程，懂得如何通过观察获得研究所需的资料，并初步学习分析处理观察所得资料，其实践任务有以下要求。

①实践可以以个人或小组的形式进行，但每个小组成员最好不超过4人。

②进入幼儿园实践前应确定观察的目的、内容、对象及要采用的具体观察方法；拟订好观察计划、设计好观察记录表。

③按照观察计划到相关幼儿园开展观察实践，并尽可能做好观察记录。

④观察结束后，对观察记录资料进行分析，形成观察报告，在班级/学习小组内进行交流汇报。

【实践任务提示】

由于观察研究实践仅有一个或两个半天的时间到幼儿园/幼教机构进行实地观察，因此在选择观察主题、确定观察内容及对象时应充分考虑到时间因素及所用观察方法等因素，如选择"区角游戏过程中幼儿攻击性行为"进行事件取样观察，则很可能在观察过程中由于没有发生"攻击性行为"而使观察无法获得相关资料，从而使整个观察失败。

【反思研讨】

1. 此次观察研究实践最大的收获是什么？

2. 在幼儿园进行观察时什么因素可能干扰了观察活动的进行？

3. 观察所得资料是否客观？

4. 下次如果再进行相似主题的观察，如何做得更好？

（二）调查研究实践

调查法是教育科学研究常用的方法之一，指在教育理论指导下，通过访谈、问卷、测量等方式，有目的、有计划地收集有关教育问题或教育现状的资料，了解研究对象总体现状，进而分析其因果关系，揭示教育规律的一种研究方法。与观察法相比，调查法也主要是对现状的调查，而且要求在自然状态下进行，即对调查对象的思想、言论与行为不加以引导、控制与干涉。调查法具有"间接性"特点，研究人员不必进入现场用感官对研究对象直接进行观察以获取资料，主要是通过问卷、访谈等调查手段获取信息。

作为分散式专项教育科研实践的调查研究实践，主要是通过对相关对象（可以是幼儿园管理者、幼儿教师、家长等，也可以是非学前教育相关人群）的调查，让学生掌握调查法的基本步骤及实施过程，懂得如何通过问卷或访谈获得研究所需的资料，并初步学习分析处理调查所得信息，形成调查报告。其实践任务有以下要求。

①实践可以个人或小组的形式进行，但每个小组成员最好不超过 4 人。

②选择自己感兴趣的学前教育领域问题进行调查实践，调查实践前应确定调查的目的、内容、对象及要采用的具体调查方法（问卷法或访谈法）；拟订好调查问卷或访谈提纲。

③在规定的时间内完成调查数据的收集。

④调查结束后，对调查数据进行分析，形成调查报告，在班级/学习小组内进行交流汇报。

【实践任务提示】

1. 学前教育领域的问题既包括幼儿园教育、家庭教育、早期教育等问题，也包括教育政策法规（如《3～6 岁儿童学习与发展指南》、公益性幼儿园建设等）的实施问题，还包括幼教师资的培养培训问题等。因此在进行选题时，不要把思维局限在对幼儿教师、幼儿家长等的调查上。

2. 在进行调查前应合理选择调查对象，注意调查对象的典型性与代表性，同时充分考虑便于自己调查的实施。

3. 调查中如果涉及敏感问题，应讲究提问技巧（迂回、投射、假设、委婉等）。

【反思研讨】

1. 为什么选择这一课题开展调查，其价值何在？

2. 在调查过程中最大的困难是什么，为什么在调查前没能考虑到该问题的出现？

3. 分别从科学视角和伦理视角审视自己的调查研究活动，是否有不当之处？

（三）个案研究实践

个案研究法是根据特定研究目的，选择一个或少数几个有代表性的研究对象，系统深入调查以研究其发展变化过程的方法。教育研究领域中的个案研究大都是质的研究，其目的在于产生某种假设，而不是检验假设，即它是从原始资料（对某一个案全面情况的实地考察）中推断出有关这一个案的假设或理论。质的个案研究具有以下特点。

①特定性，注重于某个特定的情境、事件、项目或现象。

②描述性，研究结果是对研究对象的丰富的、极为详细的描述，包括有关该研究对象的尽可能多的变量，及诸变量在较长一段时间内的互动，因而个案研究往往具有跟踪性质。

③启发性，启发我们对研究对象的理解，如它能带来对新的含义和新的关系的发现，它能解释一个问题发生的原因。

④归纳性，它依赖于归纳推理，从描述数据中产生新的概念和假设。

作为分散式专项教育科研实践的个案研究实践，主要是通过个案研究，让学生掌握个案研究法的基本程序，懂得收集个案资料的方法，并初步学习撰写个案研究报告。其实践任务有以下要求。

①个案研究实践以个人研究的形式进行。

②个案研究的对象应为学前教育相关对象，如有典型行为的孩子、幼儿教师或者学前教育专业学生等。

③个案研究收集的个案资料应包括个案的基本资料、现状资料及历史资料。

④个案研究结束后，形成个案研究报告，在班级/学习小组内进行交流汇报。

【实践任务提示】

①个案研究资料的来源应考虑到对个案本身的观察和调查以及对个案相关人员的调查。

②个案研究应考虑研究的保密性、伦理性等涉及研究对象切身利益的问题。

③如果选择幼儿、幼儿教师作为研究对象，最好在以前实习过的园所选取，这样可缩短实践时间。

④个案研究报告应包括概述（交代问题的提出、个案的选择、主要研究方法等）、特殊表现的基本描述（研究得到的结果的描述）、原因分析（对结果进行原因分析和探索，解释现象）、结论和建议（得出关于关系的结论，提出教育或操作建议）。

【反思研讨】

1. 此次个案研究实践最大的收获是什么？

2. 在收集个案资料的过程中最大的困难是什么？

3. 对该个案还可进行怎样的追踪研究或补充资料？

4. 从伦理视角出发，如何在个案研究中尊重研究对象？

二、融入型教育科研实习任务分解

融入型教育科研实习是集中式综合教育科研实习的重要组织形式，如第一节所述，融入型教育科研实习通过学生进入幼儿园/幼教机构实习，参与所在机构的教育科研活动，既可以帮助学生加深对当前幼儿园教育科研的热点问题的认知，更真切地了解幼儿园教育科研的现状，又有助于促进幼儿园教育科研的发展，但长期以来，这种实习形式却未得到应有的重视。

融入型教育科研实习时间可定为 4 周，由高校选取教育科研较强的幼儿园作为实习园所，学生作为教育科研助手的角色进入幼儿园进行实习，为推动融入型教育科研实习的有效实施，其实习任务分解为教学研究活动实习与科研课题研究实习两个方面。

（一）教学研究活动实习

幼儿园教学研究活动是提高教学质量、促进教师专业发展，推动幼教改革的重要手段。但在以往的实习安排中，学生基本没有机会参与到幼儿园的教学研究活动中去，对教研活动的内容、形式等知之甚少。安排学生参与教学研究活动有助于学生在进入工作岗位前对幼儿园教研活动有直观了解，缩短其入职适应。教学研究活动实习的具体任务要求如下。

①实习生到幼儿园后，根据幼儿园安排参与到幼儿园相关教研组，如语言教育教研组、艺术教育教研组等，熟悉所在教研组学期教研计划、月教研计划、周教研计划。

②参加一次以上教研组教学研究活动（一般性教学研究与专题性教学研究皆可），做好研究活动记录，并尝试对教学研究活动效果进行评价。

③完成一篇题为"我眼中的幼儿园教研活动"文章。

【实习任务提示】

①自行设计教学研究活动记录表，并尽可能将教研活动过程详细进行记录，便于对教学研究活动效果进行评价。

②在对教学研究活动效果进行评价时，应考虑目标确定、内容选择、材料准备、教师参与度、目标达成情况等。

③"我眼中的幼儿园教研活动"内容不限，可以是对幼儿园教研活动意义的认识、可以是对参与的教研活动的感悟、可以是对理想的幼儿园教研活动形式的构想等。

【反思研讨】

1. 教研活动记录表应包括哪些信息才有助于后面的效果评价？

2. 如果我是教学研究活动的召集人，如何让成员充分参与到研讨活动中来？

（二）科研课题研究实习

身处象牙塔中的学子在教师的教育教学过程中也在思考着学前教育领域的研究热点、难点等问题，但他们所思考的问题是否与实践界的实然研究一致却值得探讨。另外，近年来不少幼儿园为了进一步提升办园质量、推动幼儿园可持续发展，纷纷结合幼儿园实际情况将一些现实问题上升到专门的科研课题层次进行研究，甚至有相当多的幼儿园申报了各级各类科研课题开展研究。但由于幼儿园师资研究能力问题加之教师往往被日常保教工作所累，致使部分幼儿园科研课题开题后却实施进程缓慢。因此，融入型教育科研实习过程中，学生参与到幼儿园已有科研课题研究工作有利于学生了解实践界研究的现状，对学生科研能力实践锻炼有帮助，也有利于幼儿园科研课题的推动。科研课题研究实习的具体任务要求如下。

①如到园所实习时恰逢幼儿园申报相关课题，需参与课题申报材料的准备工作。

②熟悉所在园所现有科研课题资料，按照研究计划梳理工作进度执行情况，帮助分析当前工作要点、难点。

③根据幼儿园科研课题工作需要，参与课题研究工作。

④实习结束时，完成"××课题进展情况报告"。

【实习任务提示】

①参与幼儿园课题申报材料准备工作，主要从"文献综述"部分为幼儿园提供智力支持。

②实习园所同时有多项科研课题的，只需参与到其中一项课题的工作即可。

③"课题进展情况报告"需交代清楚幼儿园课题来源、已取得的成果、当前的进度情况、存在的最大困难、下一步研究的建议等。

④参与幼儿园科研课题工作，根据幼儿园相关要求，应对所接触到的研究内容、材料保密。

【反思研讨】

1. 幼儿园为什么在做这样的课题，选题缘由是什么？

2. 幼儿园的课题与我们在学习中常接触到的学前教育科研选题是否有区别？区别何在？

3. 对我而言，参与幼儿园科研课题研究最大的阻碍是什么？我需要哪些支持来克服阻碍？

三、独立型教育科研实习任务分解

独立型教育科研实习由学生自己选定研究课题到幼儿园/幼教机构开展专门实习。该实习形式要求学生通过 4 周的实习，完成选题论证、资料收集、整理总结及初步成果表达等一整套较完整的研究任务。

(一)选题与论证(在进入幼儿园/幼教机构实习前完成)

爱因斯坦说过："提出一个问题往往比解决一个问题更重要。因为解决一个问题也许仅是一个数学上或实验上的技能而已，而提出新的问题、新的可能性，从新的角度去看旧的问题，却需要有创造性的想象力，而且标志着科学的真正进步。"教育科研的第一步就是选题，选择课题，是学前教育科研的起点，它对教育科研工作能否有效开展起来起着决定性的影响，关系到教育科研工作的发展方向、价值及效果，是教育科研成败的关键。作为教育科研实习的第一个环节，其具体任务要求如下。

①完成研究课题的选题工作。

②完成必要的文献工作以了解相关研究的基本情况。

③拟订出研究计划，并通过指导教师审核同意实施。

【实习任务提示】

①选题的标准：有研究价值(必要性和创新性，有理论意义或实践意义)；可行性(有能力、有条件在实习期间完成)。

②至少需查阅近 10 年与课题相关的研究文献。

③研究计划中应清楚列出所用研究方法(综合运用多种方法、注意方法的有效性)

以及研究进度的安排(最好具体到每一天)。

【反思研讨】

1. 怎样的选题才有利于在短短 4 周内在幼儿园实习中基本完成?

2. 所采用的各种研究方法的适应范围和对象是否适合本研究?

(二)研究实施

研究实施是学生到幼儿园后综合运用拟订的各种方法,全面、系统、客观、准确地收集研究资料和信息的过程。这一过程中能否收集到研究所需资料与信息将影响到最终研究的质量。其具体任务要求如下。

①尽量按研究计划时间节点开展各环节研究。

②根据研究中实际需要,对研究方法等进行必要的调整。

③做好研究实施过程中各种原始材料(如观察记录表、调查问卷、访谈记录、个案研究记录等)的保存工作。

【实习任务提示】

教育科研实习作为一次实践锻炼,重要的是体验研究的过程,清楚研究的基本步骤,因此在研究实施的过程中也不要拘泥于研究计划,应根据研究中的实际情况及时调整自己的研究思路,在实习时间内全面、系统、客观、准确地完成资料收集工作。

【反思研讨】

1. 为何自己的研究计划在实施过程中出现问题?以后进行类似研究该如何避免?

2. 幼儿园布置的其他工作太多导致无法按计划实施研究,该如何应对?

(三)整理总结

整理总结是对研究实施所收集资料的梳理与初步分析,通过整理总结可发现研究需补充的资料或信息,也可得出研究的一些初步结论。整理总结的具体任务要求如下。

①描述与解释分开。

②定性与定量结合。

③补充收集相关资料或信息。

【实习任务提示】

①对研究资料或信息整理时,应尽量从客观的角度进行描述。

②充分利用所学 SPSS 等工具对所收集信息进行科学处理。

【反思研讨】

1. 整理过程中发现资料不够齐全,可否根据以往的实习或经验补充完善?

2. 如何做到描述与解释分开,确保客观处理研究资料?

(四)成果表达

教育科研成果是在进行教育科研的基础上,采用科学的方法,经过智力加工而产生的具有一定学术价值、社会价值或经济价值,并被同行专家认可的知识体系、方案等，一般分为学术论文(思辨研究的成果表达)与研究报告(实证研究的成果表达)。由于教育科研实习进行的研究主要为实证研究，因此其成果表达采用研究报告形式，其具体任务要求如下。

①按照研究报告的规范格式进行撰写。

②研究报告正文应包括问题的提出、研究设计、研究结果、分析讨论、结论建议。

③参考文献和注释应全面、规范。

④需在附录列出研究工具如量表、问卷、访谈提纲、观察记录表等。

【实习任务提示】

①作为实习生的教育科研课题成果，重点不在于衡量其学术价值，而在于通过此训练懂得规范的成果表达方式及学术道德要求等。

②研究报告可为观察报告、调查报告、个案研究报告等。

＊　　＊　　＊　　＊　　＊　　＊　　＊　　＊

要点回顾

作为学前教育专业学生，在接受《学前教育科学研究方法》课程学习的基础上开展教育科研实习，是在具体实践过程中培养"进行探索和研究"能力，实现专业化成长的重要途径。在教育科研实习过程中，学生能以研究者的心态置身于教育教学情境中，以研究者的眼光去审视和分析教育理论与教育实践中的各种问题，从研究者的角度对自身的教育行为进行反思，对教育中出现的问题进行探究。这样，必将在教育过程中积累经验、形成规律性的认识，最终完成专业化发展。

根据实习时间及实习任务要求的不同，教育科研实习的组织方式可分为分散式专项教育科研实践与集中式综合教育科研实习。分散式专项教育科研实践结合《学前教育科学研究方法》课程的学习同时进行，实践的总体任务要求是通过在幼儿园/幼教机构的专项实践，对幼儿园教育科研常用方法有深刻的认知，能较好地掌握各种研究方法的基本要求，从而促进对《学前教育科学研究方法》理论的理解与掌握。主要通过观察研究实践、调查研究实践、个案研究实践三个具体实践任务完成。集中式综合教育科研实习是根据教学计划安排，学生在集中实习的时间内，完成选题论证、资料收集、整理总结及初步成果表达等部分项目或整套较完整的研究任务。集中式综合教育科研实习任务的完成，可以为学生结合幼儿园现有教学或科研课题融入其中开展实习，该实习形式学生只需根据幼儿园教学/科研课题进展现状，完成教育研究的部分项目；也可以为学生自己在幼儿园/幼教机构中独立选取研究课题开展专门实习，完成整套教育研究任务。

总之，通过教育科研实习，学生能掌握幼儿园教育科学研究的基本步骤和具体方法，形成独立开展科学研究的能力，熟悉当前学前教育一线教科研的热点问题，为学生采用科学研究解决实际问题做好铺垫，更为学生开展研究性学习，完成毕业论文打下坚实的基础。

核心概念

教育科研实习；分散式专项教育科研实践；集中式综合教育科研实习；融入型教育科研实习；独立型教育科研实习；观察研究实践；调查研究实践；个案研究实践；教学研究活动实习；科研课题研究实习。

成长档案

认真完成本单元实践任务清单中的各项任务，并将其放入自己的成长档案当中。建议将分散式专项教育科研实践过程中的观察研究、调查研究及个案研究所收集的素材/数据建立专门档案，以备在集中式综合教育科研实习时，调取选用，开展延伸性研究工作，深化对相关问题的探讨与认知，更为毕业论文研究打下基础。

资源链接

1. 袁振国. 教育研究方法[M]. 北京：高等教育出版社，2000.
2. 张燕，邢利娅. 学前教育科学研究方法[M]. 北京：北京师范大学出版社，2006.

单元九　教育实习：班务管理

📖 **单元要点**

班级是幼儿园肌体中非常重要的细胞，班级工作涉及人、事、物的方方面面，这些相关人、事、物构成班级事务。在班级事务中，有需要管理的人，即幼儿、家长和班级教师；有需要管理的工作，如幼儿生活常规、教育教学、卫生保健、家园工作、班级财产等。班务管理就是教师通过计划、组织和行动，将班级的人、事、物充分运用起来，进行合理的组织调配，完成幼儿园工作任务，达到教育、服务的预定目标。

📖 **学习目标**

1. 了解幼儿园班务管理的具体内容、任务，掌握班级管理初步技能和相关专业知识。

2. 在相关实践操作中培养反思意识和能力，以及实践者爱心、细心、耐心的良好工作品质。

第一节　初识班务管理

一、班务管理主要内容

(一)班务计划与总结

在班级管理过程中，我们会为很多工作设立目标，为达到目标实施行动。为保证各项工作目标能达成，行动能够有目的、有步骤、行之有效地开展，管理班级需要制订各类工作计划，并总结实施的效果、经验、问题、措施等，如儿童发展计划、保育计划、家长工作计划等。

(二)班级常规管理

幼儿园班级常规管理包括幼儿生活学习常规和教师常规，幼儿常规包括进餐、喝水、盥洗、如厕、午睡、排队等内容。教师常规包括态度、言行、仪表等内容。

(三)班级教师的分工与合作

一个班级通常会根据幼儿需要和园情配备 3～5 名教师，教师们各有各的思维方式、工作方法、处事习惯，各自对教育的认识也不相同，或者年龄差异也甚大，班主任、教师和保育员各自的分工任务、岗位职责都不同。但工作需要大家分工明确、配合默契、团结协作才能顺利推进。因此，建立班级和睦融洽的人际氛围，形成团结、向上、进取的合力非常重要。

(四)班级环境规划

班级是幼儿生活学习的主要场所，合理规划空间，整体考虑布局，创设适合本班幼儿年龄和学习特点的、科学、合理的班级环境，对幼儿的生活、游戏和学习都产生重要的影响。

(五)班级财产和物品管理

班级就像一个家庭一样，幼儿的生活用品、学习用具、教具材料、电器财物都需要管理好。教师需要明确财物管理的职责、内容和方法，只有良好的物品管理，班级环境才能整洁、有序和规范，实现幼儿园更优的财物调配和资源利用。

(六)幼儿安全

幼儿年龄小，生活经验有限，自我防护的意识、认知弱，但他们活泼好动、好奇心强，工作稍有不周，各种安全事故就可能随时随地发生。教师树立高度的安全意识，了解安全管理具体要求，及时发现、排除班级可能存在的安全隐患，正确处理幼儿意外事故，开展安全教育，是班级幼儿安全工作的基本内容。

(七)家园合作

家园合作共育是班级工作中的重要内容，家庭、幼儿园合作配合，共同承担起教育孩子的责任。家园合作是双向互动的活动，这种教育合力运用得好能达到事半功倍的管理效果。主要的家园工作形式有家长座谈会、家委会建设、家访、班级开放日（亲子活动）、班级博客等。

(八)个别儿童工作

在一个班级几十名幼儿中，或许有需要教师特别关注或者护理的幼儿，包括体弱儿、单亲家庭儿、多动症儿、自闭症幼儿、残障儿等。这些幼儿在身心发展的过程中有特殊的身体或心理方面的需要，教师对他们的发展要给予更多的关注、照顾和护理，促进他们健康快乐地成长。

二、班级管理者的角色定位

班级是一个小社会，教师是班级事务的管理者，通过班务管理让班级方方面面的工作更适合幼儿的生活与学习。为了更好地实现班级工作目标，教师应该清楚的了解自己在班级中的角色定位，在面对幼儿、家长、同事和工作任务时，确立自己角色的方向和追求目标，为快速地进入角色做好心态准备。作为班级管理者，应该有以下几方面的角色定位。

(一)做幼儿喜爱的玩伴

爱应该是幼儿园的一种内在文化，幼儿园的每一个角落都应该充满爱的气息，班级更是如此。古语云："亲其师，信其道。"给幼儿充满爱意、宽松温馨的成长环境，走进他们的视野，做他们的玩伴，一起生活，一起游戏，读懂他们的一百种语言，才会赢得师幼间双向的爱。在这样环境中成长起来的幼儿，获得别人的爱，同时也学会爱别人。

(二)做家长放心的师者

孩子上幼儿园，家长往往是经过千挑万选才确定园所的。家长满怀希望和期待把心爱宝贝交给老师，内心却充满了不安、焦虑和忐忑："这是位怎样的老师？这是个怎样的班级？孩子会喜欢这里吗？"细致周到的接纳每一个孩子，客观公正的对待每一件事，主动翔实的沟通家园教育，及时给予专业的帮助指导，用热情、真诚和专业内涵赢得家长的尊重认可，也就赢得了家长对班级工作的全力支持。

(三)做同事信任的伙伴

班级是一个团队，每个人都分担相应的职责，工作是一个整体，由不同任务链条组成。团队中需要合作者，不要"独行侠"。没有良好的沟通，不能默契的合作，就不可能承担团队的成长和发展。真诚待人，海纳百川，求大同，存小异，才能同心协力把班级工作做好。

(四)做勤学善思的能者

目前的学前教育正经历着快速的发展，各种教育理论、模式、方法、手段都不断地更新，社会和家长对保教质量的要求日益提高。作为专业化的教师，其职业特点要求必须树立终身学习的思想，根据不同的变化调整教育思路和方法，不断提高自我，才能适应当下的职业要求。在班级中，营造勤学善思的上进氛围，成为教育的有心人和内行，是班级教育水平提升的重要基础。

三、容易遇到的问题

在班级管理的过程中会遇到很多问题，或许是个人经验的问题，或许是集体配合的问题，有内部的问题，有对外的问题，有的个人努力能解决，有的却无能为力……特别是新手教师，经验不足，处理问题的方法有限，可能常常会为班级事务的解决头疼犯难。遇到问题和困难，首先不要着急烦躁，意气用事，静下来先倾听，先了解，不好应对时多请教，想清楚再行动。即便错了也没关系，又再来过。经验、能力都是在一遍一遍实践的过程中积累和提高的。

下面分别举例常常遇到的，来自幼儿、家长、同事、领导等方面的困难，重要的是面对这样的问题自己的态度、思考的方向，希望能在引发反思的过程中有所启迪。

【案例研讨1】

不听话的小调皮

在小班刚工作半年的小王老师因为工作需要，调往全托大班任教。全托大班幼儿年龄5岁以上，活泼顽皮，与小班安静乖巧的幼儿年龄特点差异甚大。集体教学中，轻声细语的小王老师讲故事，常常被孩子们你一言我一语闹闹喳喳、争论不休打断，以致常常忙于控制秩序；孩子们天马行空的问题也常常让小王老师哑口无言，不知如何应对；几个调皮捣蛋的孩子一会儿玩失踪、一会儿玩历险，让小王老师紧张分分；游戏活动中刚处理完打倒的面粉罐，这边又哭哭啼啼打闹起来……小王老师觉得自己管不住这些小调皮，整天上班疲惫不堪，要求调回小班……如果你遇到这样的问题，也会要求调班吗？请把你的看法和分析写下来。

【操作建议】

也许你会认为"惹不起躲得起"，班级儿童常规差，如此顽皮欺生不听话，应付不了；也许你会由轻声细语变成严厉管控，"让孩子心中有'怕'字"，自然就顺从了……

在你采取以上种种措施之前，请先静下来研究一下幼儿。5～6岁的孩子有怎样的年龄特点？学习特点？喜欢什么？班级常规方面最大的问题是什么？原因何在？……想不明白时，就去请教，这是老师们经常遇到的问题，很多老师对此都有不少好经验和做法。对于"自由与纪律"，孙瑞雪老师讲："有了自由，孩子们就会选择自己感兴趣的东西；有了兴趣，他就会反复做，变得专注；在专注中逐渐感知并把握规律；把握了规律，他就愿意遵守它，就有了自我控制力。"这是一个全托班，幼儿是否拥有足够的自由？

解决问题的实践过程就是提高自己的过程。当你在融入幼儿，观察他们，尝试实践好方法，反思，再实践时，你会得到意想不到的"财富"。也许，一个精彩的小专题研究，就此诞生……

【案例研讨2】

不理解的怪家长

开学第一天，豆豆的奶奶来铺床。从第一张床挑到最后一张，都不满意。最后，她选了一张已经被其他家长选定的床。老师说："奶奶，那张床已经有小朋友了，您再换一张吧。"奶奶立刻变了脸，生气地说："不行！我家豆豆年龄最小，应该多照顾。老师你换一换就行了！"说完放下被子气呼呼地走了……如果你是当班老师，如何处理呢？试试解决这个棘手的问题。

【操作建议】

目前很多家庭都是祖辈照顾孩子，班级家长群体中很多都是老人。祖辈家长是隔代教育，往往会更加宠爱孩子，丧失原则，比较固执，不易沟通，却又对教师工作要求甚高。作为年轻的教师，如何做祖辈家长的工作？他们有怎样的特点？都有很多方法和策略需要学习。如：要像对待自己的父母一样与之建立良好的情感关系，关心、尊重、夸奖、倾听，关注幼儿生活细节护理，更容易得到祖辈家长信任。

选择孩子的午睡床铺一直是家长非常关心的事情，特别是祖辈家长，挑剔而强势。教师要宽容老人家的"脸色"，他们不是与老师过不去，而是更担心小孙孙的健康。不厌其烦的耐心沟通，帮她选择另外的床铺，并从豆豆情况出发考虑周到，及时反馈豆豆午睡情况，都是较好的应对方法。

【案例研讨3】

不配合的老教师

肖老师最近换了新的班级同事，一位工作多年的老教师。老教师经验丰富，就是观念传统，容易急躁。新宝宝入园了，家长们不放心，在窗外探头探脑。宝宝们分离焦虑，哭着要找妈妈。为了缓和宝宝的焦虑情绪，肖老师决定延长一周亲子陪伴的时间，不料却遭到老教师的反对："再延长时间，终归有分开的那一天，还是要哭的，就这样哭几天就好了！"肖老师认为这样不利于幼儿心理适应，还是要求延长陪伴时间，并向园长建议。老教师来气了，工作不配合，还拉长了脸……肖老师该怎么办呢？请给肖老师一些建议。

【操作建议】

同在一个班级的几位老师，也许在年龄、阅历、学历、经验、认识、性格、能力等方面有着一定的差异，因此在共事的过程中，难免对事物会有不同的看法和见解。

若双方都倔强，沟通不好，很可能引发同事间的矛盾，为工作的开展造成困难。面对同事间的意见和分歧，不能回避，真诚相对，坦诚沟通。很多时候，大家都想把事情做好，只是方法、认识不同。多为别人的感受考虑，不能一意孤行，留大同、存小异。如果你身为班主任，就更是要尽力团结每一个人，做好协调工作，宽容大气。但是，违反原则性的问题（如：说小话、懒惰、违反师德、不尽职责）则绝对不能容忍。

【案例研讨 4】

不认可的苛刻领导

在幼儿园的优质课评赛活动中，周老师根据自己对 2 岁儿童年龄特点的分析认识，精心设计了一堂"撕纸"活动，并对活动效果很满意。评课环节中，业务园长却很不认可，认为周老师教学策略的使用、关注幼儿的表现及指导语的运用都做得欠佳。这令周老师非常沮丧，觉得领导不认可自己的能力，有偏见，闷闷不乐。你怎么开导、鼓励沮丧的周老师，让她能正确看待此事呢？

【操作建议】

幼儿园有园长、副园长、主任、年级组长等大大小小的领导，各自的管理方式也不同。有的温和，有的严肃，有的注重细节，有的看重能力。与领导要多沟通，多汇报，特别是新手教师，让领导了解你、熟悉你。年轻教师要虚心好学，谦虚接受意见，若遇到评练、比赛、公开课等任务，事前多向领导或老教师请教，得到指导，成功的比率要大很多。领导说得不对，要敢于发表自己的意见，大部分的领导都欣赏有独特见解、勇于反思的人。

【课堂研讨】

优秀的班级管理状态

什么样的班级是好班级？

了解好班级的标准，有助于教师设立工作目标，通过各种活动一步一步拉近现实与理想状态的距离，有工作方向。

也许，好班级的标准中会有这样的关键词：

◎ 幼儿喜欢

◎ 家长满意

◎ 环境整洁

◎ 团结和谐

◎ 好学上进

◎ 教学高质

……

请把你心目中设想的好班级状态写在下面的框中，它可以成为你班务会的讨论内容之一。把大家都认可的内容归纳精炼，或许是很好的班级口号哦。

第二节　班务计划与总结

　　每学期开学前制订班务计划，期末进行班务工作总结是班务管理的重要工作之一。事实上，撰写工作计划就是确定行动的方案，也对自己工作的一次盘点，让自己一学期的工作有理有据、清清楚楚、有条不紊地开展；期末的工作总结，是对一个时间段的情况进行一次全面系统的反思、分析和评价，是对已经做过的工作进行理性的思考，为下一学期的计划奠定实践基础。由此可见，二者应该是相辅相成的。

一、班务计划

　　教师的班务计划包括了儿童发展学期计划、月计划、周计划、家长工作计划、保育计划、班级管理计划等。这些计划的制订都应以国家颁布的《幼儿园教育指导纲要（试行）》《3～6 岁儿童学习与发展指南》为准绳，结合幼儿园工作安排和班级实际情况进行专门的制订。

（一）儿童教育发展目标的制订

　　每学期开学初，我们都要制订本学期的儿童教育发展目标。根据幼儿目前的发展情况、年龄特点和兴趣需要制订相应的主题活动和教育教学目标。目标的制订一般分五大领域（健康、语言、艺术、科学和社会）进行分别罗列，结合开展的主题活动呈现教育目标。

【案例】

儿童教育发展目标（简）

主题活动"汽车总动员"	
健康领域	1. 练习一个跟着一个走和跑 2. 逐步掌握滚轮胎的方法
语言领域	简单讲述公共汽车的外形特征
艺术领域	学习搭建车子的轨道和停车场
科学领域	尝试根据车子的特征进行分类
社会领域	愿意与同伴分享自己的玩具车

（二）家长工作计划的制订

　　分析与总结上学期家长工作开展的情况，对上学期家长工作中的不足进行改进和完善；了解家长的需要，用适宜的方式与家长沟通交流，让家长充分了解班级活动和自己孩子的发展情况；根据本学期的活动提出需要家长配合和支持的地方。

【案例】

　　家长工作计划(简)

　　(1)开学初召开家长座谈会,让家长了解班级教师、班级近期教育和保育的工作重点以及需要家长配合的地方。

　　(2)通过与家长的个别约谈、家访、电访等方式充分了解幼儿的基本情况,做到早日熟悉幼儿,以便进一步开展工作。

　　(3)提醒家长关注"家园联系栏",关注班级工作的进程。

　　(4)设立"家长意见箱",收集家长的意见和建议,并及时回应。

　　(5)请家长帮助收集生活中的废旧物品,将废物利用制作成教玩具。

(三)班级管理计划的制订

　　班级管理计划的基本结构包括对上一学期幼儿发展情况分析(包括认知发展、身体发展、社会性发展等)、对班级教师(幼儿)的常规要求、开展教育教学工作、卫生保健工作、安全工作等。

【案例】

　　班级管理计划案例(详)

中班上期班务工作计划

年　　月　　日

　　一、本学期教育教学重点

　　本学期,我班幼儿人数为30人,其中新生5名。现将本学期教育教学重点梳理如下。

　　(一)学习方面

　　1. 科学领域的话题活动。根据班级幼儿好奇、好问、爱观察、爱操作的特点,本学期班级教学活动的侧重点在于开展科学领域的各类活动,旨在满足幼儿对一些动植物的认知;一些科学现象的观察和简单原理的理解;愿意通过操作去发现新问题等。

　　2. 参考书中的教学活动。为了弥补"班级个性教学"中偏领域的现象,我们会选择参考书中有趣的、适宜的其他领域活动(音乐活动、社会活动、健康活动等)开展。

　　3. 阅读活动。继续开展阅读活动,边研究边实践,把梳理出来的有效的教学策略灵活地运用到日常的教学中,并仔细观察幼儿阅读兴趣、阅读能力和阅读方法等方面的变化。

　　(二)生活方面

　　1. 生活自理能力的培养。进入中班以后,教师进一步培养幼儿的生活自理能力。要求幼儿能自己穿脱衣服并整齐摆放;起床后自己叠被子;自己整理书包;大便后学习擦屁股等。

　　2. 良好生活习惯的养成。如,安静进餐,尽量保持桌面的干净;良好的坐姿,不翘椅子；游戏后整齐地收放玩具等。

二、对教师的要求

1.对本班幼儿进行细致观察，了解全班幼儿的身体状况，情绪变化，根据本班年龄段幼儿教育目标，制订合乎中班上期幼儿的学期发展目标。

2.根据目标和孩子的年龄特点，创设温馨、适宜的环境；编排、录制适合中班上期孩子动作发展的早操。

3.加强学习，提高自身的职业责任感，形成沟通、愉快合作的良好局面。

4.自觉遵守幼儿园的规章制度。

5.注意语言、行为、举止对幼儿的影响。

6.在工作中应兢兢业业、任劳任怨，提高为家长和幼儿服务的意识，在早晚接送工作中以饱满的热情、积极的态度接待家长，维护幼儿园的整体形象和良好声誉。

7.认真参加政治、业务学习和业务练兵活动，积极参与环境创设、早操评赛和班级博客等评赛活动。

8.坚持做好每天的幼儿考勤、交接班工作、因病缺勤幼儿登记工作。

三、对待孩子

1.尊重孩子。尊重孩子的个性特点、兴趣爱好，不轻易指责幼儿。

2.鼓励孩子。对每个孩子的评价以积极鼓励为主，善于使用不同词汇表扬、鼓励。

3.平等对待孩子。平等对待每一个孩子，不歧视、不偏爱，允许幼儿之间存在差异。

4.善于用表情、动作与孩子身体接触，稳定幼儿情绪。

5.保护孩子。教师始终与孩子在一起，各项活动中要考虑到各种保护孩子的措施，保证孩子的安全。

6.师生、家园建立良好感情，尽量让每个家长都信任老师，放心地将孩子放到幼儿园生活。

四、教育教学要求

1.认真制订各类计划，特别是每周的教学计划。分析班级幼儿的兴趣点和需要，生成幼儿喜爱的、有收获的主题活动。

2.根据主题创设班级环创，注重所设置的区域和提供材料的教育意义。

3.创编适宜的、有趣的，幼儿喜爱的早操。重视早操中的游戏化、情境化、运动量和相互之间的合作与交流。

4.幼儿能力的培养。生活自理能力的培养，让孩子在吃、喝、拉、撒、睡、玩等方面的自理能力有所进步，使他们生活愉快；学习能力的培养，能认真倾听老师和他人讲话，能用较准确的语言表达意思；通过多样化的教学方式吸引孩子的注意力，养成良好的学习习惯。

5.继续加强对幼儿游戏活动开展。游戏活动中提要求，让幼儿养成良好的游戏习惯，爱玩具、爱朋友，和他人交换玩具玩。

6. 学习轻拿轻放物品，把物品放回原处。

7. 根据课程内容和儿童身体发展的需要，每天保证提供户外活动时间。

8. 定期召开班务会，统一一日生活各环节的要求，及时交流幼儿及家长的情况和教育措施。

9. 收集废旧材料，根据孩子的发展有目的、有层次投放各区角材料。

五、保育工作

1. 清洁与护理

(1)按照卫生要求坚持做好本班各项清洁卫生、消毒工作，坚持周末清洁卫生大扫除。

(2)加强进餐环节工作，坚持巡视幼儿进餐情况，指导帮助体弱幼儿的进餐。

(3)严格执行各项安全制度，平时细心观察，消除各种事故隐患。

2. 配合教学

(1)根据教学、游戏的需要与教师一道添置玩具、布置墙饰。

(2)经常检查班级的材料配备，及时增添、维护。

(3)配合教师在教学活动中指导幼儿、保护幼儿的安全。

3. 物品保管

(1)经常清点本班的设备、教玩具，并登记造册。一旦遗失或损坏，应立即通知有关人员作相关处理。

(2)负责保管幼儿的衣物、用品，防止遗失、混淆。

(3)每天离园前检查水、电、门、窗，保证安全。

六、安全工作

1. 强化安全意识，将安全工作落实到一日生活的各环节。

2. 加强早晚使用接送卡接送幼儿工作，不得将儿童交陌生人，防止错接。

3. 随时清点人数，坚持每天检查幼儿是否带有异物入园。

七、家长工作

1. 本期在 9 月召开家委会。

2. 本期预计将在 9 月或 10 月组织周末亲子活动，加强教师、幼儿、家长之间的交流。

3. 本期对情况特殊的孩子进行家访，并做好记录。

4. 及时更换家园联系栏、班级博客内容，指导家长做好家庭教育，要求家园一致性教育。

【操作建议】

1. 认真学习研究园级工作计划，根据幼儿园的整体部署细化和落实班级工作的人员、内容和时间的安排。

2. 认真分析本班幼儿的发展情况，这是制订计划的依据和基础。

3. 根据工作任务的需要和班级教师的实际情况，组织并分配力量，明确分工。

4. 制订计划时，应班级全体教师参与讨论，发表自己的观点。共同制订的计划才能成为大家自觉为之奋斗的目标。

5. 计划一经制订后，就要坚持贯彻执行。在执行过程中，班级教师可根据实际情况进行补充和修订，使其更加完善和有效。

二、班务总结

班务总结包括了儿童发展学期总结、家长工作总结、保育工作总结、班级管理总结等。撰写班务总结时应包含以下内容。

(1)叙述清楚，详略得当，尽可能地用案例来说明事实。

(2)准确找到自身的成绩和缺点既要肯定成绩，又不怕提出缺点。成绩有哪些，有多大，表现在哪些方面，是怎样取得的；缺点有多少，表现在哪些方面，是什么性质的，怎样产生的，都应讲清楚。

(3)经验和教训。做过一件事，总会有经验和教训。为便于今后的工作，须对以往工作的经验和教训进行分析、研究、概括、集中，并上升到理论的高度来认识。

(4)今后的打算。根据今后的工作任务和要求，吸取前一时期工作的经验和教训，明确努力方向，提出改进措施等。

【案例】

海棠班2014学年下期家长工作总结

转眼一个学期结束了，也结束了小班阶段的学习，在本学期里，我们在家长的热心帮助及大力支持下，班级工作得到顺利开展，结合本学期开展的家长工作情况，现将总结如下。

1. 办好家园联系栏，每周刊出周计划及需家长配合的事项使家长清楚地了解幼儿园及班级的教育教学工作

家园联系栏是最直接明了反映我们工作的地方。为了使家长了解幼儿园及班级教学工作及需家长配合的事项，共同搞好幼儿园的教育教学工作，我班认真制订周计划，刊登在家园联系栏上，使家长能够了解自己孩子在园一周的学习情况，我们还刊出了一些育儿知识与经验。同时我们在博客中分享的幼儿在园的学习、生活照片和视频，家长们都积极关注，给予评价。家长们也在博客中与我们分享幼儿在家的趣事和出外游玩的照片等。

2. 利用家长接送时间，与家长保持密切联系，共同商讨教育方法

我们充分利用家长接送时间与家长保持密切联系，双方共同商讨教育方法，让家长与老师互相了解孩子在园在家的表现。为了提高幼儿的独立生活能力，培养孩子的责任心，我们在园开设相应的课程，开设相应的活动。鉴于是小班上期，在生活自理能力上，我们加强了对孩子的要求，有些对孩子来说虽然困难，但我们还是坚持让孩

子自己动手，教师只在旁观察引导。也告知家长，希望在家也鼓励孩子做自己力所能及的事情，同时也坚持了"放手"的原则，尽力使自己"做个旁观者"，让孩子自己动手。

3. 家长积极参加园内活动

本学期，一共开展了一次带主体性的家长开放日活动，获得了圆满的成功。我们以"最炫民族风"为主题开展了一次园内性的家长开放日，组织家长们观摩了本学期的新早操，与孩子一起共同制作民族服饰。

4. 根据需要为班级收集废旧材料

班级里的游戏材料需要收集废旧材料，本班家长们都给予了积极的配合，分别将家里的废旧物品带往幼儿园，为我们的工作提供了支持。

5. 根据园、班级及个别幼儿的情况及时了解原因

每个班总有几个调皮的孩子或很难接近的家长，我班也不例外，碰到了这样的孩子，我们作为教师总是耐心的引导，教育不怕麻烦，及时向家长了解这些孩子在家地情况及家庭环境地影响，以便针对性地教育，使每一位孩子都能快乐地成长。

6. 传染病的治疗与控制

在传染性流行疾病的高发期，我班家长积极配合老师工作，家园结合，共同做好防御防护工作，保证了孩子们的健康。

这一学期以来，家长给予我们的帮助配合无数，同时，也十分感谢家长们对我们工作上的帮助和支持，正因为有了这些家长热情的支持与帮助、配合，才使我们的工作取得了不少的进步。

【操作建议】

1. 实事求是，结合实际，不夸夸其谈，更不能弄虚作假。
2. 条理清楚，让人一目了然。
3. 详略适宜。有案例、有分析、有策略、有目标。
4. 班级教师全体参与，共同执行。

第三节　班级常规的建立

班级常规分为幼儿常规和教师常规，是幼儿和教师在幼儿园一日生活各活动中应该遵守的班级规则和规定。它包括遵守一日活动的时间及顺序的规定；遵守一日活动各环节具体要求的规定；遵守一般行为规范的规定。养成良好的班级常规有助于幼儿适应幼儿园集体环境，学习在集体中生活并进行自我调整；有利于建立良好的生活秩序，促进幼儿形成良好的卫生习惯、生活习惯和行为习惯，促进幼儿身心健康和谐的发展；有助于保教人员顺利地开展班级活动完成保教工作。在班级常规管理过程中，班级三位教师不仅要根据本班幼儿的年龄特点及心理特征制订出符合本班幼儿发展的

班级常规，科学合理地安排和组织一日生活，还要做到目标一致、统一要求、密切配合的常规管理方法逐步引导幼儿学习自我管理，让幼儿懂得在集体中"规则、制度"建立的必要性。

一、幼儿常规

幼儿常规包含一日生活常规和一日教育活动常规。一日生活常规包括来园活动、盥洗、饮食、午睡、离园等几个环节。一日教育活动常规包括集体教学活动、游戏活动、户外活动等环节。幼儿园作为集体教育的机构，一日常规是幼儿教育主要内容之一，培养幼儿的一日常规是必不可少的。幼儿期是最容易养成固定习惯的时期，这个年龄阶段的幼儿喜欢行为的模仿和重复，从而形成某些好习惯。良好常规的形成，可以帮助幼儿知道什么时间该干什么事，什么事能做，什么事不能做。教师要采取多种形式帮助幼儿养成良好的常规意识，同时还要制订可操作的流程，张贴在班级里每天都尽可能准确的执行，如在固定的时间开始活动，在固定的时间吃点心和午餐，在固定的时间进行户外活动等，常规不仅被幼儿接受而且渐渐成为他们自觉的行动。

表 9-1　幼儿常规一览表

内　　容	活动项目	常规要求
幼儿一日生活常规	来园接待及晨检	1. 高高兴兴上幼儿园，能有礼貌地向老师、同伴问早、问好 2. 衣着整洁，乐意接受晨间检查，插放健康卡 3. 不带危险品、零食入园 4. 能将外衣、帽子、书包放在固定的地方 5. 大、中班幼儿开始值日生工作，学习擦桌椅，并摆放整齐 6. 愉快、自主地参加晨间活动，会自主选择桌面玩具等进行游戏，并能与同伴友好协作 7. 遵守游戏规则，用自然声音说话，玩后把玩具收放整齐
	盥洗、喝水	1. 能按教师的要求有序进入盥洗室，不推不挤，排队如厕、洗手 2. 小、中、大班幼儿知道男女分厕，能在规定的便池大小便，保持卫生间清洁，不在卫生间嬉戏 3. 小、中、大班幼儿大小便基本能自理，托班幼儿能及时跟教师说出大小便要求 4. 逐步养成饭前、便后和手脏时洗手的习惯 5. 洗手前会挽衣袖，洗手时不玩水，学会擦肥皂按顺序认真地洗，洗好后用自己的毛巾擦手 6. 知道喝白开水对健康的好处，养成喝白开水的习惯，口渴时知道用自己的水杯喝水，保证每天喝足够量的水 7. 学习正确的取水方法，有序排队，不推操。喝水后会将水杯放回原处。中大班幼儿会自己清洗口杯、盘子

内　容	活动项目	常规要求
幼儿一日生活常规	进餐	1. 婴、小班学会使用勺子吃饭，中班学习使用筷子，大班会熟练使用筷子 2. 愉快进餐，用正确姿势进餐，细嚼慢咽，速度适当。不挑食、不剩饭菜，注意保持桌面及衣服的整洁，身体有不适会主动告诉老师 3. 进餐后，按类别、按要求将餐具依次放好 4. 学会餐后正确使用擦嘴巾擦嘴，用温开水漱口
	午睡及起床	1. 如厕后安静进入寝室并保持寝室安静 2. 婴、小班幼儿在老师的指导或帮助下，有顺序地脱衣服，摆放整齐。中、大班幼儿学习自己脱衣服，并将鞋和衣物整齐放在指定位置。安静入睡 3. 能安静独立午睡，知道用仰卧、右侧卧的姿势睡眠，不蒙头，养成良好的睡眠习惯。不玩物品，不带小玩物上床，不讲话，不影响别人身体有不适能及时告诉老师 4. 起床时保持安静，在老师的帮助、指导和提醒下把被子翻过来，铺在床上。中、大班幼儿可互相帮助 5. 学会按顺序穿衣、穿鞋，检查自己的服装是否整理好 6. 大、中班幼儿在老师的帮助和指导下学习或独立叠被子，整理床铺 7. 起床后安静到教室，坐在自己的座位上，不随意到户外玩耍
	离园	1. 能在教师的指导下，进行安静活动 2. 能在家长来接时，收拾玩具并整理自己的书包、衣物，做好回家准备 3. 能主动向老师、同伴道别，不独自离园 4. 家长来接后能及时离园，不在园内玩耍逗留 5. 不乱吃小摊贩上的东西，不乱扔垃圾，讲究卫生
幼儿一日教育活动常规	集体教育活动（中、大班 25～30 分钟，婴、小班 10～15 分钟）	1. 有兴趣参加集体学习活动，愿意学本领，能按老师的要求去做 2. 注意倾听老师和同伴讲话，不打断别人的话，不插嘴 3. 认真参加活动，学会动手、动口、动脑。大胆回答问题，愿意用语言表达自己的意愿，敢在集体面前讲话 4. 学习正确的姿势，包括坐姿、看书、绘画姿势和握笔姿势 5. 愿意协助教师准备学习用具、材料；学会正确使用和爱护各种学习用具、材料；用完后能将各种学习用具、材料进行收拾和整理 6. 掌握正确的与同伴交往的技能，能和同伴商量或讨论教师提出的问题或要求 7. 知道珍惜自己和别人的活动成果，学习正确评价别人和自己的作品

续表

内　容	活动项目	常规要求
幼儿一日教育活动常规	游戏活动	1. 能按自己的意愿选择游戏，喜欢参加游戏活动。能与同伴友好的玩游戏，会轮流玩。知道谦让，发生争执能试着自己解决 2. 有一定的角色意识，积极参与游戏。有一定的坚持性，遵守游戏规则。爱护玩具，轻拿轻放，会按要求整理游戏材料，能将损坏的玩具交给老师修补 3. 能理解自己的角色，并会逐步开展角色间的交往。在游戏中能较恰当地使用礼貌语言 4. 结束时收拾整理玩具场地
	户外活动	1. 喜欢参加各种体育活动，愿意尝试不同的运动项目 2. 遵守各项活动规则，爱护体育玩具，能按教师要求取放玩具。遵守场地行为要求，在教师指导下能按运动量和冷热增减衣服。能与同伴合作参与活动，学会轮流、等待，正确对待输赢，在活动中分享共同探索的乐趣 3. 学习自我保护方法，在活动中注意安全隐患，不离开集体，不做危险动作等，有自我保护意识

【课堂研讨】

儿童阅读行为习惯的要求

又到了孩子们的阅读时间，有的在安静看书、有的在大声讲话、有的在教室奔跑、有的在争抢图书、有的一页一页翻书、有的在丢书、有的在翘椅子、有的把书卷起来当话筒……孩子们的各种行为表现令刚上岗的小张老师棘手无措，很是着急。

针对目前的情况，如果你是小张老师，你会怎么做？请试着分析可以从哪些方面入手来帮助幼儿养成良好的阅读习惯，并制订一份关于儿童阅读行为的常规要求。

【操作建议】

1. 班级常规的制订需建立在对班级每个幼儿全面了解的基础上。教师要根据幼儿年龄和生理上的差异性制订出符合本班幼儿发展的常规管理方法，做到目标一致，相互配合。同时教师还要对已建立的生活常规进行监督和评价，防止有反复的倾向，坚持一贯、一致的教育，不能朝令夕改。

2. 班级常规教育要日常抓，抓日常，在日常生活中随机教育。在幼儿一日生活中，时时会出现各种情况，而这些情况中就蕴含着教育的内容，随机教育的契机最多。因此教师要善于捕捉有效地教育时机，及时实施随机教育。

3. 常规教育要注重采取多样的形式和方法。如可利用榜样示范法、行为练习法、及时补强法、图示图表法等来帮助幼儿学会遵守相应的规则；同时教师还要运用鼓励、帮助等手段促进常规的养成。良好的常规并非一朝一夕就能达成的，形成的过程中常出现反复，表现出不稳定，教师的鼓励与帮助是必不可少的。教师的肯定评价可以提高幼儿遵守生活常规的自觉性，教师的帮助可以提高幼儿遵守生活常规的行为水平。

二、教师常规

表 9-2　教师常规主要内容

内　容	项　目	具体要求	备　注
仪表常规	指甲	不留长指甲、不涂指甲油和彩绘、保持清洁	
	头发	不披发、不佩带太大的头饰	
	鞋	不穿高跟鞋、不穿拖鞋	
	着装	在幼儿来园之前，更换好当日带班服装（园服）不穿筒裙、不着吊带（袒胸露背）装	
	装饰品	不戴长项链、大手镯、吊坠耳环	
	工作牌	入园配带工作牌	
教学常规	普通话	入园必须使用普通话	
	教具	教育教学活动根据需要提供教玩具	
	活动开展	是否按时、按计划开展活动	
一日生活常规	普通话	一日生活各环节必须使用普通话	
	生活活动开展	是否按时、按内容、按要求	
	纪律	妥善放置手机和私人物品，确保不在带班期间接听电话、不串班、离岗、闲谈	
配班常规	普通话	必须使用普通话配班	
	纪律	不串班、离岗、闲谈、打电话	
	清洁卫生工作	按时按要求做好大、小扫除和消毒工作	
	儿童护理工作	擦汗、增减衣物、更换脏衣物	
	教育配合	做好教学和一日生活的配班工作	
坐班常规	普通话	必须使用普通话	
	坐班纪律	按时坐班、不早退；坚持办公室坐班	
服务常规	态度及行为 1	早晚热情接待家长，不做私事、无投诉	
	态度及行为 2	妥善处理儿童晚离园，不得将其交予门卫	

【课堂研讨】

教师着装仪表的讨论

　　年轻的小周老师不仅业务能力非常强，人也长得很漂亮，特别爱好打扮。每天上班都喜欢披着一头乌黑亮丽的长发，合体的裙装配上精美的装饰品和高跟鞋使她成为了幼儿园里一道亮丽的风景。小周老师把自己的美展现给了小朋友和家长，可是她的装扮却未能得到园长的认可。

请站在教师和园长的角度分别谈谈你对美的理解？请列举你在幼儿园中观察到的教师装扮行为，说说教师着装在与儿童日常互动中的适宜性？

第四节 班级教师的分工与合作

班级是幼儿学习和游戏的主要场所，良好的班级氛围有利于幼儿的健康成长和发展，也利于日常教育教学活动的进行。班级内的教师是班级管理工作的主要承担者，是一个集体，每个人都应承担起自己在班级中的一份责任，既要分工明确，又要配合默契，高效地完成工作任务。

一、教师间要有明确的分工

幼儿园班级分工形式大致有两种：一种是大、中、小班分别配备两名教师和一名保育老师，三个人负责班级里的一切事务；一种是托班的孩子，由于年龄偏小，初入园的他们需要更多的照顾与呵护，幼儿园在托班一般会配备两名教师和两名保育老师，四个人负责班级里的一切事务。

(一)班级教师主要职责

1. 根据《3～6岁儿童学习与发展指南》精神，结合本班幼儿的年龄特点和个体差异，制订学期、月、周、逐日计划，并组织实施。（每学期开学前一周交学期计划、每月底交幼儿观察表及情况分析，每周五交本班下周目标及逐日计划）

2. 美化班级环境，创设与教育相适应、幼儿主动参与的生活和教育环境。

3. 注重个体差异，关注幼儿发展，认真观察、分析、跟踪、记录幼儿生活、学习、游戏等发展情况，促使每个孩子在原有水平上提高、发展。

4. 严格执行幼儿园工作安排、安全及卫生保健制度，指导和协助保育员管理幼儿生活，共同做好班级保教配合工作。

5. 经常与家长保持密切联系，有目的、有计划、有针对性的主动开展家长工作，做好每个幼儿的家访记录，及时收集家长意见，办好家园联系栏，共同配合完成教育任务。

6. 参加业务学习、教研活动，组织安排好幼儿一日生活，开展各种游戏，坚持正面教育，坚持培养幼儿的良好品德行为和卫生习惯。

(二)保育老师的主要职责

1. 全面负责本班环境、房舍、设备的清洁卫生及幼儿的保健卫生工作。保持幼儿寝室床铺、盥洗室、储物间及幼儿仪表的清洁、卫生、整齐、美观，并按规定做好消毒工作。

2．配合教师组织好幼儿一日生活，完成教育教学任务。开学初能根据本班幼儿情况制订学期保育工作计划，期末进行学期工作总结。

3．在医务人员和本班教师的指导下，严格执行安全和卫生保健制度。将安全放在首位，并随时观察幼儿情绪，了解幼儿健康状况，做到及时发现疾病，及时处理，同时随气候变化做好幼儿的防冻保暖工作。

4．妥善保管好幼儿生活用品和班级的设备、用具。对幼儿衣物、用品及班级设备等做到有记载、有手续、无遗失。

5．协助教师做好家长工作，关注个别幼儿，实施家园同步教育，并接受家长的监督。

6．努力学习，不断提高政治、文化、业务水平并积极参加幼儿园保育教研活动。

（三）班主任（班长）的主要职责

1．是非观念明确，在全班工作中能以身作则，认真执行职工考勤和园内的一切规章制度。

2．组织协调能力强，根据全班和日常工作的需要，及时调整本班成员的工作，形成团结、向上的良好班风。

3．每月主持班务会，研究改进班级工作，并按计划组织实施工作内容。

4．协调本班幼儿教育、安全、卫生保健、财物保管等工作，随时督促检查本班教学、护理、消毒、安全工作，每天了解和记录本班儿童的出勤情况，保证全班工作的一致性。每月底按时上交班务会记录和家访记录。

5．代表全班成员参加园领导召开的会议，能及时反映本班同志的建议和要求，并及时传达会议决定，带领本班同志贯彻执行各项工作。

6．定期召开家长座谈会，组织本班同志共同开展家长工作，搞好家园一致性教育，办好家园联系栏。

7．能根据本班情况，主动承担教研、科研任务。

8．带动班员相互观摩，取长补短，认真学习《幼儿园教育指导纲要（试行）》《3～6岁儿童学习与发展指南》精神和业务理论知识，转变教育观念和教育行为，不断提高全班人员的综合素质。

二、教师间要相互合作

幼儿日常行为的养成和教师一日活动的组织都是依托班级这个平台进行的，在一天工作时间内，班级教师之间的分工与合作显得尤为重要。班级三位教师要在明确各自职责的前提下，围绕班级总体工作目标，密切配合，互助互补，通力合作，才能优质高效地完成工作任务。

【案例研讨】

午餐的苦恼

午餐时间到了，小陈老师和保育老师各司其职，一个忙着组织孩子们解便、洗手；一个忙着给孩子们分餐，看似简单的环节却让小陈老师手忙脚乱。刚帮助一位小朋友整理好裤子，洗手的两个孩子因为玩水又把衣袖打湿了，还没解决又听到教室里孩子的吵闹声……小陈老师想不通，为什么看别的老师做起来井井有条的，怎么到了自己这里就顾了这头丢了那头，累得疲惫不堪呢？

案例中的小陈老师为什么在分工明确，各司其职的情况下仍会感到疲惫不堪？面对这种情形，如果你是该老师，你会怎么办？试试分析问题的关键所在，并写出解决方案。

一天中，三位教师在同样的时间段内可能进行着同一件事，也可能做着不同的事，如主班教师在组织教学，配班教师在准备下周用的教具，保育老师在做清洁卫生。通常，我们称老师在某一时间段内要做的事为"踩点"或"站位"，这个"点""位"非常重要。在一日生活中，班级三位教师要学会分解任务、合理安排分工、有效合作、采用灵活多变的"站位"才能形成一定的秩序，避免因职责不明而遗漏，或因界限太清而延误导致工作的无序。

下面介绍幼儿园各环节工作内容及要求。

表 9-3　幼儿园各环节工作内容及要求

内容	教师工作要求		保育员工作要求
	上午班	下午班	
入园活动	1. 热情接待幼儿，互相问早。观察、了解幼儿情绪及身体状况，检查幼儿是否带有异物 2. 主动与家长进行简单、必要的交流，仔细听取家长讲述幼儿在家的情况及表现，有何需要。提醒家长领取接送卡。引导幼儿与家长愉快道别 3. 小班：帮助、教会幼儿搬椅子；中班：指导幼儿整齐摆放椅子；大班：培养幼儿养成自觉摆放椅子的良好习惯 4. 组织幼儿有秩序的准备进餐 5. 组织幼儿开展丰富多彩的室内晨间活动。关注全体、细心指导 6. 向保育员简单介绍半日活动内容		1. 做好室内外清洁卫生及活动室通风、睡眠房紫外线消毒工作，消毒桌面、杯具、毛巾等，保证生活环境的清洁整齐 2. 协助教师进行二次晨检，主动问候幼儿及家长。指导、帮助幼儿摆放好自带物品，做好个别幼儿的情绪安抚工作 3. 了解教师半日活动的主要内容，掌握幼儿来园情况，配合教师做好晨间活动准备

内容	教师工作要求		保育员
	上午班	下午班	工作要求
早操	1. 检查幼儿服装、鞋子，提醒、帮助幼儿整理衣裤 2. 激发幼儿参加早操锻炼的兴趣，保持愉快地情绪，注意上下楼安全 3. 坚持示范带操，动作准确有力，有针对性的指导幼儿做操动作，积极与幼儿互动 4. 活动中教师注意仪表，不穿高跟鞋，不穿筒裙以及其他不便于活动的服装	为早班教师做好课前准备（桌椅摆放、教具、学具等材料的准备）	1. 检查早操场地设施的安全以及幼儿衣物，协助教师调动幼儿做操积极性 2. 协助教师指导个别幼儿动作，参与带操，与幼儿互动，注意幼儿安全 3. 检查幼儿出汗情况，及时为幼儿擦汗垫背。配合教师组织幼儿回教室
集体教育活动	1. 根据活动要求布置环境，准备好教具、学习用具 2. 组织教育活动 3. 以游戏形式引起幼儿兴趣 4. 活动内容、教学方法和活动组织等适合本班幼儿的年龄特点和发展需要 5. 为幼儿提供较充分的动手动脑的机会 6. 集体和小组活动结合，使幼儿相互影响 7. 注意卫生保健	1. 做好下午活动的准备工作 2. 根据早班的要求，进行适当的配课和课后的收拾 3. 有目的、有计划地观察幼儿并做好记录 4. 制订、准备下周的教学计划和教具、学具	1. 了解教师的工作计划及活动要求，主动配合，准备教具、用具材料 2. 注意站位，保持安静，不随意走动，不影响正常教学秩序 3. 配合教师组织活动，照顾分组或个别幼儿，贯彻活动要求 4. 活动后收拾作品、教具、学具材料，整理场地
解便、喝水	1. 帮助幼儿懂得定时大便对健康的好处，培养幼儿养成活动前后自觉小便、不憋尿的良好习惯 2. 指导幼儿男女分厕，养成文明的如厕习惯，对体弱、多病、动作慢的幼儿多加照顾与帮助 3. 提醒和指导幼儿便后用洗手液洗手，逐步培养幼儿养成良好的卫生习惯 4. 教育幼儿养成良好的取水习惯，根据每个孩子的个体情况帮助指导幼儿		1. 做好卫生间卫生用品的准备工作，保持卫生间的干燥、清洁，及时清理便池及地面 2. 指导幼儿按时大小便，帮助幼儿便后擦屁股，观察幼儿大小便的异常情况，及时反馈给家长 3. 协助教师指导幼儿便后洗手，坚持示范和

内容	教师工作要求		保育员工作要求
	上午班	下午班	
解便、喝水	有秩序的取水，保证儿童每日的饮水量。防止烫伤 5.教会幼儿认识自己的水杯和水杯放置的固定位置，培养正确喝水的习惯，鼓励幼儿多喝水，保证幼儿每日的喝水量。允许幼儿随时喝水，不限制喝水量和喝水次数 6.鼓励幼儿吃完自己的一份水果		个别指导 4.为幼儿准备充足的、温度适宜的水，冬保暖、夏保凉，确保取水的安全。协助教师指导幼儿取水 5.提醒和指导幼儿正确喝水，关注特殊幼儿、体弱幼儿 6.帮助并指导幼儿洗水杯和盘子，注意清洗杯口边缘，保证每日消毒。及时擦干地上洒的水，以免幼儿滑倒
户外活动	1.做好各项准备工作（幼儿衣着、活动场地、玩具材料） 2.有计划、有准备地组织丰富多彩的户外活动，保证每天2小时户外活动时间。运动量适宜，集体活动与分散活动相结合，给予幼儿自主选择和自由活动的空间。运用多种方式激发幼儿运动的兴趣 3.活动前，向幼儿讲清活动的内容、要求，带领幼儿做好准备活动，引导和鼓励不爱运动的幼儿、胆怯的幼儿参加活动 4.户外活动前后注意清点人数，提醒、指导幼儿正确安全的玩各种体育器械和玩具。针对幼儿的实际情况开展安全教育		1.协助教师做好场地布置和运动器械准备工作，清除活动场地的危险物及障碍物，及时排除安全隐患 2.做好幼儿活动护理。关注幼儿活动情况，随时提醒和帮助幼儿增减衣服，帮助幼儿擦汗、垫背，注意对体弱儿的照顾 3.参与幼儿的体格锻炼和游戏，主动指导、帮助个别幼儿参加户外活动 4.认真检查幼儿的活动安全、卫生情况，及时发现和处理突发事情，保证幼儿安全。活动后及时收拾整理玩具材料和场地

内容	教师工作要求		保育员
	上午班	下午班	工作要求
游戏活动	1. 为幼儿创造宽松和谐的氛围,使幼儿能舒畅自如地表示自己的游戏愿望。保证幼儿每日有充足的游戏时间 2. 引导幼儿观察,丰富幼儿生活印象,充分利用、使用空间为幼儿创设合理的游戏环境。与幼儿一起准备或制作充足的游戏玩具和材料(注意其多功能和可变性)。并定期、及时修补玩具,更换材料 3. 仔细观察幼儿在游戏中的表现,做好记录、分析。能根据幼儿的发展水平制订计划,使每个幼儿都能在原有的基础上得到提高	1. 配合早班教师组织游戏 2. 加强对幼儿游戏的间接指导,加强对幼儿的观察,并做好记录 3. 配合上午班教师,布置好游戏环境,收拾整理玩具、材料	1. 与教师配合,根据游戏活动的需要制作玩具和游戏材料 2. 协助教师分别指导游戏活动,参与幼儿游戏,与幼儿互动交流,提高幼儿游戏水平,及时与教师交流幼儿游戏发展和水平 3. 每周定期消毒玩具和游戏材料,随时修补玩具,教育幼儿爱护玩具 4. 指导并帮助幼儿收拾整理游戏材料 5. 做到不串班,不在走廊、小房间、寝室聊天
餐前准备活动	1. 开展餐前教育 2. 组织一些餐前安静活动(故事欣赏、文学作品欣赏、手指游戏、小声自由交谈等)	1. 配合保育员做好开餐前的准备工作,要求做到不提前,不延后 2. 提醒幼儿有序如厕,盥洗,做好餐前准备	1. 做好餐桌的全面消毒工作 2. 指导值日生摆放筷子
午餐	1. 创造愉快地进餐气氛,介绍饭菜,引起幼儿食欲,保证进餐时间。餐前、餐中不处理问题 2. 教会幼儿正确使用餐具和进餐方法,随时观察幼儿进餐情况,发现异常情况,及时处理 3. 指导幼儿养成进餐时走路轻、说话轻、拿放餐具轻的好习惯 4. 注意照顾个别幼儿 5. 配合保育员做好餐后教室的整理工作	1. 鼓励幼儿有序、愉快地进餐,注意幼儿的用餐礼仪与生活习惯培养 2. 负责组织安定先吃完饭的幼儿 3. 组织好全班幼儿散步,有计划、有目的指导幼儿	1. 分饭菜时,根据每个幼儿的情况有针对性地指导孩子达到进食量。冬季注意保温,夏季不盛过烫的饭菜 2. 耐心照顾个别幼儿进餐,对进食量少、挑食的幼儿,要鼓励他们的微小进步,逐步养成良好的进餐习惯 3. 根据幼儿饭量随时添加饭菜,进餐时不催饭,保证幼儿进餐时间。餐后收拾餐具餐桌,做好活动室的地面清扫工作

内容	教师工作要求		保育员 工作要求
	上午班	下午班	
午睡活动	1. 指导或帮助幼儿铺好床被，教会、提醒、指导幼儿有顺序穿脱衣服，整齐摆放在指定位置 2. 做好交接班工作，认真填写交接班记录	1. 营造安静氛围，提醒睡前如厕，指导睡前准备，检查幼儿有无带异物上床，防止异物进口、鼻 2. 巡视幼儿的睡眠情况，帮助纠正幼儿不良睡姿，重点观察带病儿，发现神色异常要及时处理并报告 3. 加强午检盖被情况，及时为儿童擦汗、垫背，照顾好每个幼儿的睡眠，轻声提醒常尿床的幼儿及时如厕，发现尿床及时换洗 4. 不干私活	1. 做好睡前准备工作，入睡前半小时调节好室内温度，放下窗帘，为托、小班幼儿铺好被子 2. 帮助幼儿脱衣服，整理床铺
离园活动		1. 督促幼儿检查自带物品，帮助整理幼儿仪容仪表，让幼儿干净、整洁、情绪愉快地离园 2. 教育幼儿不随便跟陌生人走 3. 热情接待家长，及时回复家长嘱咐事宜，随机和家长交流幼儿活动情况，提醒家长出示接送卡 4. 对晚接留园幼儿做好情绪安抚工作 5. 检查班级环境，做好安全工作	1. 帮助幼儿整理自带物品，查核有无遗漏。做好幼儿离园护理，保证幼儿仪容仪表干净整洁 2. 组织幼儿不离开座位，耐心等待家长的到来 3. 做好室内外环境的清洁整理工作，进行毛巾的清洗消毒 4. 检查水、电、门、窗的安全，做好离园准备

【操作建议】

1. 一日生活各环节中，教师和保育员的站位都应保证每个孩子都在视线范围内。

2. 来园接待时，教师一般要处在既靠近门口又能通观全局的位置。这样教师一方面可以主动地与个别家长、孩子交流；另一方面可以随时观察其他孩子的动向，防止孩子趁机离开集体或发生其他不安全事件。

3. 盥洗室和教室分开的房间，在孩子解便、洗手时教师和保育员要互相补位，采取灵活多变的中间站位，兼顾两边幼儿，既可以看到盥洗室的孩子有序地洗手，又能兼管到活动室的孩子吃点心或进餐。

4. 喝水环节中，幼儿自我取水过程很容易发生拥挤、碰撞、洒水等行为，教师需站在水桶和杯子架的中间，观察孩子的取水情况以避免烫伤等安全事故的发生。

5. 户外活动时，教师和保育员要站在最容易让孩子兴奋的地方以防危险的发生。

如滑滑梯时孩子喜欢积压、松手；攀爬时可能会拥挤和碰撞；游戏屋里许多孩子喜欢挤在一起玩很容易发生危险。教师除了要关注这些地方，还要采取一直走动的站位方式关注个别幼儿的危险动作并给以提醒和制止。

6. 午睡起床后，动作快的孩子已经在活动室，动作慢的孩子则还在床上穿衣，这时教师可以站在午睡室与活动室交接的地方，这样两个地方的孩子都能关注到。

7. 离园是幼儿最兴奋，家长最激动的时刻，教师和保育员的站位尤其重要。教师和保育员要分别站在教室门口和教室里，一人负责收取接送卡，清点幼儿；一人负责组织幼儿不离开座位，耐心等待，这样才能有序安全的将孩子交到家长手中。

第五节　班级环境规划

班级是幼儿非常重要的学习与生活的场所，它需要安全、美观、舒适、孩子喜欢、有教育意义。它也是非常重要的教育资源，通过环境的创设和利用，能有效促进幼儿的发展，我们常把环境喻为"隐身的老师"。

当你步入教室，为即将到来的孩子进行班级环境创设时，你需要先进行以下思考。

首先，想一想，为什么要创设环境？班级环境对于幼儿的意义在哪里？搞清楚这个问题，让自己对于环境创设的目的更明确。建议与配班的老师共同讨论，有共同的目的，才有默契的行动。

> • 快开学了，教室需要布置一番，美观舒适才能吸引孩子。
> • 墙面环境不仅仅只有美观，它还是孩子发表见解的"阵地"，能与孩子互动的环境才有生命力，才有教育价值。
> • 儿童的区角活动与创造性游戏怎样开展，按照动静分开原则，需要大致做划分，才有利于活动进行。
> • ……

其次，看一看，教室的布局是怎样的，采光在什么位置，有多少玩具柜，教室和卫生间里的工作桌及各类物品家电是怎样摆放的，教室外有什么物品……清楚地了解班级物资，有助于更好地规划和利用空间。

然后，谈一谈，与本班教师一起讨论环境创设的初步想法，听听他们的意见，一起确定主题环境、区角规划、卫生睡眠环境和家园联系栏。注意，教育环境的创设应按照本班儿童年龄特点，结合本学期教育目标内容以及幼儿园相关要求进行规划。

接下来，理一理，看看环境创设所需材料是否齐全，哪些需要购买，哪些需要制作，哪些需要发动幼儿家长帮忙收集，列出清单，最好形成一份环境创设计划。几位班级成员可以按计划分工，分头行事。

【案例研讨】

这是小班"你好，幼儿园"主题活动的环境创设建议，环境的规划、材料的投放需要教师认真结合教育目标、儿童实际情况综合考虑，每一种材料投放都要自己先操作，并问自己：为什么要使用这一种材料？它可以怎么玩？对于儿童的发展价值在哪里？

"你好，幼儿园"是3岁孩子走进幼儿园的第一个主题，从家来到幼儿园，对幼儿到底意味着什么？如何帮助幼儿尽快适熟悉环境，适应集体生活，进而喜欢上幼儿园，是儿童初入园期间非常重要的教育内容。以下是这个主题的班级环境布置计划。

墙面环境——

• 将每个家庭的全家福照片(10寸及以上)展示到墙面上，高度与3岁幼儿平视为佳，组成墙面环境"快乐一家人"，风格温馨，感觉家人就在身边。

• 设置一面"小手灵巧"操作墙。结合3岁幼儿精细动作发展要求和生活练习，布置扣、栓、梳、夹、贴等动作练习。

• 根据区域设置合理巧妙地利用相应墙面。如：娃娃家墙面按照家庭风格来装饰设计，悬挂小镜子、装饰过框的儿童画、可挂衣物毛巾的整理架等。小书房墙面设置书袋、阅读标志、交流板块"我喜欢的主人公"等。小厨房钉上用具挂钩、操作流程图、幼儿喜爱的菜例及供孩子们交流的话题留白等。

• ……

区域规划——

• 角色活动区：将废旧纸盒挖洞，制作成小动物嘴巴，用大小不一的乒乓球、玻璃珠、大雪豆等做成"食物"，提供各种勺子、筷子，给小动物喂食。

• 建构活动区：各种积木、汽车、毛绒玩具、娃娃、拖拉玩具、电动玩具、石头、奶粉罐、废旧方盒……

• 益智活动区：将幼儿一日活动中的若干照片投放在区域，请幼儿根据一日活动流程来摆一摆照片。

• 美工活动区：开展"给大树印手掌树叶"活动，并提供所需材料，提供足够数量的彩笔、蜡笔、棉签笔，白纸、彩纸，剪刀、胶棒、擦手毛巾……

• 语言活动区：各种适合3岁段幼儿的优秀读本、《小鸡上学》小书、《三只小猪上幼儿园》小书、《小阿力的大学校》绘本、《米菲去上学》绘本、自制幼儿园环境小书、自制班级环境小书、幼儿家庭提供的相册……

生活室环境——

• 盥洗间张贴洗手、洗脸的流程图、节约用水宣传图、用具标记、安全提醒图、地面排队小脚丫等。

• 睡眠室张贴温馨淡雅的小宝宝睡觉图、小床标记、衣物摆放标记、地面贴鞋子摆放标记等。

家园联系栏——

• 设置"教学内容、保育信息、教育参考、班级动态、家长来信"五个板块的内容，分别张贴一周教学内容、保育保健知识、有针对性的教育信息、班级活动情况、家长意见或家园互动等内容。

（部分内容摘自南京师范大学出版社《幼儿园整合课程》）

如果你是一名新小班的教师，特别针对新入园儿童的情况，除以上环创内容外你认为还有哪些需要补充？把它写下来，就是一份班级环境创设计划。

【操作建议】

1. 保持儿童活动场所安全健康。幼儿动作很快，喜欢钻进任何能爬进的地方。他们会忘记你的警告，不到一分钟就会惹来同样的麻烦。在环境布置时，安全是你必须考虑的重要内容。比如：哪些材料具有安全隐患？药品、清洁剂、水果刀等放在哪里比较好？从教室的每一个角落我都能看到所有的孩子在做什么吗？哪些尖角需要防撞贴？

2. 充分利用教室空间。孩子们玩游戏时需要比较大的活动空间，因此桌椅板凳的摆放是灵活多变的，根据当时的需要来进行搬离、调整。布置时多问问自己：家具怎么挪一挪能挤出更大的空间？什么东西可以放到室外？阴雨天孩子们的大肌肉运动在哪里进行？

3. 如果教室不大，不要设立专门而固定的进餐、喝水、睡眠等生活区域。儿童桌既可以用来玩游戏，又可以进餐喝水用，它既是绘画桌，又是餐厅操作台，还是区域隔断；折叠床在午休时才拿出来而不是总放在那里。

第六节　班级财产和物品管理

班级财产是幼儿园财产重要的组成部分，是保证教育教学活动顺利开展必需的物质条件。管好、用好班级的财产物品，是贯彻勤俭办学、执行幼儿园财产管理、节约幼儿园经费的重要保证。班级是一个整体，班级三位老师应共同参与班级物品的管理。

一、班级财产范围

凡是由班级使用的场所及附属设施如：教室、门窗、窗帘、开关、灯具、保温桶、洗衣机、消毒机、课桌椅、黑板、卫生工具、体育器械等用幼儿园或班级资金购买的由班级使（领）用的物品，均属班级财产。它包括：教师教学物品（教师用书、学习用具、教具、钢琴、电视机、录音机、电脑、投影仪、录音笔等电教设备……），幼儿学习物品（玩具、学具、游戏材料……），幼儿生活物品（小床、被褥、毛巾、口杯……）。

二、班级财产管理

第一，班级财产由班长(班主任)总负责，教师成员协助管理。班级三位教师在民主的原则上，尊重个人意愿或根据工作侧重点的不同进行分工。如保育员在日常工作中对幼儿的生活照料、清洁卫生担负较多，可把幼儿生活物品和洗洁物品归她管理；教师则管理教学物品和幼儿学习物品。

第二，班级内所有财产每学期初由幼儿园财产管理员负责进行登记造册，经班长(班主任)签名验收，班级三位老师共同进行管理。学期结束后，进行财产清点，由班长(班主任)签字交回财务室存档。

第三，开学前三位老师可共同商议制订出本班一学期所需的教学物品计划，报经园长审批后，由后勤组统一购买。

第四，班级教师每月应按需领取学习及生活物品，做到不浪费。如需购置新物品或急用物品时，必须先写一份申请报告，经园长批准后，由本园派出专人购买或者本班老师自行购买，购买物品票据需齐全，交由园长审核后方能报销。

第五，班级借用的教材教具等物品要登记并定期退还。所借物品较多时，为免遗忘和混淆，班长(班主任)可通过表格记录的形式来提醒班员及时归还。

第六，班级教师要认真执行幼儿园财产管理制度。财产在使用中出现异常情况或损坏，班长(班主任)应该及时向幼儿园后勤部门反映说明情况。如需维修的，填写维修通知单后由后勤园长派人维修，如无修理价值作报损处理的需及时办理注销手续；如属不合理遗失或损坏，则视情节轻重由本班教师自行负责赔偿。

第七，班级教师要积极开展节约用水、爱护花草树木、爱护公物等教育活动让幼儿树立良好的社会公德，以免幼儿园财产受到损坏或流失。

表9-4　班级物资统计样表

班级：

家具类			生活用品类			教学用品类			游戏材料类			新学期补充物品		
品名	单位	数量	品名	单位	数量	品名	单位	数量	品名	单位	数量	品名	单位	数量
儿童床	张		小垫絮	床		DVD机	台		大塑料筐	个				
长方桌	张		小竹席	张		录音机	台		中塑料筐	个				
小木椅	根		订书机	个		图书架	个		小塑料筐	个				

备注：有无破损物品

班长：　　　经管人：　　　统计时间：　　年　月　日

三、物品管理

科学的管理和摆放班级的物品,能给幼儿一个整齐有序的环境,有利于幼儿的生活和活动,有利于幼儿的成长,同时也方便教师的使用。如何利用宝贵的空间资源,使物品的设置规范整齐、条理有序、标签清楚、位置准确,做到既有序又美观安全,需注意以下几点。

(一)班级物品要做到分类摆放,专人保管

班级教师和保育员要有序地将自己保管的物品分类放置在自己专有的储藏柜里。如教师可将教学用品,如学具、教具放在一个抽屉里;订书器、双面胶、各种笔、剪刀等工具放在一个抽屉里;班级文件类材料,如教案、幼儿观察记录、听课记录、班务会记录等放在一个抽屉里;幼儿学习用品放在一个抽屉里;教师私人用品单独放在一个抽屉里等;保育员则可以将幼儿生活用品放在一个抽屉里;洗洁用品放在另一个抽屉里。无论是个人还是集体共同保管,都要做到便于园长和自己查看。

(二)班级物品摆放要有固定的地点和区域,以便于寻找

如书包放在专用的书包柜里,玩具放在玩具柜里,图书放在图书柜里,杯子放在杯架上,毛巾放在毛巾架上,簸箕、笤帚、抹布、垃圾箱放在活动室的一角等。偶尔使用或不常使用的物品,可集中放在幼儿园的储物间或班级中较为隐蔽的地方,不仅能整合空间还能节约再利用的成本。

(三)班级物品摆放要目视化,做到各类物品一目了然

班级物品较多较杂,一般可采用实物照片、图片、图形、颜色、汉字等作为物品标记来帮助幼儿学会有序取放物品,自主收拾同时也便于教师整理。如玩具可用实物照片对应的方式进行归类摆放;书包柜可用幼儿照片和汉字来识别;用不同颜色的标签贴挂区分活动室、寝室、卫生间;柜子上贴有图形储物标签,对应存放物品等。

(四)班级物品摆放的位置和高度要恰到好处

需要幼儿自己取放的玩具、游戏材料和其他学习用品要与幼儿的身高相匹配,并且在幼儿视线之内安全的地方。危险的物品决不能让幼儿触摸到,如消毒液、洗洁精、刀、剪子等物品,要放在柜子的隐蔽处,以免发生危险事件。

(五)要科学、合理地设置区域空间,给幼儿创设一个温馨,整洁,有秩序的环境

物品摆放的位置受空间限制和老师审美观的影响,但总体上不能影响幼儿的活动,最大限度地把空间留给孩子。玩具柜作为各个区域的间隔,可以依墙而放也可以根据本班的实际情况合理摆放,做到既安全,又显得活动室整齐。桌椅根据各个活动区的人数要求,放置于各活动区的附近,这样既方便了活动区的使用,也不妨碍集中教育活动时的一些桌面操作活动,使幼儿无论是在活动区活动时还是集中教育活动时都在教师的视线范围，既安全又方便与教师的指导。教师还可因活动的需要而变换桌椅的位置。

【操作建议】

1. 在班级物品的管理中，班级材料的管理也很重要。班级材料是指教师的班级工作计划、月计划、周计划及备课本、观察记录、个案分析、教育笔记、保育笔记、家园联系本、家访记录、消毒记录、幼儿出勤记录等，它是教师教育工作的财富，也是考核教师工作实绩的依据，因此对上述材料保管要齐全，不得随便作废、丢弃。

2. 幼儿入园带的玩具、零食、小卡子等物品，老师一律收缴保管好放在幼儿不宜拿取处或专门的储物箱里，待其回家时归还，并交代家长和提醒幼儿以后不能带危险物品入园。

3. 对班级物品要做到常整理、常清洁并随时排除安全隐患。离园时做到关好水、电、气、门窗，防止财物遗失。

第七节　班级安全管理

安全是幼儿园一切工作顺利开展的前提，任何的教育教学活动的开展都是在幼儿安全的基础之上才能进行的。《幼儿园教育指导纲要（试行）》明确指出："幼儿园必须把保护幼儿的生命和促进幼儿的健康放在工作的首位。"幼儿园的各个班级都是一个小小的集体，由几十名幼儿共同组成，由于班级幼儿年龄较小，安全意识不明确，自我保护能力较弱，对于一些危险的事物、动作等缺乏敏感。然而，班级的三名教师很难随时照看到每位幼儿，稍有不慎，各种安全事故都有可能随时随地地发生。我们经常会听到教师们这样说："发生安全事故就是那么一瞬间的事情！"

为了更好地保护每位幼儿的安全，教师在精神上就要紧绷安全这根弦，随时保持高度的安全意识，严格按照幼儿园的规章制度开展工作。同时，注意在教学中融入对幼儿的安全教育，主动增强幼儿的安全敏感性。知道日常生活中一些危险的事物不触碰；危险的动作不去做；遇到危险如何解决等。将安全教育贯彻于幼儿一日生活之中，尽量减少安全事故的发生。

一、树立幼儿和教师的安全敏感性

俗话说："智者防患于前，愚者灭灾于后。"在教师和幼儿的意识中树立较强的安全敏感性，便可以主动地防止和避免一些安全事故的发生。事实告诉我们，安全事故的发生，既有幼儿自身安全意识不强，自我保护能力较弱引发的自然事故，也有教师安全意识薄弱，工作监管不力等原因造成的责任事故。

【课堂反思】

一次户外活动中，幼儿 A 和幼儿 B 两人在操场上奔跑，因速度较快，躲闪不及而撞在了一起。其中，幼儿 B 相对体弱，被撞开了近 1 米远，额头被撞击的部位迅速红肿。两幼儿顿时哇哇大哭起来。

如果你是当班教师，请你试分析此次安全事故发生的原因？如何避免？

此案例仅仅是幼儿一日生活中存在的安全隐患之一。为了让幼儿在幼儿园内愉快平安地度过每一天，就要随时提醒、反复强调幼儿的行为习惯，认真培养好幼儿的安全意识和自我保护能力。为此，教师要将安全教育渗透到幼儿的日常活动当中，每做一件事情都要告知幼儿怎么做才安全，怎么做不安全，容易发生什么样的事故，会产生什么样的后果。教师不能简单地用"注意安全"四个字进行概括，只有幼儿完全理解了每个行为的正确做法之后，他们才能有意识的管理好自己的行为。另外，利用家庭教育的力量，通过各种方式(家长会、班级博客等)向家长宣传有关幼儿安全教育的案例及各种资料，让家长在家里也对幼儿进行相应的安全教育，帮助幼儿逐渐树立较强的安全敏感性，掌握一些自我保护的方法。

【案例研讨】

某班级，教师 A(主教)组织部分幼儿到盥洗室解便洗手，哪知教师 B(助教)擅离职守，并未在盥洗室内监管幼儿。此时，一幼儿因同伴间的推挤摔倒在地，头碰撞在洗手台的棱角上，眉毛处因碰撞力量较大而发生皮肤破裂，血流不止。事后，将受伤幼儿迅速送往医院，缝合 2 针。

对于这样的安全事故的发生我们感到十分痛心，若教师 B 没有擅离职守，能组织幼儿有序的解便和盥洗，就不会发生这样的事故；若教师 B 实在因个人原因需要离开，能主动告知教师 A 一声，教师 A 也不会让幼儿独自进入盥洗室而发生这样的安全事故。所以，杜绝和减少幼儿班级管理中安全事故的发生，根本还在于教师，在于教师工作中安全意识的树立，安全制度的完善和安全管理的重视。教师在工作中，要时刻绷紧安全的这根弦，树立组织任何教育教学活动都将安全放在第一位的观念，摒弃麻痹大意、心存侥幸的不良心理。

二、需要时刻警惕的安全隐患

1. 入园时，有的家长认为孩子知道教室的位置，就将孩子送到幼儿园大门口就离开，并未将幼儿送到班级教师手上。在幼儿自行到达班级的时间段里若发生危险，家长和教师都很难知晓，也不能及时地进行帮助和处理。为此，班级和幼儿家长之间，应当建立严格的幼儿入园交接制度，双方认真遵守。幼儿入园时，家长带幼儿到医务室进行晨检，晨检后将幼儿送到活动室，并和教师打招呼，若幼儿身体不适，还应主动向教师说明，得到确认后家长方可离开。

2. 幼儿将家中的一些危险物品带到班级，如：硬币、纽扣、牙签、药片、棒棒糖、果冻等，趁教师不注意的时候拿出来玩耍或进食，这些危险的物品极易发生安全事故。幼儿的衣着以简单、舒适为主，避免衣服上有金属片、水钻、别针、过长的带子等，给幼儿活动带来安全隐患。为此，在幼儿早晨进入班级时，应提醒家长和幼儿进行自查，教师可进行第二次的晨间检查。

3. 班级内的桌椅、柜子等家具的摆放不仅要考虑班级区角的科学规划，更要考虑幼儿活动中的安全性。班级内应给幼儿提供足够的活动场地，避免拥挤而发生推挤踩伤事故。桌椅、柜子等家具是否有带钉、木刺、棱角等，所有家具边缘都应该成圆角，幼儿在活动时，即便不小心摔倒，也不至于造成严重的伤情。

4. 严格按照幼儿园的规章制度使用班级水、电、气，对幼儿进行相关的安全教育，提醒幼儿不去碰触相关的阀门、电器等。在下班时，班级教师要检查电源、气源、水源是否关闭，定期对班级的管道、开关和电器进行检查，若发现问题，及时上报幼儿园处理。

5. 严禁幼儿拿开水壶、烫饭等，保温桶、热水瓶等物品要放在适当位置。幼儿喝水、进餐时，教师应注意开水、食物的温度，避免幼儿烫伤。特别在夏天，需要在安全的地方进行降温处理后方能给幼儿食用。

6. 幼儿卫生间和盥洗室内要保持地面的清洁干燥，避免幼儿滑倒受伤。冬天使用热水洗手洗脸时应先放冷水，再放热水，以免烫伤。

7. 幼儿在上下楼梯的过程中，教师要提醒幼儿靠右行走，不推不挤。两名教师应断前断尾，保证幼儿的安全(中、大班可以选值日生来协助教师管理)。

8. 户外活动前，教师应对幼儿的服装、体育器械和活动场地进行安全检查。如，衣服的拉链、衣带、鞋带以及衣裤包里是否有异物，体育器械是否有破损、松动，活动场地是否安全等；户外活动中，提醒幼儿奔跑的速度、与同伴间的安全距离、不推挤等；户外活动结束后，教师需清点人数，整队回班。

9. 加强对幼儿的午睡管理。午睡前，确定幼儿身上无危险品，如，别针、珠子、小玩具、小夹子等，女孩头上的发夹、皮筋等物品都要取下来，由教师统一保管。充分了解每个幼儿的身体状况，消除睡眠环境中的潜在危险，防止幼儿意外造成窒息。

10. 发现幼儿之间产生矛盾时，关注幼儿的解决方式，适时适宜地介入。教给幼儿一些处理矛盾的方法，如，商量、谦让、告诉老师等。尽量减少幼儿之间打、咬、推、抓等不良行为造成的伤害。

11. 班级区角材料不宜有太细太小的物品(特别是婴、小班)。如，小纽扣、小豆子、小珠子等，防止幼儿将异物放入口鼻，发生危险；区角中也尽量不用铁丝、牙签、钉子等尖锐物品，若中、大班因教学活动的需要，一定要用到这些材料，需提前向幼儿进行相关的安全教育。

12. 进餐和吃点心时，提前告知幼儿食物的名称，提醒幼儿在进食的过程中应该注意的地方。如，幼儿在吃苹果时，提醒幼儿细嚼慢咽，不要吃得太快，以免卡在喉咙引发呕吐或其他不良后果；在吃排骨、鸡鸭肉等带骨的食物时，提醒幼儿小心谨慎，避免骨头进入咽喉发生安全事故。

13. 晚餐后，幼儿准备离园。在此期间，幼儿会比较着急，若教师不加以组织，极易发生安全问题。此时，班级两位教师应进行分工，一位教师组织吃完晚餐的幼儿开展一些相对安静的活动，如，阅读、绘画、桌面游戏等；另一位教师照顾还未吃完晚餐的幼儿。等到家长入园接幼儿时，一位教师在门口逐一接待家长；另一位教师则组织未接幼儿活动，避免未接幼儿在活动室内追逐、打闹，由此产生一些安全问题。

14. 离园时，为确保幼儿离园安全，防止误接幼儿，家长需严格遵守接送卡制度。若家长忘记带接送卡，一定请家长做好详细的登记手续，方可接幼儿离园。幼儿原则上由固定的家长接送，若因特殊情况，家长委托陌生人来接幼儿，需提前告知班级教师委托人的姓名、性别、年龄、特征和与幼儿的关系等情况，委托人来园时需将身份证交予班级教师查验，确认无误后方可带幼儿离园。

【反思研讨】

根据你所在幼儿园的具体情况，阐述除上述情形外还有可能存在的安全隐患。

三、发生安全事故后的应急处理

应对班级安全事故的发生，教师需注意两方面工作。

首先，根据幼儿园的相关规定形成班级的安全事故处理预案。班级每位教师都应清楚发生安全事故后的处理流程；了解常见事故（如烫伤、扭伤、异物入耳、流鼻血等）的急救方法；知道幼儿园的定点就诊医院等。

其次，一旦发生安全事故，应根据班级安全预案进行处理。处理安全事故时，教师首先要保持冷静，不要慌乱，不知所措。在第一时间告知幼儿园医务室的医生，配合医生进行科学的诊治。若伤情严重，需到医院进行治疗，应马上将幼儿送往医院，向医生说明受伤缘由，救人第一，争取将伤害降到最低。其次，根据幼儿的受伤情况及时告知家长，向家长说明受伤的原因、伤情及处理的方法，千万不可隐瞒，更不可捏造谎言欺瞒家长。面对无理家长，要依法，有理的进行处理。最后，要做好事后的安抚工作。若受伤幼儿在家休养，教师应进行家访，安抚幼儿情绪，关心幼儿伤情；若幼儿入园，则更应关注幼儿行为，避免二次受伤。

【知识链接】

儿童常见伤害的处理方式

1. 烫伤。(1)立即将烫伤部位浸泡在洁净的冷水中，或用流动的自来水冲洗，持续 15 分钟以上。(2)酌情脱下或剪开伤处衣物，不可剥脱。(3)不要擅自采用在伤处涂抹牙膏、酱油、植物油等土办法。(4)如出现水泡，不要挑破，可用干净纱布覆盖，然后前往医院就诊。

2. 挫伤。一般指跌倒、碰撞受伤等。皮肤未破、伤处肿痛、颜色发青。(1)不宜揉搓伤处，若受伤部位在关节处，应限制关节活动。(2)立即局部冷敷3～5分钟，防止内部继续出血。24～48小时后可用热敷，加速伤处淤血与渗出物的吸收，减轻表面的肿胀。

3. 鼻出血。(1)安慰幼儿不要紧张，安静坐下，头略低向前。(2)用拇指和食指向鼻子的中心部位按压住鼻翼的根部，一般按压5～10分钟即可止血。(3)止血后暂不做剧烈活动，避免再出血。

4. 外耳道异物。常见的外耳道异物有小石子、纽扣、豆类等。(1)小异物入耳，可让幼儿头偏向异物侧，单脚跳，异物即可能被排出。(2)昆虫入耳，可用灯光对着外耳道，诱昆虫爬出。(3)难以排出的异物，应去医院处理。

5. 骨折。(1)用适当长度的木板、木棍、垫上棉花，用绷带固定骨折部位的上下两个关节，使断骨不再有活动的余地。(2)及时送往医院处理。

【知识延伸】

安全教育小儿歌(三则)

我会上厕所

幼儿园的小朋友，

自己如厕要知道：

进出厕所守规则，

不推不挤不滑倒。

安全卫生记心里，

争做文明好宝宝。

异物不能要

小朋友，告诉你，异物不能放鼻里，

塞进鼻腔有危险，取不出来呼吸难。

小朋友，告诉你，异物不能放嘴里，

吞进肚里有危险，排不出去真着急。

小朋友，告诉你，异物不能揣兜里，

异物虽小危害大，一不小心伤害你。

吃饭啰

小朋友，准备好，

吃饭时间就来到，

一口饭，一口菜，

细细咀嚼慢慢咽。

嘴里有饭不说笑，

追逐打闹更不要，

饭后擦擦手和嘴，

讲究卫生习惯好。

第八节　班级家长工作

教育是个系统工作，儿童发展受到家庭、教育机构及社会三大因素的影响。对于3～6岁的儿童来说，家庭影响尤其为大。因此，要完成幼儿教育任务，提高教育质量，我们要树立大教育观念，重视并做好家长工作，真正实现家园配合，同向、同步地对幼儿进行教育。事实上，从每个家庭将孩子送到幼儿园的那一刻起，家庭和幼儿园就紧紧地联系在了一起，成为了一个促进每个孩子健康成长的教育共同体，教师与家长的互动效果也直接影响着班级经营的成效。

从现实中来看，虽然家庭和幼儿园的目标是一致的——让孩子在幼儿园内身心健康、富有个性的逐步发展，但家园之间在教育观念、方法及具体的对策上还存在着很大的分歧。不仅如此，班级几十个孩子因为家庭收入、家长学历、家庭人员结构等因素的不同而造成家庭教育的思想、方向和策略各不相同，这也给教师们更好地开展家长工作提出了挑战。

为此，我们要努力建立起与每个家庭之间的和谐关系，根据每个幼儿的个性特点和需要提出相应的教育策略，尽量让每一位家长满意。当然，这不是要求教师一味地听从家长的安排，而是通过各种方式的对话，相互之间逐渐尊重、理解、包容和信任。让家长了解教师在教育方面的专业性，教师也在与家长的沟通中获得更多有用的教育信息。本着"尊重、平等、合作"的原则，齐心协力为每个幼儿的健康成长做出努力。

几种常见的开展家长工作的方式如下。

一、家委会

《幼儿园工作规程》中明确指出："幼儿园应成立家长委员会""家长委员会的主要任务是：帮助家长了解幼儿园工作计划和要求，协助幼儿园工作；反映家长对幼儿园工作的意见和建议，协助幼儿园组织交流家庭教育的经验"。由此可见，班级应重视家委会的建设，形成家委会的工作制度，落实家委会成员的工作职责，将每一年（或每一学期）的家委会工作形成计划，切实有效地让家委会的建设为班级教育或班级活动的开展添砖加瓦。

（一）如何建立家委会

家委会一般由以下几个职位组成：主席、副主席、宣传委员、组织委员、财务人员等。人员的选择不能由班级教师私自制订，这样的做法极易造成其他家长的质疑和不满。因此，教师在选举前的家长会上要非常明确地告诉大家家委会的作用及成员选举的标准和流程，让家长根据自己的意愿进行公开报名。

【案例】

家委会成员招募

中二班家委会成员招募啦！

亲爱的家长朋友们：

为了中二班小朋友们健康、快乐地成长，为了让家长朋友们更进一步的了解、参与我们的教育教学活动，我班决定搭建一个家园共育的优良平台——组建"第一届家长委员会"。

家委会成员由家长自荐或推荐的方法选举产生，家委会成员应具备以下几个条件：

(1)有责任心、正义感，说话做事能尽量考虑到全体幼儿和家长的利益；

(2)热心公益服务，愿意为大家做事；

(3)有时间，愿意为班级事务花费时间和精力；

(4)应有一定的组织能力、语言表达能力和善于沟通的能力。

真诚欢迎各位有意愿、有能力为班级做贡献的家长报名参加！感谢您的积极参与！

中二班
年　月　日

(二)如何组织家委会开展工作

在每学期的开学之初，班级都要召开家委会，一方面，教师要告知每位家委会成员一学期的教学安排、活动安排等相关计划。另一方面，本学期内需要家委会策划、组织的活动，应提前告知每位成员，让大家有思考和准备的时间。在家委会主席主持会议时，教师应注意倾听、记录，因为家长毕竟不是幼儿教育的专家，他们对于全班孩子的特点，其他家庭的情况不是很熟悉，难免会考虑不周全，这就需要教师的干预和把关。

【操作建议】

1. 尽可能让更多的家长担任家委会工作。一般来说，每一学年都要更换家委会成员，让多一些的家长参与到班级的管理中来，有利于家长们更深入地了解班级的教育教学工作，能让我们的教育受到更多家长的关注、关心和支持。

2. 新入园班级不适宜在开学之初建立家委会。家委会一定是在教师和家长相互了解的基础上建立的。经过一学期时间的磨合，家长了解了幼儿园的一日生活、常规要求、活动流程等基本情况；教师了解了哪些家长有能力、有时间为班级事务服务的信息后再进行家委会的建设。

3. 充分肯定家委会成员的付出。家长们为班级活动所做的任何努力，教师都要在全体家长面前进行表扬，让家长感受到自己的付出教师是看到的、感受到的。也让其他家长知道，作为班级的一员每个人都有为集体贡献力量的义务和责任。

4. 切忌让家委会成员感到任务重，压力大。班级活动的组织坚持以教师为主的原则，不能将过多的任务依赖于家委会成员。他们毕竟不是幼儿教育的专家，对于一些专业性强的任务难以完成，从而感到压力繁重。加之家委会成员自己本身也有工作和生活的重任，若教师一味地让他们做这做那，难免会让家长厌烦。如此一来，相互之间的关系和教育成效也就适得其反了。

二、家长座谈会

家长座谈会是家长工作中比较常见的方式之一。座谈会的内容一般有如下几类：(1)让家长了解本学期的教学计划；(2)通过照片、视频等方式展示班级开展的特色活动；(3)对某一主题(如，分离焦虑、早期阅读、攻击性行为、幼小衔接等)的看法、原因分析和解决对策；(4)需要家长注意和配合的地方等。

传统的家长座谈会就是教师一个人说，全班家长听。家长对于教师的观点是否理解、赞同和接纳，教师无从得知；教师也很难了解到幼儿的信息、家长的教育观念、教育策略等。这样的家长座谈会很容易就流于了一种形式。

如今，我们的家长座谈会成为了一种圆桌讨论会议。由家长们分组参加(约 10 人)，针对班级中部分孩子的共性问题，进行相同或相近议题的家长可分为一组。在座谈会上，由教师组织，家长们参与讨论发言，相互之间形成良好的互动氛围。同时，这也是一个相互学习的平台，教师可以从不同的家长身上吸纳到一些教育观点和策略，深化和丰富自己的教育的认识和方法，同时也是家长之间相互碰撞、启发和学习的机会。这样的座谈会谈论的问题，一般会讨论得比较深入、透彻，问题分析的原因也比较全面，相对应的教育策略也比较丰富，能够解决幼儿园教育、家庭教育中的一些实际的问题，操作性比较强。这样的家长座谈会自然会受到大家的认可和喜爱。

【课堂反思】

如果你是婴班新入园班级的班主任，你在家长会上会和家长讨论到哪些问题？请梳理并依次罗列出来。

【操作建议】

1. 会议室环境干净、整洁，让家长一看就感觉温馨和舒适。

2. 教师提前到场，仪表整洁、大方。当家长陆续到来时，主动和家长打招呼。

3. 会议开始时，教师就要重点介绍本次座谈的中心议题，让家长心中有数。

4. 会议过程中，教师要善于归纳总结，聚焦议题，积极与家长互动。

5. 重视参会的祖辈、保姆等家长，不要因不是父母参与而忽略他们的观点和想法，以免让他们感到被忽视和不受尊重。

6. 教师在组织家长分批参会时，除了按议题分组，还应考虑活跃型家长和沉默型家长的搭配，避免座谈会上的过激争论和沉默寡言。

7. 对于不善言辞的家长不必勉强其发言，让其产生心理压力。

8. 教师在交流中要始终充满自信。

9. 时间不宜过长，约 1 小时为宜。

三、家访

俗话说"亲其师，信其道"，说明情感是维系教育的桥梁之一。只有面对面的交流才会让人感觉到亲和力。幼儿园家访的意义在于走进幼儿的家庭，了解幼儿的家庭，有利于更好地根据实际情况有针对性地教育引导幼儿。新生更需要家访，因为幼儿可能不适应新的学习生活，有的家长也还没做好调整。因此，教师通过家访，一方面更全面地了解幼儿，另一方面也向家长传达一些幼儿园的教学理念，对幼儿的行为习惯等提出要求。同时，家访能让教师和家长及幼儿感情亲切融洽，培养了相互之间的感情，减少家长对教师工作的误会和责怨，我们的工作也就能得心应手了。

(一)家访前的准备工作

1. 任务分配

对于家访地点的分配，一般是按幼儿家庭的位置进行分配的。将一个区域家庭分配给同一个老师，提高家访效率。至于家访时的人员分配，就要按各班级教师的情况进行分配了。若班级有年轻的老师，缺少家访工作经验，最好由班长或老教师带头，在清楚了家访流程以后，再各自根据家访任务完成工作；也可两两一组，这样在家访时不仅能互相补充说明，还能由一个教师面对家长，另一个教师面对孩子，这样相互搭配效果更好。

2. 制订家访计划

家访开始前，确定家访名单和家访的具体目的，制订家访计划，避免家访的盲目性和无效性。新生家访的目的在于初步熟悉幼儿，通过现场观察，了解幼儿的性格特点、生活习惯和认知能力；通过与家长交流，初步了解其家庭结构、经济情况、家庭成员相处关系、对待孩子教养的态度、对幼儿园的认可程度等；征询家长对幼儿园的要求和期望；初步建立沟通交流的通道；与孩子、家长建立初步的情感。这些信息的初步获得，有利于教师在开学初就能够实施有针对性的教育、指导并与家长进行有效沟通。

3. 资料准备

资料准备很重要，这关系到家访的质量。如，新生入园前家访，一为幼儿园的《温馨提示》小手册，内容包括：幼儿园的一日生活安排、幼儿园的一日生活时间、如何缓解刚入园幼儿的分离焦虑现象、幼儿园的安全工作介绍及家长的配合和入园前的安排和准备工作等；二为幼儿行为习惯调查表，内容包括：幼儿姓名和昵称、年龄、家庭成员的组成、饮食习惯及生活习惯等。

4. 提前电话预约

在电话预约时，有几点需要注意的地方。

(1)先报自己的来处，再询问家长的身份。

如："你好家长，我是＊＊幼儿园＊＊班的＊＊老师，很高兴您的孩子＊＊＊将在我们班开始他的幼儿园生活。"想必这样的开头会让你们之间的交流更顺畅的展开。

(2)要给家长一个准备的时间段和选择时间的权力。

这样可以避免让家长觉得教师的家访打乱了他们原有的计划和生活秩序，从而不愿意接受家访或造成家访效果不佳。家长会觉得是他定下的时间而觉得受到尊重，而且教师给你一定的时间准备，此时，无论家长有多么忙都会安排时间来接待老师。

(3)一定要预约孩子在家的时间段。

最好还要避开幼儿午睡的时间。让家长觉得教师的家访就是冲着了解幼儿的情况来的，而不是别的什么目的。消减家长的疑虑，体现教师的专业性。

(4)可以适当给家长提一些要求。

在与家长电话预约时，也不用一味地迁就家长。我们都知道家访的工作强度比较大，在遇见有困难的情况下，也可以适当给家长提一些要求。如遇住家实在太远，不是特别方便家访的家庭，可询问爷爷奶奶的住家是否会近一些，和家长商量将孩子带到爷爷奶奶家进行家访。

(二)开始家访

1. 进门打招呼

进门时一定要正确的喊出幼儿的全名，在家访过程中忘记了可用"宝宝"做称呼。不要忽略和家里的任何一位家庭成员打招呼，包括保姆或是有残疾的人。

2. 班级成员介绍

(1)介绍自己及其他班级成员的姓名和在班级中的角色。

(2)介绍时要有重点，突出每个老师的优势。

3. 耐心细致的与家长交流

根据家访的目的有条不紊的与家长交流，不要只是一味地说，倾听也很重要。最好能提出切实有效地教育策略，不宜讲太多的理论和空话。

四、家长开放日(亲子活动)

家长开放日活动是幼儿园内的常见活动之一。幼儿园一般会要求班级每一学期(或每一学年)开展1～2次家长开放日活动。

家长开放日活动一般可以分为两类。第一类是将家长邀请入园，参加教师或家委会组织的主题活动，如，亲子阅读、庆祝六一、感恩节等。其目的是让家长走进幼儿园，进一步的了解班级开展的活动，近距离的了解自己的孩子在班级中学习与生活的情况。这一类的家长开放日活动可以与节庆活动、日常活动或班级近期开展的教学活动紧密联系，教师应将这类活动纳入学期计划之中，有计划、有步骤的开展，而不是突兀的产生。

第二类是教师或家委会利用周末的时间组织班级幼儿和家长集体出游的亲子活动，这类活动一直受到幼儿和家长的高度喜爱。策划者往往会根据幼儿的年龄特点选择适宜的活动地点或活动内容，让教师、幼儿和家长在一个新的环境中去交流、交往，在自然中收获学习和快乐。如，组织大班幼儿参观博物馆、玩真人CS、参加拓展训练；中班幼儿爬山、亲子运动会、走进军营；小班幼儿摘菜、寻宝等。

【案例】

户外亲子活动计划（详）

小一班周末亲子活动"江家菜地"

活动时间：4月11日（星期日）上午8：50

活动地点：江家菜地

费用标准：80元/人

活动内容：

1.8:50—9:00　幼儿园后门集中，签订安全责任书，缴纳相关费用。

2.9:00—10:00　准时出发，各家庭拼车前往。

3.10:00—10:30　到牧场去咯！（给小鸡、小鸭、小羊喂食）

4.10:40—11:10　摘胡豆　剥胡豆比赛

5.11:10—11:30　我们去寻宝。（用小铲子等到地里寻宝并兑换相应礼品）

温馨提示：

1. 本次活动为自愿参加，请各位家长或幼儿监护人在活动过程中照看好自己的孩子，注意安全！

2. 听从农家主人的安排，爱护花木与庄稼！采摘仅限指定的地点与品种！

3. 请为幼儿准备挖菜的器械（如塑料小铲子等）。

祝大家玩得愉快！

小一班家委会
年　月　日

【操作建议】

1. 安全问题。组织这类活动往往人数比较多，很容易造成某些环节或某些地方拥堵，加上幼儿比较兴奋，情绪不易控制，成为活动中很大的安全隐患。所以，教师要充分考虑活动规则、材料、场地的安全性。同时，要提前提醒家长关注自己孩子的安全，以免发生意外，在除幼儿园以外的场地组织的亲子活动建议与家长事先签订安全责任书，由家长全权负责自己孩子的安全。

2. 在活动的诸多细节上，教师要注意热情、公平地对待每一个孩子，不要让一些家长感觉教师只是关注个别平常喜欢的孩子，而忽略了自己的孩子，造成家长对教师的猜忌和不满。

3. 根据活动内容邀请家庭的不同成员来参加活动。如，父亲节邀请爸爸参加；感恩节邀请祖辈参加等。避免每次亲子活动都是请爸爸妈妈来参加，难免不会和他们的工作产生冲突，造成他们的焦虑。

4. 教师在活动中要表现出冷静和专业性。家长来园后，有的幼儿会特别激动，容易做出违反规则的行为；有的幼儿又特别沉默，一味地和家长黏在一起，不愿参加集体活动。然而，有的家长看到自己的孩子不听话或者不合群，就会很生气的打骂孩子，作为教师一定要智慧的处理这样的状况。

5. 活动中的资料收集。每一次的亲子活动都是教师和家长们的精心设计、积极参与和快乐的回忆。所以在活动进行中，一定不要忘记照相或摄像（若教师忙不过来，可以请个别热心家长代劳），为孩子们的成长轨迹留下宝贵的资料。

五、建立班级网络平台

随着现代通信技术的发展，网络技术的普及，建立班级网络平台已经成为很多幼儿园新兴的家园沟通方式。教师与家长的沟通渠道不再局限于家访、家长会、电话、家长开放日等方式，建立班级博客、QQ 空间、QQ 群都是不错的选择。在网络平台上，教师与家长、家长与家长之间可以根据自己的需要，在网上讨论，及时反馈孩子在家在园的情况，共同探讨教育孩子的有关问题。教师还可以定时上传班级活动的照片或视频、更新先进的育儿经验的资料、记录孩子们的童言趣语等，对于原本与教师直接沟通有困难的家长来说，无疑也填补了家园沟通上的不足，为家长提供了方便。

第九节　关注个别儿童

不难发现，在我们身边有这样一群特殊的儿童，他们有的来自于单亲家庭、有的体弱多病、有的身体残障（包括肢体伤残、智力障碍、自闭症、多动症患者等）。然而，每个人都有受到公平教育的权利。若单亲家庭的孩子在幼儿园内不能得到教师和同伴的关心爱护，身心得不到健康发展；身体残疾的孩子被幼儿园拒之门外，我们不能不说：这是一种悲哀。"所有的孩子都是天使！"如果每一位教育工作者，都能像母亲一样看待这些个别的儿童，她们就一定会尽自己最大的努力让这些孩子在班级中像其他孩子一样开心快乐的生活和学习，有意识的让这些孩子获得更多的关心、关注和机会。

然而，这些幼儿往往表现出性格怪僻、自卑、忧郁、冷漠或者攻击性强等不良心理和行为倾向，可能会因为一点小事而大哭大闹，经常给班级其他幼儿带来不良影响，给教师增加各种麻烦。为此，同伴们渐渐地不再愿意和这类幼儿玩耍，甚至对他们产生不友好的语言和行为。所以，在日常的班级管理中，教师要注意避免这些不和谐、不友爱的现象发生，有针对性地对这些个别儿童开展教育。

一、单亲家庭幼儿

目前，幼儿园班级中来自单亲家庭的孩子越来越多。有的单亲家庭的孩子可能过得比较幸福，虽然父母离婚，但却没有减少对孩子的关心、爱护和重视，让孩子不会因为是单亲家庭而产生自卑的心理。但大部分的孩子却没有这么幸运，由于父母离异孩子由一方抚养，往往受到父亲（或母亲）的冷落，这类孩子经常表现出闷闷不乐、情绪萎靡。还有的孩子为了得到父母、教师或同伴的注意，故意违反规则，做一些让别人厌恶的事情。

【课堂研讨】

某幼儿园小一班。一天早晨，一一小朋友（3 岁，女孩）刚来到班上就开始大哭大闹。老师问外婆怎么回事？外婆悄悄把老师拉到旁边，对老师说："一一昨天晚上不知怎么突然说想爸爸，非要和爸爸一起睡觉，可她爸爸妈妈很早以前就离婚了，爸爸已经很久都没有来看过她了。无论怎么劝说，一一都不听，直到 11 点过哭累了才睡着。"今天一大早醒来，又开始哭喊着要爸爸。

如果你是本班教师，请你面对这样的单亲家庭的孩子，你会具体采用什么样的手段来帮助孩子平抚情绪？

【操作建议】

对于单亲家庭幼儿的教育，教师应注意以下几个问题。

1. 善于倾听，多做个别交流。理解、宽容这类幼儿不良情绪的发泄，帮助他们通过适宜的方式来表达和宣泄。愿意倾听他们的想法，得到他们的信任、认同和喜爱。通过观察，发现和培养他们的兴趣爱好，能够适时的转化其消极的情绪。

2. 生活中更加细致的关心和帮助。让孩子能在教师身上感受到浓浓的爱意，感受到生活的幸福和快乐。

3. 加强与家长的沟通。经常与家长交换意见，耐心细致的把幼儿的表现及心理变化反映给家长，让家长能理智、科学、用心的教育幼儿，让家长认识到父母离异对孩子造成的负面影响，尽可能地让父母双方与孩子多接触、沟通和交流，尽到自己的责任。

4. 班级开展的亲子活动，不必强求一定是父（母）亲参加，若一定需要父（母）亲参加，一定要事先与单亲家庭幼儿和家长沟通，避免孩子的心理受到伤害。

二、体弱幼儿

体弱幼儿的管理是班级的一项重要工作之一，需要班级教师共同关心爱护、细心护理。这类幼儿往往表现出食欲不佳、睡眠不稳、易生病且病程较长等。《幼儿园教育指导纲要(试行)》明确指出："幼儿园必须把保护幼儿的生命和促进幼儿的健康放在工作的首位。"只有保障了幼儿的健康,我们的教育教学才能顺利地进行。

【操作建议】

1. 创设良好的进餐环境,培养良好的习惯。对于食欲不好、挑食的幼儿,教师应讲明食物的好处,鼓励幼儿慢慢尝试、细嚼慢咽,逐步养成不挑食的习惯。在进餐前后要避免发生不愉快的事情,消除紧张和忧虑的不良心理,鼓励体弱儿愉快进餐。

2. 保证户外活动的时间和质量。不仅要让体弱儿吃得好,睡得好,更重要的是让他们积极参与户外锻炼,增强体质,促进生长发育。利用户外活动时间,教师和幼儿共同游戏,充分调动体弱儿参与锻炼的兴趣和积极性,以达到健康锻炼的目的。

3. 有计划地开展健康教育。经常运用故事、儿歌、歌曲等形式进行卫生知识、营养知识、自我保护等常识的教育。

4. 班级教师更加细致的关注体弱幼儿的身体状况。特别是春秋季节,流行疾病突发时期,对于体弱幼儿衣物增减、进餐喝水等问题应更加关心,避免因教师工作的不细致而导致体弱儿生病。

5. 留意班级有过敏史的幼儿。如今,过敏体质的幼儿越来越多。有的幼儿有食物过敏,如鸡蛋、牛奶、胡豆等;有的幼儿有物品过敏,如花粉、毛绒玩具等;有的幼儿有药物过敏,如青霉素、破伤风等。对于班级幼儿的过敏史,教师一定要牢记在心,避免因遗忘和疏忽导致幼儿生病,或者产生更为严重的后果。

三、特殊幼儿

在我们的班级中,还有可能有这样一些长期患病的幼儿,如,患有自闭症(孤独症)、多动症、肢体残障等的幼儿。这类幼儿的动作、表情、语言和行为与正常的幼儿存在一些差异,甚至会给教师和同伴带来很多的麻烦。然而,他们却需要教师更多耐心、细致的关心和关怀。

在传统的观念中,总以为特殊儿童和普通孩子不一样,所以要将他们独立出来,采用特别的教育方式,可是这样的教学结果常常使这类儿童更加"与世隔绝",也让别人以异样的眼光看待他们。然而,1994年6月10日在西班牙萨拉曼卡召开的"世界特殊需要教育大会"上通过的一项宣言中提出了一种新的教育理念和教育过程——全纳教育。它指的就是容纳所有学生,反对歧视排斥,促进积极参与,注重集体合作,满足不同需求,是一种没有排斥、没有歧视、没有分类的教育。

【课堂研讨】

幼儿园大班开学时转来了一个小男孩。刚开始时,老师就发现这个孩子非常活跃,喜欢在教室里跑来跑去;上课时也坐不下来,一会儿摸摸别人的头发、一会儿站起来走一走；阅读活动时也东张西望、心不在焉。为此，老师非常有耐心地对这个孩子进行教育，可收效甚微。一段时间过后，这个孩子的行为依然没有改善，每次在集体活动的时候，为了不影响其他孩子开展活动，都需要一位教师专门的看护他，给教师的教学活动带来了极其不良的影响。

如果你是这个孩子所在班级的教师，请你试分析该男孩的行为，如何与家长沟通？采取什么样的教育策略？

【操作建议】

1. 细心关注幼儿的表现，与家长进行细致的沟通。若条件允许，教师可做适当的记录，为幼儿的治疗提供准确的信息。

2. 生活上更加细致的关心和帮助，尽可能地保证幼儿的身体健康。

3. 宽容和接纳幼儿的异常言行，尝试用各种方法转移和发泄幼儿的不良情绪。

4. 教师加强学习，了解特殊儿童的病情，学习他人的教育方法，寻求适宜的教育策略。

5. 在班级中营造爱的氛围，让其他幼儿共同关心和爱护特殊儿童，不嘲笑、不排斥。

*　　*　　*　　*　　*　　*　　*　　*

要点回顾

幼儿园班务管理是幼儿园中涉及面最广、最细的工作之一，既包括班务计划与总结、班级常规管理、班级环境规划等事务性工作；又涵盖与幼儿园领导、班级教师、幼儿及其家长等人际沟通协调内容；还涉及重如幼儿安全，细到班级财产与物品管理等工作。可谓人、事、物面面俱到，只有通过教师细心周密的计划、组织和行动，将班级的人、事、物充分运用起来，进行合理的组织调配，才能有效完成幼儿园工作任务，达到教育、服务的预定目标。

开展班务管理实习，清晰的角色定位显得尤为重要，努力让自己成为幼儿喜爱的玩伴、家长放心的师者、同事信任的伙伴，这样才能成为勤学善思的能者，才能避免或得心应手地处理好班级管理过程中来自于孩子、家长、同事、领导的常易出现的问题。

在幼儿园班务管理中，从教师自身的态度、言行、仪表等常规做起，团结配合班级教师，明确分工与职责，建立班级和睦融洽的人际氛围，共同抓好幼儿生活学习常规管理；落实班级财物管理；结合班级幼儿年龄和学习特点，创建科学、合理的班级环境，为幼儿的生活、游戏和学习提供良好场所。

班务管理中幼儿安全是重中之重，教师应树立高度安全意识，具备安全敏感性，能及时发现和排除安全隐患，正确处理幼儿意外事故，开展安全教育，促进幼儿健全发展。

教师应清楚家园合作在幼儿教育中的重要作用，充分利用家园的教育合力在幼儿成长中起到事半功倍效果。做好家园合作工作，应以家委会、家长座谈会、家访、班级开放日（亲子活动）、班级博客等为载体，将家庭和幼儿园紧紧的联系在一起，形成一个促进孩子健康成长的教育共同体。

班务管理中除应关注每一个幼儿外，更需要教师特别关注或者护理单亲家庭幼儿、体弱儿童、多动症/自闭症幼儿、残障儿等特殊儿童，促进他们健康快乐地成长。

核心概念

班务管理；班务计划；儿童教育发展目标；家长工作计划；班务总结；班级常规；幼儿常规；教师常规；班级环境规划；班级教师合作与分工；班级财产管理；班级物品管理；班级安全管理；安全敏感性；安全隐患；应急处理；家园合作；家委会；家访；家长开放日；单亲家庭幼儿；体弱儿童；特殊儿童。

成长档案

根据本单元实践任务，建议收集班级环境创设照片，制作成光盘；收集幼儿园常见安全问题及应急处理办法、亲子活动方案、不同年龄班家长会内容及沟通技巧、特殊儿童心理特点及教育策略等资料，分别整理成资源包，便于以后工作中参考。

资源链接

1. 张富洪. 幼儿园班级管理[M]. 上海：复旦大学出版社，2013.

2. 刘德顺，夏晨伶. 儿童意外伤害现场急＋救技术[M]. 成都：四川出版集团. 四川科学技术出版社，2010.

3. 卢伟，邓倩. 幼儿园文化生态与环境创设[M]. 成都：四川大学出版社.

4. 幺丹彦，方燕. 让环境和材料与幼儿对话[M]. 北京：北京师范大学出版社.

5. 应彩云. 在墙面环境中学习[M]. 上海：上海社会科学院出版社.

6. 新世纪出版社编写组. 幼儿园主题活动环境创设[M]. 广州：新世纪出版社.

单元十　毕业实习：独当一面

📖 **单元要点**

　　本单元旨在陪伴和引导学习者全面介入在学前教育机构中进行的以保教工作为核心的毕业实习。在经历了前期各个专题实习和理论学习以后，学习者已经较为全面地掌握了从事学前教育保教工作的相关理论知识和基本的实践技能，并且已经逐步形成了对学前教育专业的认同感。在毕业实习过程中，学习者尝试在指导老师的帮助和支持下，以一个准教师的身份全面履行学前教育工作者的各项职责，以求能够成为独当一面的专业人员。

　　本单元的内容可概括为如下两个部分：

　　1. 毕业实习的目的：意义和组织方式；

　　2. 毕业实习的反思性实践任务清单。

📖 **学习目标**

　　通过本单元的学习，学习者应该达到以下目标：

　　1. 理解学前教育专业毕业实习的目的、意义，以及我国高校学前教育专业开展毕业实习的常见组织方式，并能够结合自身专业发展愿景和学校实际情况选择适合自己的毕业实习方式；

　　2. 在本单元所提供的反思性实践任务清单的指导下，完成毕业实习任务，为自己的专业成长积累宝贵的成长档案。

第一节　毕业实习的目的、意义和组织方式

正如在单元二中提到的，对教师的角色定位笼统地讲有两种，即"技术熟练者"（Technical Expert）和"反思性实践家"（Reflective Practitioner）。前者是现代主义知识观和技术理性支配下的产物，后者则以后现代知识观和批判理论为基础。但无论哪一种对教师的角色定位，在职前培养阶段均强调实习在教师发展中的重大价值，所不同的是实习的方式和重点。

"技术熟练者"角色定位下的师范生实习往往被安排在高年级甚至仅仅安排在毕业年级，且大多采用在一段时间里面集中实习的方式进行。例如某些高校学前教育专业的学生在整个学习阶段只有三次见实习机会：第一次见习安排在一年级，第二次集中实习安排在高年级，第三次毕业实习安排在毕业年级。这样的实习安排方式一方面是为了能够节约教学运行和管理的成本，另一方面则是基于技术理性视角下对实习的功能定位：实习就是为了给学生提供在真实教育情境中去运用此前在学校和课堂中所学到的知识和理论的机会，并且学生面对真实情境所采取的各项工作措施都是直接由其所学到的知识和理论所指导和支配的，学生在这样的实习过程中自然而然地就能够将理论与实践结合起来，形成较好的从业能力和专业素养。遗憾的是，这种定位下的实习的效果越来越受到质疑。因此，我们需要从新的"反思性实践家"的角色定位出发，重新思考实习及毕业实习的功能定位和实施方式，以求真正促进学习者教师专业素养的持续发展。

一、毕业实习的目的和意义

将教师定位为"反思性实践家"，意味着高度重视实践反思在教师专业发展过程中的价值。实践必须在理论指导下的反思中进行，而反思必须直接回应实践过程中的种种困境和难题。因此，在整个职前教师培养过程当中，理论学习和实践锻炼应当是密切交织在一起的。在我们所建构的学前教育专业实践课程体系当中，学生每个学期都能够通过集中实习和渗透在课程中的实践锻炼等方式不断地将理论学习与实践反思相结合，正是对"反思性实践家"成长规律的一种尊重。在这样的培养模式当中，学生的毕业实习已经不再是仅有的在真实情境中运用所学知识发展实践能力的机会了，而是对此前所有课程学习（理论课程与实践课程）的一种自然延续。这样的毕业实习，其目的、意义可以概括为以下几个方面。

第一，通过毕业实习，使学生参照《幼儿园教师专业标准（试行）》对自己作为学前教育专业人员的基本素养进行全面反思，找到自身的专业发展优势和不足，并在与指导教师、同事等相关主体的交流互动中寻求提升专业素养的现实路径。

第二，通过毕业实习，在不断进行的实践反思过程中培养提升自身的学术研究能力，同步开展毕业论文（毕业设计）的各项相关工作，尝试践行"教师作为研究者"（Teacher as Researcher）的角色。

第三，通过毕业实习，逐步实现从学生身份向教师身份的转变，尝试体验一个学前教育工作者在现实执业生活当中所要面对的各种境遇和问题，并在此过程当中反思和重新修正自己的职业生涯发展规划。

第四，通过毕业实习，进一步感受在不同地区、不同类型学前教育机构当中从事相关工作的现实境遇，为就业做好准备。

二、毕业实习的组织方式

当前，不同高校基于不同的教师教育理念基础和各不相同的现实条件，所采取的毕业实习组织方式也不尽一致。从毕业实习过程中学生的自主权来看，大体有以下几种类型。

(一)学生自主型

学生自主型毕业实习是指学生个体在毕业实习过程中拥有极大自主权，对于在什么地区、什么类型的机构中从事何种具体工作的毕业实习具有自主决定权，学校除了对毕业实习的时间和成绩考核进行相关规定外，不作过多干预的组织方式。与这种组织方式相联系的是，学校作为人才培养单位不对学生的毕业实习提出具体要求：既不规定具体的实习任务和进行过程监督和考核，也不给学生联系安排和提供实习机构。学生的毕业实习成绩通常采用实习单位评价的方式，只要取得实习单位盖章签字的实习鉴定意见，即可获得成绩和相应学分。

这样的组织方式固然能够节省人才培养单位大量的工作成本，也能够最大可能满足学生各不相同的实习需求和就业意愿，并较好地兼顾毕业实习和就业准备之间的关系，但是问题也是非常明显的：其一，不能排除学生对实习消极对待、弄虚作假的情况；其二，由于缺乏实习过程中的有效监控和指导，实习的效果往往取决于学生自身的积极努力程度和其所选择的实习单位的质量水平，对于全面提升人才培养质量不利；其三，由于对接待学生进行实习的单位和指导人员缺乏必要的审核监督机制，可能存在一些安全隐患。正是基于上述这些原因，当前正规的人才培养机构通常都不会采用这样的毕业实习组织方式。

(二)学生主导—学校协助型

学生主导—学校协助型毕业实习是指在毕业实习过程当中，学生拥有绝大多数自主权，学校除了规定实习时间和成绩考核外，还提供一些支持和帮助的组织方式。与前一种组织方式相比较，这种组织方式下仍然由学生首先提出各自的实习意向，包括毕业实习的地区、实习单位、具体实习岗位等，学校则会为那些难以找到实习单位的学生协助联系实习单位，并且将学生的实习单位和具体实习岗位进行备案审核，对于明显存在问题的单位和岗位提出改进意见，以求排除安全隐患，并最大可能地保障实习的质量。

这种方式能够在一定程度上避免第一种组织方式可能存在的问题，但是一方面由于学校并不提供实习过程中的监督指导，另一方面学生所自主选择的实习单位也并不一定是与学校有着长期合作关系的实习基地，因此仍然难以保证学生专业素养的有效提升。

(三)学校主导—学生选择型

学校主导—学生选择型毕业实习是指学校掌控毕业实习绝大多数环节的决策权，但是在学校划定的范围内，学生拥有一定程度的选择权的组织方式。具体而言，学校所主导的内容包括：决定毕业实习的时间安排、提供可接待学生进行实习的候选单位、提供实习过程中的指导和监管等。学生的选择权主要体现在对实习单位的选择方面。

这种方式的优势在于：一方面，由于学校所提供给学生的候选实习单位均是与学校有着良好合作关系的有质量保证的机构，能够最大程度避免实习过程中的安全隐患并确保对学生实习指导的水平；另一方面，由于除了实习单位对学生的指导外，学校也会安排专门的教师对学生实习情况进行巡视和指导，因而能够最大程度保证实习的质量和学生专业发展水平。此外，由于学生有一定程度的选择权，可以比较好地兼顾学生的差异化发展需求。

但是这种方式仍然存在问题，最为突出的是其与就业之间的矛盾以及对指导力量和实习基地的较高需求。由于当前学前教育类高校的毕业双选会普遍安排在倒数第二学期的期末进行，双选会后学生大多逐步进入到拟就业单位进行毕业实习，因此如果学校统一提供的实习基地单位并没有招录新教师的需求，则学生的毕业实习就会明显与就业求职发生冲突。同时，对于拥有众多毕业生的学校来说，需要很多家实习基地和相当数量的指导教师队伍才能够满足毕业实习的需求，这也会是一个重大的挑战。

(四)学生服从型

学生服从型毕业实习是指学校掌握毕业实习的绝对控制权，学生服从学校一切实习安排的组织方式。这种方式如果组织得当，往往能够发挥出巨大的现实意义。例如，广西师范学院所实施的"三位一体"实践教学模式①，将师范生安排到城区中小学开展为期三个月的顶岗实习，置换出城区中小学教师，再将这些城区中小学教师安排到农村中小学顶岗任教，最终置换出农村中小学教师"回炉"到高师院校进行脱产培训。为了避免这种组织方式所可能带来的对学生就业的影响，该校将这种实习安排在

---

① 刘力，梁梅. 高师院校教师教育"三位一体"实践教学模式的构建与实施[J]. 中国大学教学，2012(6).

了本科第七学期进行。大连职业技术学院所实施的毕业顶岗实习①也属于此类。

这种组织方式的优势非常明显：一方面，学校精心联系和建立的实习基地能够切实保障学生实习的质量，尤其是近些年来学习借鉴国外"教师专业发展学校"模式②建立起来的稳定的实践基地联盟，能够有效推进在职教师和职前学生两方面的专业发展；另一方面，便于学校对学生实习过程的全称监督管理和专业指导；此外，这种方式还比较容易与其他教师专业发展项目（如"幼儿园教师国家级培训项目"等）结合起来，发挥出更大的价值。

但是，这种方式的缺点也是明显的：第一，如果所安排的实习机构不够多元化，则难以满足学生差异化的专业发展需求；第二，如果实习时间安排在最后一个学期，则容易与就业工作相冲突；第三，如果所安排的实习机构没有招录新教师的意愿，也会影响到学生的就业求职进展。

通过上述对四种毕业实习组织方式的比较分析可以看出，无论哪一种方式均存在优势和不足，各个学校和毕业生均有必要结合各自的资源情况选择最为适合自己的毕业实习组织方式，以求更好地兼顾专业成长、差异化发展、就业求职等各个方面的需求。

第二节　毕业实习的反思性实践任务清单

无论采取哪一种毕业实习的组织方式，对于参与毕业实习的学生而言，一旦进入到实习单位，全部的心思都应当投入到实习工作中来了。对于有志于成长为一名专业的学前教育实践工作者的实习生而言，这种全身心的投入就是要努力实现从学生身份向教师身份的转变，全面融入到未来的执业生活状态当中，系统检视自身的专业素养，在寻求接纳认同的过程中找到下一步专业成长的方向和路径。

本节中，我们以在学前教育机构中进行毕业实习为例，设计了一套反思性实践任务清单，并将这套清单组织成"教师成长档案"的形式，希望能够更好地帮助实习生规划好毕业实习，并获得尽可能多的收获。

任务清单使用说明

这是一次伟大而艰巨的实习，你在这次实习中的辛苦付出不仅为当前中国的学前教育事业发展做出了积极贡献，也将有助于你自身的专业成长。

这套任务清单不仅是你取得毕业实习课程成绩的重要依据，也是一份非常宝贵的专业成长档案。强烈建议你认真对待，并用饱含情感而又不失客观的文字完成每一项写作。同时，强烈建议你在最终提交这份材料之前，先自己复印留存一份，以此作为

①　李桂英. 高职院校学前教育专业实践教学体系的构建与实施[J]. 教育科学，2012(6).
②　傅松涛，刘小丽. PDS教育实习经验与启示[J]. 外国中小学教育，2004(6).

最好的自荐书和青春纪念。

　　本清单中的每一项任务，如果页面不够书写，均可自行增添页面。最终提交材料时，还须同时提交电子版。电子版请制作成PPT文件（文件名为自己的姓名＋学号），内容结构与本清单相同。电子版的重点是呈现图片及视频，因此除必要的解说文字外，其他文字可以适当简略。同时，该PPT文件须包括"个人成就清单"中的全部内容。另外，请在PPT文件中呈现这样几张必需的照片：你在幼儿园大门门牌处的留影，你与幼儿园老师们在幼儿园标志性背景前的合影。

任务一　实习地区见闻

【任务提示】

　　实习的地方对于你来说也许是完全陌生的，陌生的环境容易引发人的孤独感和焦虑感，消除这些负面情绪的最好方法是增进对这个陌生环境的了解。请你通过查阅资料、听人介绍、亲眼所见等多种方式，全面了解你所在的这个地区（市、县、镇）的基本情况，例如地理位置、气候特点、物产资源、文化历史、民生生活，甚至特色小吃等，并把这些情况用小文章的形式记录下来。这篇文章不仅能增长你的见识，也是你宝贵人生经历的见证。

　　（建议你拍摄一些照片或视频放在PPT文件中）

任务二　实习单位见闻

【任务提示】

　　在你看来，实习的这家幼儿园也许条件很好，也许条件尚可，也许条件很差。同时，你对这所幼儿园的师资力量和保教水平等一定也有自己的评价。无论如何，这就是当代中国学前教育事业的真实状况。在这里工作的这段时间，无论是对于你自己还是对于当地学前教育事业，都有极其重大的意义。你对这所幼儿园及当地教育风气的了解越深刻，越有利于后续工作的开展，也越有利于你快速融入这里，为这里的人们（老师、幼儿、家长）所认可和接纳。请通过实地观察、与老师和家长交谈、查阅资料等多种方式，全面了解你所在的这家幼儿园的基本情况（例如物质条件、师资力量、课程设置、幼儿数量、管理状况等），以及当地的教育风气（尤其是学前教育风气），并把这些情况用小文章的形式记录下来。这篇文章不仅能加深你对当地学前教育的理解，也是你宝贵人生经历的见证。

　　（建议你拍摄一些照片或视频放在PPT文件中）

任务三　每周工作反思

【任务提示】

　　第一次在幼儿园真正独当一面地开展工作确实是非常辛苦的事情。如果这些辛苦付出促进了你自身的专业成长，进而更好地促进了你所面对的幼儿的成长，那么这些辛苦是值得的，甚至是伟大的。反过来，如果这些辛苦只是日复一日地出现，除了仅仅带来一些牢骚和埋怨外没有为你带来任何专业水平上的提升，那么被辜负的不只是你自己的汗水，还有很多人的期待。促进专业成长最好的方式是实践中的反思和对实践的反思。请每周花一点时间，对你这一周的工作进行系统反思（例如，你如何解决了工作中的困难、对什么问题产生了困惑、在什么问题上有了新的见解等），并把这些反思用随笔的形式记录下来。你可以将一周的系统反思写成一篇完整的文章，也可以写成若干个片段。这些文字不仅能记录你的心路历程，更将促进你的专业成长。

　　（建议你拍摄一些照片或视频放在 PPT 文件中）

任务四　幼儿个案研究

【任务提示】

　　真正专业的学前教育工作者必然是对幼儿有着深刻了解、并且愿意站在幼儿的角度去了解这个世界的人。在实习工作过程中，你将认识和了解许多小朋友。也许这些小朋友与你之前曾经接触的小朋友有许多相似之处，但不同之处也是显而易见的。请根据你自己的偏好和判断，从你所在的班级中分别选择一位典型的男孩子和一位典型的女孩子，对这两位儿童进行深入地个案研究，并将研究情况记录下来。你需要记录的内容有三个部分：一是儿童的基本情况，包括儿童个人的基本情况及其家庭情况等；二是站在这个儿童的角度，用他（她）的眼睛和心灵去感受和记录他（她）的幼儿园生活经历（完整呈现儿童一日的真实经历，在写作时建议使用第一人称）；三是从你的角度对儿童的情况，以及由此折射出的当代中国学前教育情况进行分析和评论。

　　（建议你拍摄一些照片或视频放在 PPT 文件中）

任务五　教师个案研究

【任务提示】

　　幼儿老师是光荣的，也是辛苦的；是充实的，也是平凡的。幼儿老师不是促进国家学前教育事业发展及满足家长教育需求的会微笑、会说话的工具，而是有血有肉、有欢笑有烦恼、想要生活得更好同时也愿意奉献于儿童的健康成长的活生生的、真实的人。走进你身边的教师的生活世界，了解他们的成长历程，体味他们的人生经历，不仅有助于你结识新的良师益友，也有助于你反思和规划自己的专业发展道路和人生方向。请你以所在单位的两名教师（其中一名是幼儿园园长或相当于园长的负责人）为对象，通过与他们聊天、观察他们在园工作情况等方法，完成教师的个案研究。你需要记录的内容包括三部分：一是教师的基本情况；二是站在这个教师的角度，用他（她）的眼睛和心灵去感受和记录他（她）的幼儿园生活经历（完整呈现老师一日的真实经历，在写作时建议使用第一人称）；三是从你的角度对教师的情况以及由此折射出的当代中国学前教育情况进行分析和评论。

（建议你拍摄一些照片或视频放在 PPT 文件中）

任务六　个人成就清单

【任务提示】

在实习过程中，你一定承担并完成了许多工作任务，其中有很多任务是令人难忘或感到满意的。请你罗列一个个人成就清单，将你认为非常重要的个人成就（例如你制作的教玩具、布置的环境、设计组织的活动、写的其他文章、家长写给你的话、收到的表示尊重和感谢的礼物等）记录下来（只需要简要记录大致内容，详细情况请制作在 PPT 文件当中），以此作为本次实习的纪念。为了证明这些成就确实是你亲自完成的，请邀请园长为你签字确认并加盖公章。园长的签字和盖章不仅证明了你的业绩，其本身也是一个宝贵的留念。

序号	个人成就概要
园长签字确认：	（单位公章）

任务七 专业素养自评

【任务提示】

在这次实习过程中，你独当一面地承担了一名幼儿园教师所应当承担的一切职责，并深切地体会了在当前中国做一名幼儿园教师的现实境遇。也许你觉得一切工作都进展得非常顺利，并体会到作为幼儿园教师的自豪和成就感；也许你经历了诸多挫败，甚至有点想要放弃从事学前教育职业的愿望。无论如何，请先冷静下来，仔细对照《幼儿园教师专业标准（试行）》，根据这次实习的感受对自己的专业素养水平做一个客观的自我评估，然后再思考一下自己今后的努力方向。

就你目前自身的专业素养而言，对于以下各个方面，您的自我评价是(请在相应的栏目中打"√")：					
	非常不好	不太好	凑合	优秀	非常优秀
1. 对幼儿教师职业的理解与认识					
2. 对幼儿的态度与行为					
3. 对幼儿保育和教育的态度与行为					
4. 个人修养与行为					
5. 幼儿发展知识					
6. 幼儿保育和教育知识					
7. 通识性知识					
8. 环境的创设与利用能力					
9. 一日生活的组织与保育能力					
10. 游戏活动的支持与引导能力					
11. 教育活动的计划与实施能力					
12. 激励与评价能力					
13. 沟通与合作能力					
14. 反思与发展能力					
15. 通过这次毕业实习，你认为幼儿园教师最重要的素养是什么(请填写)：					
16. 作为幼儿园教师，你觉得自己最值得肯定的方面在于(请填写)：					
17. 你觉得自己最迫切需要提升的方面是(请填写)：					

续表

18. 你觉得采取什么方式提升那些最迫切的方面是较为现实可行的(请填写):
19. 反思自己的大学生活,你会给学弟学妹和母校提出哪些建议,以便更好地提升本专业学生的教师素养(请填写):

任务八　单位鉴定意见

【任务提示】

　　实习就要结束了,这段经历将使你终生难忘。在离开实习单位以前,请主动联系你的业务指导老师以及幼儿园园长或其他幼儿园负责人为你填写此鉴定意见。幼儿园实事求是、坦诚中肯的鉴定意见不仅是你取得实习课程成绩的主要依据,也是对你此番实习经历的最好纪念,更是促进你专业成长的重要力量。请记得向幼儿园的园长和老师们表示感谢哟!既为了他们对你的帮助和关怀,也为了他们对学前教育事业的辛苦付出!

指导教师的话	
	指导教师签字:
单位鉴定意见	

续表

建议成绩等级	（请从优秀、良好、中等、及格、不及格五个等级当中选择确定一个，涂改无效） 　　经本单位慎重决定，建议该同学的毕业实习成绩等级为＿＿＿＿＿＿。 　　　　　　　　　　　　　　　　　　　　　（单位公章）

＊　　＊　　＊　　＊　　＊　　＊　　＊　　＊

要点回顾

无论是"技术熟练者"（Technical Expert）还是"反思性实践家"（Reflective Practitioner）式的教师角色定位，在职前培养阶段均强调实习在教师发展中的重大价值，所不同的是实习的方式和重点。对于学前教育专业的毕业实习而言，"反思性实践家"导向的毕业实习强调通过毕业实习使学生参照《幼儿园教师专业标准（试行）》全面检视自身专业素养并寻求提升专业素养的现实路径，尝试践行"教师作为研究者"的角色，反思和修正职业生涯发展规划，为就业做好准备。

毕业实习有诸多组织方式，学生自主型、学生主导—学校协助型、学校主导—学生选择型、学生服从型等各有利弊。学校和毕业生均有必要结合各自的资源情况选择最适合自己的毕业实习组织方式，以求更好地兼顾专业成长、差异化发展、就业求职等各个方面的需求。

对于一个有志于成长为幼儿园教师的学生而言，一旦进入到实习单位，就要努力实现从学生身份向教师身份的转变，全面融入到未来的执业生活状态当中，系统检视自身的专业素养，在寻求接纳认同的过程中找到下一步专业成长的方向和路径。一些具体的实习任务有助于帮助学生达成上述目标，这些任务包括：记录实习地区见闻和实习单位见闻，以便尽快融入当地社区和实习生活；进行每周工作反思，以求不会虚度光阴；开展关于幼儿和教师的个案研究，践行"教师作为研究者"的角色，并在研究幼儿的过程中更好地提升保教工作水平，在研究教师的过程中更好地实现身份转变；罗列个人成就清单，以获得专业发展的成就感；进行专业素养自我评估，以反思和探寻未来的专业发展路径和职业生涯规划等。

核心概念

毕业实习；教师作为研究者；《幼儿园教师专业标准（试行）》；职业生涯发展规划；学生自主型毕业实习；学生主导—学校协助型毕业实习；学校主导—学生选择型毕业实习；学生服从型毕业实习；每周工作反思；幼儿个案研究；教师个案研究；个人成就清单；专业素养自评。

成长档案

认真完成本单元实践任务清单中的各项任务，并将其放入自己的成长档案当中。你可以考虑把本单元的任务清单单独制作成一本小册子，或者采用电子形式制作成一张光盘。

资源链接

1. 刘力，梁梅. 高师院校教师教育"三位一体"实践教学模式的构建与实施[J]. 中国大学教学，2012(6).

2. 李桂英. 高职院校学前教育专业实践教学体系的构建与实施[J]. 教育科学，2012(6).

3. 傅松涛，刘小丽. PDS教育实习经验与启示[J]. 外国中小学教育，2004(6).